浙江省哲学社会科学规划课题"后疫情时代下传统产业集聚和创新生态系统耦合机制与策略研究——以包装印刷行业为例"(课题编号:21NDJC316YBM)研究成果

传统产业集聚和
创新生态系统耦合机制
与策略研究

——以包装印刷行业为例

吕勇 吴刚 李锋博 宋词 ◎著

广东人民出版社

·广州·

图书在版编目（CIP）数据

传统产业集聚和创新生态系统耦合机制与策略研究：以包装印刷行业为例/吕勇等著.—广州：广东人民出版社，2023.7

ISBN 978-7-218-16374-1

Ⅰ.①传… Ⅱ.①吕… Ⅲ.①中小企业—企业发展—研究—中国 Ⅳ.①F279.243

中国版本图书馆CIP数据核字（2022）第253163号

CHUANTONG CHANYE JIJU HE CHUANGXIN SHENGTAI XITONG OUHE JIZHI YU CELÜE YANJIU——YI BAOZHUANG YINSHUA HANGYE WEI LI

传统产业集聚和创新生态系统耦合机制与策略研究——以包装印刷行业为例

吕 勇 吴 刚 李锋博 宋 词 著　　版权所有　翻印必究

出 版 人：肖风华

责任编辑：吕慧明
责任技编：吴彦斌　周星奎
装帧设计：WONDERLAND Book design
　　　　　仙德 QQ:344581934

出版发行：广东人民出版社
地　　址：广东省广州市越秀区大沙头四马路10号（邮政编码：510199）
电　　话：（020）85716809（总编室）
传　　真：（020）83289585
网　　址：http://www.gdpph.com
印　　刷：三河市中晟雅豪印务有限公司
开　　本：710mm×1000mm　1/16
印　　张：19.5　字　　数：290千
版　　次：2023年7月第1版
印　　次：2023年7月第1次印刷
定　　价：78.00元

如发现印装质量问题，影响阅读，请与出版社（020-85716849）联系调换。
售书热线：（020）87716172

前言

本书是浙江省哲学社会科学规划课题"后疫情时代下传统产业集聚和创新生态系统耦合机制与策略研究——以包装印刷行业为例"（课题编号：21NDJC316YBM）研究成果。本书的撰写过程得到了浙江省哲学社会科学新兴（交叉）学科重大扶持课题子课题《智媒时代的传统文化典籍视觉艺术创新成果应用的路径、机制与对策研究》（课题编号：19XXJC05ZD-2）项目课题组的部分研究资料收集和调研过程中数据分析等的帮助和支持。本书研究以传统产业集聚为研究对象，加强小微企业产业集聚创新建设在创新发展主战场发挥更大作用，坚持政府引导、社会参与、市场运作；以建立创新生态圈、重构创新生态系统模型为重点，大力推动传统产业转型升级的重要战略，切实提升后疫情时代小微企业竞争优势，优化小微企业发展环境，进一步完善产业集聚发展政策体系，全面总结传统产业集聚创新实践，建立创新生态模型，进行优化分析研究，促进传统行业转型升级。

本书从科学性、战略性、全局性角度，探索传统产业集聚与创新生态系统的有效耦合，积极谋划"十四五"增强产业创新力和竞争力，促进改善传统产业生态系统推动经济发展的新举措与规划策略。

传统产业集聚和创新生态系统耦合机制与策略，是当今社会关注的焦点。小微企业如何化危为机，积极探索新型创新发展模式迫在眉睫，进一步提升传统行业中小微企业的集聚效果，建立创新生态模型，进行优化分析研究，促进传统行业转型升级；相关研究具有很强的现实意义。本书选取传统包装印刷业这个小切口，分析传统产业中小微企业面临困境，研究小微企业成长的相关理论，利用文献研究法梳理出影响小微企业成长的因素及其作用关系。以传统包装印刷行业的小微印刷企业集聚和创新生态为实证研究对象，具有重要地域特色，对于其他传统产业和创新生态建设具有借鉴意义。

本书由义乌工商职业技术学院吕勇、浙江科技学院吴刚、中图数字科技（北京）有限公司李锋博、义乌工商职业技术学院宋词参与撰写。在撰写过程中得到了浙江传媒学院隗静秋博士，义乌工商职业技术学院的周刚副教授，义乌市印刷行业协会傅效峰秘书长，北京印刷学院方一博士、安粒博士，北京印刷学院浙江校友会任森会长等许多同志的指导和大力帮助，在此表示衷心感谢。由于作者水平和能力有限，书中难免会出现不妥和错误之处，恳请广大读者和专家批评指正。

吕　勇

2022 年 08 月 30 日

目 录

第一章 绪论···001
 1.1 选题意义··001
 1.2 国内外研究现状···003
 1.3 研究基本思路和主要研究内容··005
  1.3.1 研究基本思路··005
  1.3.2 主要研究内容··005
第二章 传统产业中小微企业发展现状分析·····································008
 2.1 小微企业发展历程与特点分析··009
  2.1.1 小微企业发展历程··010
  2.1.2 小微企业发展特点分析··013
 2.2 小微企业在经济发展中的作用··014
 2.3 我国传统产业中小微企业发展现状与特点分析··························016
 2.4 浙江传统产业中小微企业的发展历史······································020
 2.5 浙江传统产业中小微企业发展现状及前景分析·························026
 2.6 浙江传统产业中小微企业的特点、优势、劣势和发展策略分析········032
  2.6.1 浙江传统产业中小微企业特点··032
  2.6.2 传统产业中小微企业优势分析··034

2.6.3 浙江传统产业中小微企业劣势分析 ·················037
　　2.6.4 浙江传统产业中小微企业发展策略分析 ············038

第三章　传统产业中小微企业集群效应的理论基础研究·········041
　3.1 国家创新驱动产业发展政策分析 ························041
　3.2 国外产业集聚及典型案例分析 ··························044
　　3.2.1 美国农业的产业集聚及案例分析 ····················044
　　3.2.2 德国现代工业的产业集聚及案例分析 ················048
　　3.2.3 美国艺术与文化业的产业集聚及案例分析 ············049
　3.3 国内产业集聚及典型案例分析 ··························053
　　3.3.1 长三角地区产业集群现状分析 ······················053
　　3.3.2 浙江特色小镇产业集群及典型案例分析 ··············055
　3.4 我国传统产业集群现状及内涵特征分析 ··················058
　3.5 产业集群对我国实现传统产业发展作用分析 ··············060
　3.6 我国印刷包装产业及浙江印刷包装产业现状分析 ··········067
　　3.6.1 我国印刷包装产业现状及特点分析 ··················068
　　3.6.2 浙江印刷包装产业现状及特点分析 ··················073
　3.7 浙江省印刷包装行业产业集聚现状及集聚因素分析 ········076
　　3.7.1 浙江省印刷包装行业产业集聚现状 ··················076
　　3.7.2 浙江省印刷包装行业产业集聚因素分析 ··············077

第四章　传统产业中小微企业集聚的宏观、微观的政策环境分析···082
　4.1 国外产业发展和集聚政策分析 ··························082
　　4.1.1 美国产业政策发展历史分析 ························083
　　4.1.2 美国产业集聚政策分析 ····························087
　4.2 国内产业发展和集聚政策分析 ··························089
　　4.2.1 国内传统产业中小微企业发展和集聚的宏观政策分析 ···093
　　4.2.2 国内传统产业中小微企业发展和集聚的微观政策分析 ···098

4.3 义乌印刷包装传统产业中小微企业政策效应分析 ……………… 112

第五章 小微企业的产业集聚的架构模式分析 …………………… 119
  5.1 小微企业产业集聚模式理论分析 ………………………………… 122
    5.1.1 马歇尔的产业区理论 ……………………………………………… 122
    5.1.2 胡佛的产业集聚最佳规模理论 ………………………………… 125
    5.1.3 熊彼特的创新产业集聚论 ……………………………………… 125
    5.1.4 波特的竞争优势理论 …………………………………………… 126
    5.1.5 罗森菲尔德理论 ………………………………………………… 128
  5.2 国外产业集聚架构模式实证分析——美国硅谷模式 ………… 130
  5.3 国内产业集聚架构模式实证分析——特色小镇模式 ………… 134
  5.4 国内产业集聚架构模式实证分析——小微企业园模式 ……… 150
  5.5 国内产业集聚架构模式实证分析——产业创新服务综合体模式 …… 156

第六章 传统产业中小微企业集聚及创新生态系统耦合机制分析 … 161
  6.1 小微企业的创新生态系统分析 …………………………………… 161
  6.2 小微企业科技转型政策分析 ……………………………………… 164
  6.3 小微企业科技转型理念分析 ……………………………………… 166
  6.4 小微企业科技转型的发展机遇分析 ……………………………… 167
  6.5 小微企业科技转型过程中面临的问题分析 ……………………… 169
  6.6 小微企业科技创新转型对策分析 ………………………………… 170
  6.7 浙江省传统产业中小微企业集聚及创新生态耦合机制分析 … 174
    6.7.1 浙江省传统产业中科技型小微企业发展机制分析 ………… 175
    6.7.2 浙江省传统产业中科技型小微企业创新发展
          及产业集聚耦合分析 …………………………………………… 180
  6.8 浙江省印刷包装行业创新生态分析 ……………………………… 192
    6.8.1 浙江省印刷包装产业集群创新竞争力分析 ………………… 192

6.8.2 浙江省印刷包装产业创新要素分析 ···193

6.9 浙江省印刷产业集群创新生态发展及耦合机制分析 ·····················195

第七章 浙江省产业创新服务综合体背景下的小微企业集聚及创新生态实证分析 ···199

7.1 浙江省产业创新服务综合体建设基础分析 ····································199

 7.1.1 浙江省产业创新服务综合体的内涵与特点 ······················202

 7.1.2 浙江省产业创新服务综合体优势分析 ······························204

 7.1.3 浙江省产业创新服务综合体运行模式 ······························206

 7.1.4 浙江省产业创新服务综合体实施方案分析 ······················207

7.2 浙江省传统产业创新服务综合体的发展现状分析 ··························210

 7.2.1 浙江省产业创新服务综合体的建设进展情况 ··················210

 7.2.2 浙江省产业创新服务综合体的产业分布情况分析 ··········214

 7.2.3 浙江省产业创新服务综合体建设中面临的困境分析 ······217

7.3 浙江省产业创新服务综合体背景下的小微企业集聚发展典型案例分析 ··222

 7.3.1 杭州市纺织服装产业创新服务综合体案例分析 ··············222

 7.3.2 宁波市新材料产业创新服务综合体案例分析 ··················225

 7.3.3 温州市传统产业创新服务综合体案例分析 ······················228

7.4 浙江省产业服务综合体背景下的小微企业创新举措分析 ················236

第八章 印刷包装产业小微企业集聚及创新生态耦合发展实证分析 ········239

8.1 我国印刷包装产业中小微企业集群现状分析 ································239

 8.1.1 印刷包装产业集群特点 ···240

 8.1.2 印刷包装产业集群的集聚效应分析 ··································241

 8.1.3 印刷包装产业集群存在问题分析 ······································246

8.2 我国印刷包装产业中小微企业技术创新现状分析 ·························250

8.3 我国印刷包装产业集聚及创新生态耦合发展路径分析 ··················252

8.4 浙江印刷包装产业小微企业集聚及创新生态耦合发展实证分析 ………263

   8.4.1 温州龙港印刷包装产业小微企业集聚

       及创新耦合发展实证分析 ……………………………………265

   8.4.2 义乌印刷包装产业小微企业集聚及创新耦合发展实证分析 ………273

参考文献 ……………………………………………………………289

第一章 绪论

1.1 选题意义

目前，我国传统产业中众多小微企业面临资金周转减慢、复工复产困难、市场需求不足等多重压力；企业的生存、发展面临着诸多难题。如何利用国家振兴政策、产业发展和自身特点，寻找突破口，促进小微企业生存发展，对于促进经济稳定、扩大就业、改善民生具有非常现实的意义。

传统行业中小微企业是整个国民经济和社会发展的生力军，也是扩大就业、促进民生改善、促进创业创新的重要力量[1][2]。浙江的传统小微企业是浙江制造业重要基础力量，小微企业的高质量发展是浙江经济高质量发展的重要体现。由于企业自身存在一些不足，加上人才、资金、环保等因素，不少企业存在较大发展难题。为进一步提高小微企业服务质量，优化小微企业发展环境，浙江各地都对很多小微企业进行集聚发展，出台各类集聚发展政策，努力做好服务管理平台，提供商事登记、知识产权、特种设备、产品质量、政策奖励、风险预警和疑难咨

---

[1] 方敏，杨胜刚，周建军，等.高质量发展背景下长江经济带产业集聚创新发展路径研究[J].中国软科学，2019（05）：137-150.

[2] 韩峰，李玉双.产业集聚、公共服务供给与城市规模扩张[J].经济研究，2019（11）：149-164.

询等服务，进一步助力小微企业发展。

对传统产业中的小微企业进行集聚，实现创新发展，需要更多的理论和实践研究支持。本课题在全面分析产业集聚、宏观微观政策、企业创新环境及策略的基础上，选取义乌的传统行业——包装印刷业作为实证分析对象。依托全球最大的小商品批发市场，义乌包装印刷业行业十分发达，是义乌市工业经济的十大传统优势产业之一，被中国包装印刷行业授予"中国商品包装印刷产业基地"。随着电商及现代物流建设，义乌包装印刷业具有广阔增长空间。虽然义乌包装印刷产业产值过百亿，市工业50强企业也不少，但行业内绝大多数为中小企业，小微印刷企业数量众多，生产规模小、产品雷同，生产链结构及地域分布不合理，且同质化严重，缺乏创新能力。因此，如何推动众多包装印刷小微企业进行集聚发展，建立创新生态圈，重构创新生态系统模型，是传统包装印刷产业转型升级的重要战略。

2018年以来，义乌华莱包装印刷产业园、凯创印刷包装产业园、义南包装产业园区相继投入建设，对义乌的包装印刷小微企业进行了一次集聚工程，为小微企业创新发展提供了发展空间，注入了新的活力。但在调查中也发现，这些集聚产业园区在科技研发、创意设计、品牌运营、公共服务平台建设、行业企业标准建设等方面还是存在较大不足，急需对集聚产业园区的发展瓶颈进行深层次理论分析和实证研究，为优化升级提供一些策略，为传统小微企业集聚发展及创新生态圈构建提供参考。

1.2 国内外研究现状

小微企业需要更加多样化的社会资源、服务支持。在社会支持需求方面，除因资金缺口造成的融资服务需求（37.95%）成为企业的首要需求外，资源对接需求（22.77%）成为企业的亟需。为转危为机，企业内部也进行了发展方向调整。30.14%的企业探索发展模式创新，29.97%的企业积极改变营销模式，成为企业为自身谋求发展的重要转变方向。此外，企业积极转变生产方式、加速加强新产品开发。

《2017年全球创新指数（GII）》报告：欧盟28国创新指数与集群发展有较大的相关性，指出创新和集群政策应被视为相辅相成的政策，需统筹推进。德国、瑞典、芬兰、荷兰、丹麦等国家创新水平较高。法国建设了超过60个企业集群，并得到了政府财政的支持[1][2]。

美国中小企业集群规模比较大，比较典型的、有代表性的有硅谷微电子产业集群、加州葡萄酒产业集群及生物医药产业集群。上述的典型产业集群根据空间地理位置、专业优势的不同，又具有各自的发展特色[3]。在调研中，国外比较注重企业家精神，认为规模较小的企业要求企业家同时具备领导才能、市场洞察应变能力、决策力及抗风险的魄力，来应对不确定的市场环境。企业家独特的才能及心理素质，是促使小型企业高速成长的重要驱动因素。技术能力对提高企业核心

---

[1] Soumitra Dutta, Bruno Lanvin and Sacha Wunsch-Vincent.The global innovation index 2017-innovation feeding the world（Tenth Edition）[R]. World Intellectual Property Organization，2018.

[2] 艾之涵.法国软件产业竞争力集群对我国中小企业集群的启示——基于集群网络视角[J].经济体制改革，2016（04）：170-184.

[3] 于众.美国中小企业集群发展问题研究[D].吉林：吉林大学，2016，29-35.

竞争力有着重要的意义，同时认为企业组织结构效率是技术创新的有效保障。

国内很多学者认为：集聚发展有助于促进企业竞争、加速技术创新、降低交易成本，有助于培育和提升产业竞争优势❶❷。集聚发展可以快速集中一大批企业的综合服务需求，有利于实现共性服务的集中供应。这种汇集在促进自身的发展同时，也可以带动周边经济的发展，区域经济的发展又能够反过来再次帮助企业进行更高层次的发展❸❹。形成的主要观点有：（1）市场需求和竞争压力是小微企业技术创新的原动力，同时技术创新也是小微企业在激烈市场竞争中生存和发展的关键影响因素，技术创新能力为小微企业在市场中不断成长提供动力；（2）区域创新环境对于小微企业的创新有极其重要影响，其中区域创新环境包括区域要素、文化和政策环境等方面，认为区域创新环境有利于小微企业的探索性学习，对产品的差异化与顾客异质性需求进行研究，进而改善创新产品以提高市场份额，从而促进企业成长❺。

综上，大多数小微企业可以通过集群的方式进行共生共存，在某一个区域形成汇集，通过聚集产生集群效应。目前，对高端产业的集群和产业链研究较多，但针对传统小微企业的集约化的创新生态研究较少。因此，小微企业如何化危为机，积极探索新型创新发展模式迫在眉睫，对于进一步提升传统行业中小微企业

---

❶ 钟婕茜.L市科创城科技企业孵化器的服务体系完善研究基于创新生态系统的视角［D］.南京：南京理工大学，2016.

❷ 周鑫鹏.促进中小企业发展的公共服务体系研究——兼以湖北省麻城市为表述对象［D］.武汉：华中师范大学，2013.

❸ 赖永添.晋江市三创园科技服务体系建设的策略研究［D］.泉州：华侨大学，2017.

❹ （德）宝莱恩（Plaine, A），（挪）乐维亚（Leslie, L.），（英）里森（Reason, B）.服务设计与创新实践［M］.（王国胜等译）.北京：清华大学出版社，2015.

❺ 肖周燕，沈左次.人口集聚、产业集聚与环境污染的时空演化及关联性分析［J］.干旱区资源与环境，2019，33（02）：3-10.

的集聚效果，建立创新生态模型，进行优化分析研究，促进传统行业转型升级具有重要意义。

1.3 研究基本思路和主要研究内容

1.3.1 研究基本思路

本课题将以贯彻习近平新时代中国特色社会主义思想为指导，从经济社会发展战略高度，以义乌印刷包装产业研究为例，推动小微企业产业集聚创新建设在国家、全省创新发展主战场发挥更大作用，坚持政府引导、社会参与、市场运作，以建立创新生态圈、重构创新生态系统模型为重点，大力推动传统产业转型升级的重要战略，切实提升小微企业竞争优势，优化小微企业发展环境，进一步完善产业集聚发展政策体系，全面总结传统产业集聚创新实践，分析浙江省产业集聚发展的现状，从科学性、战略性、全局性角度，探索传统产业集聚与创新生态系统的有效耦合，积极谋划"十四五"增强产业创新力和竞争力，促进改善传统产业生态系统推动经济发展的新举措与规划策略。

1.3.2 主要研究内容

1. 传统包装印刷业中小微企业的发展现状研究

聚焦浙江省小微企业发展现状，以包装印刷行业的小微企业为例，全面梳理小微企业当前面临的主要困境；针对小微企业普遍面临的订单取消、渠道丧失、物流受限、原材料供应不足、资金压力等问题进行调查。

2. 传统行业小微企业集群效应的理论基础研究

贯彻党的十九大要求，按照强化创新驱动，增强核心实力，坚持以创新引领发展，加快建设创新型国家发展新需求，分析信息、科技、生态环境、体制创新等成为影响国内外小微企业集聚发展的新因素、研究产业集群研究现状及小微企业集聚的内涵特征；评估分析小微企业产业集聚发展要素短板。

3. 传统行业小微企业集聚的宏观、微观的政策环境研究

从传统产业中小微企业所面临的宏观和微观政策环境，来探讨集聚形成的内在必然性。结合浙江区域包装印刷行业发展的时代背景，重点调查分析政府产业政策引导、行业发展等促进传统小微企业集聚等相关文件中的环境因素。

4. 传统产业集聚和创新生态系统耦合机制研究

（1）产业转型升级提高集约化发展研究

分析产业集聚式发展，研究产业链上下游发展情况，以义乌包装印刷行业内最大的华莱包装印刷产业集聚区为实证研究，整合专业、转向、涵盖整个产业链上下游的专业产业集聚高集约化模式推广。

（2）完善传统小微企业集聚的组织和制度建设

在分析调研基础上，优化传统小微企业集聚组织结构模式、服务模式、运行管理模式、政策措施、评估机制，完善传统小微企业集聚组织和制度建设。

（3）研究小微企业集聚应对疫情专项扶持政策

研究政府"杠杆效应"在缓解浙江省小微企业发展困境中的重要作用。金融方面，推动财政牵头协调金融机构，形成联动机制，推动传统小微企业提供贴息、减息贷款，落实小微企业方便快捷办理等扶持政策；企业用人方面，推动由社区牵头企业参与的专项职业技能大规模定向培训工作；推进对规模以上的传统中小型企业设置奖励资金和扶持资金，做到点多面广，提升小微企业应对危机事件的能力。

（4）探索传统包装印刷小微企业集聚和创新生态系统模型重构

以义乌包装印刷行业内最大的华莱包装印刷产业集聚区及创新生态圈构建为

实证研究对象，进行问卷调查，重构创新生态系统模型。分析科技研发、创意设计、品牌运营、公共服务平台建设、行业企业标准建设等方面产生的深层次原因，建设线上线下融合的产业集聚全新生态模型，帮助浙江省小微企业建立应对突发公共事件系统机制、优化提升实施路径。

（5）小微企业数字化集聚与多元化业态建设研究

分析小微企业集聚制约因素，研究数字化在当前小微企业生产经营等环节的增效作用，结合面向未来的传统小微企业集聚建设方向，强化传统小微企业集聚模式的政治引领从而拉动国家内需，推动企业主体责任体系建设，构建企业集聚安全风险管理体系，建设企业集聚应急队伍，推进小微企业集聚管理标准化评价体系，以评促改，以评促建，提高预防能力和应急处置能力，建立应急风险等级预案，抓住复苏契机探索经济转型升级之路。

5. 传统产业集聚生态创新策略研究

实施产业链部署创新链，创新链布局产业链，从产业链的形成和发展的影响，进一步完善产业上下游组织关系、产业配套功能，加大传统产业集聚建设与升级转型中不同层次人才引领，强化产业集聚生态创新政策保障和组织实施，完善小微企业集聚管理体系与标准化评价机制。

第二章　传统产业中小微企业发展现状分析

在我国,"小微企业"这个名词为人所知比较晚,实际形成已久。我国明朝时期史料记载的家庭手工作坊就是今天大家说的小微企业中的个体户。由此可见,我国小微企业已经有几百年的发展,可谓历史悠久。由于中国自古以来不管朝代如何更迭,都有重农抑商、学而优则仕的封建思想,不管中国哪朝哪代,商业都未能脱颖而出。直到1978年12月,我国召开了十一届三中全会,在这次会议上,我国确立了对内改革、对外开放的伟大政策,正式进入了改革开放和社会主义现代化建设的新时期,经济活动中最活跃、最基本的单元细胞小型企业、家庭作坊式企业、个体工商户等传统小微企业才迅速崛起,并因数量众多、经营形式灵活等特点在创造社会财富、活跃市场经济、改善民生、增加国家税收、加快经济结构战略性调整中发挥出重要作用,成为各界关注的焦点[1][2]。然而,由于受到传统计划经济体制的影响,过去几十年,我国对小微企业支持力度普遍不够,随着世界经济迅速发展,小微企业自身力量薄弱、产品科技含量低、创新能力不足等问题日渐严峻[3]。

---

[1] 顾颖,蒲志琴,杜宇宁,于悦.浅谈我国小微企业发展历史及现状[J].现代经济信息,2016(14):65.

[2] 原朝芳.小微企业经营管理特点研究[J].经济师,2021(12):282-283.

[3] 陆岷峰.关于我国中小微企业健康生态培育与数字化应用研究[J].兰州学刊,2022(03):52-61.

在 2011 年前，我国并未针对小微企业划分有具体标准。因为没有相关的界定，各级政府没有办法对如何发展、支持小微企业出台任何政策。直到 2011 年，我国工信部终于出台了《中小企业划型标准规定》。在《规定》中，工信部首次对如何界定划分小型、微型企业制定了相应标准。有标准后，工信部针对支持、促进小微企业发展出台了一系列相关政策。从这个时候开始，我国小微企业进入行业发展快车道❶。

2.1 小微企业发展历程与特点分析

在漫长的历史的长河中，由于封建制度的限制，我国商业经济虽然历史悠久但并不发达。直到新中国成立，百业待兴，要发展中国经济急需发动社会各方力量，建立一批企业发展生产稳定市场、增加供给，小微企业这才迎来一系列利好制度供给。到了 1952 年的年末，我国土地改革基本完成，这标志着我国的国民经济已经有了一定恢复。所以到了 1953 年，我国开始实行第一个五年计划。第一个五年计划倡导国家工业化，不仅限制非公有制经济发展，还一度取缔非公有制经济发展。在这种政策下，属于私有产权的小微企业发展难免陷入困境，甚至到了举步维艰的地步。直到 1978 年 12 月，我国十一届三中全会顺利召开，一批有勇气、有担当、懂技术、善管理的企业能人借着政策的东风成立了改革开放后第一批小微企业。小微企业因为用人机制灵活、产权明晰、市场适应性强等特点，在改革开放后迅速崛起。

进入新世纪以后，随着政策调整，我国市场准入机制逐渐放宽，个体私营经

---

❶ 李全. 厘清小微企业的划分标准与财税政策支持 [J]. 财政监督，2013（27）：69-70.

济发展环境越来越好,很多小微企业开始转变发展方向,从以前的服装、机械制造、造纸等传统行业向基础设施、公用事业、重化工业等行业转化,同时开始参与第三产业中的一些行业,比如教育文化产业、金融服务业等行业,并且发展迅速,取得不错的经济效益和社会效益,为日后发展奠定了基础。在这个阶段,小微企业发展开始了"两极分化"。国内市场竞争日益激烈,尤其是中国加入WTO后,一部分小微企业迅速转型,以对外贸易为突破口迅速发展,而另一部分小微企业因为难以适应市场发展,出现较大的瓶颈。尤其是2008年金融海啸、2011年欧债危机,以及2019年开始的疫情等各种不利因素,让一部分小微企业步履维艰。

为了尽快帮助小微企业发展,我国政府开始重视影响小微企业成长的因素,各级政府开始构建发展的动力机制、制定出台各项政策措施、发挥政府融资担保机构作用、开展防范和化解小微企业欠款催收工作、落实财政扶持政策、帮助企业开展技术攻关、促进大型企业向小微企业采购力度、对企业增加调研和指导等各项措施及政策。这些措施和政策,有力地改善或解决了小微企业成长过程中遇到的各种问题,有力促进了小微企业的发展。

2.1.1 小微企业发展历程

从我国小微企业发展历程来看,过程十分坎坷,可以分为四个阶段,分别是解放初期,为了尽快恢复经济的发展阶段;后来实行计划经济,即第一个五年计划开始的减缩阶段;十一届三中全会后,开始的再发展阶段;进入21世纪,随着世界经济发展、人们观念更新、科技的进步,我国小微企业终于开始了迅猛的发展。

1. 发展——建国初期经济恢复时的小微企业

1949年到1953年的短短三年多的时间里,我国经济发展的一个重要特征就是经过战争阶段的摧毁，经济极度低迷，各行各业都遭受了极大破坏之后的小微企业迅速恢复发展时期。那时新中国成立，结束了连年战乱，中国人民终于得以喘息，安居乐业，发展经济。由于我国正处于半殖民地半封建社会向社会主义社会过渡阶段，工业生产并不发达，市场主体主要是以家庭为单位和以个体劳动为主的小微经济，而以大机器为代表的现代工业只占到国民生产总值的10%。为了尽快恢复经济，满足人民生产生活需要，我国政府对私营经济和个体经济采取了鼓励与限制措施。在这一阶段，我国政府对各种经济进行了整改，对有利于经济发展的批准继续经营，反之限制或者取缔。对一些私人和个体经济发展遇到困难的，政府还给予了一系列支持政策，比如帮助改善经营环境、调整劳资关系、放松银根、提供产销信息、减免税收等政策。由于国家采取的这些促进经济恢复、小微企业发展的措施，刚解放的时候，小微企业和家庭作坊经营都有所恢复，它们生产的产品极大地满足了当时物资非常匮乏的人民生产、生活需求，国民经济开始恢复和好转。

2. 缩减——计划经济时期我国的小微企业

但是到了1953年，我国开始第一个五年计划之际，一直到1978年，我国召开十一届三中全会这之间的二十几年时间，是我国小微企业急剧缩减时期。这一时期小微企业发展的重要特点是国家对小微企业实施强制合并，小微企业数量急剧减少，取而代之的是大、中规模企业的迅速发展。

1953年，我国出台了第一个五年计划，当时的总路线和总任务提出，国家要在全国范围内开始三大改造，即针对农业、手工业和资本主义工商业的社会主义改造。在这样的国家政策引导下，我国绝大多数的个体经济、手工业都只能朝着互助合作组织发展。到了1954年，大量民族资本企业被合并，与此同时，大量公私合营企业诞生，农民的家庭副业、小微企业、个体经济开始减少。虽然三大改造之后，我国个体经济、手工业合并在了一起，规模、体积更大了，经济活力却降低了，生产力水平下降，效率降低了。而在十年"文革"期间，由于大家对个体私营经济等非公有制经济的错误认识，这类经济遭到批判，甚至否定和取消。在全国范围内，只有单一的全民所有制经济得到认可，得以保全并有机会发展。就这样，在这种精神指导下，小集体一点点向大集体发展，甚至向国营迈步。而本身就根基不牢的小微企业因为政策等原因，一而再失去发展空间，一年年下来，小微企业数量慢慢减少。小微企业的减少，意味着小微企业容纳不下太多人就业。所以到了1978年，在我国全国范围内，小微企业只剩下了14万家，从业人员大量减少，剩下不到100万人。

3. 再发展——改革开放时期恢复与发展的小微企业

从1978年开始，一直到2008年，在二十年时间里，我国小微企业借助改革开放、加入WTO等各种好政策、好机遇，经济迅速恢复发展，小微企业也迅速发展壮大。"文革"结束后，为解决经济萧条、就业困难、生产力落后等复杂经济问题，我党提出"调整、改革、整顿、提高"八字新方针，纠正错误，发展经济。从改革开放开始，我国便出台很多利好政策，促进城镇个体经济发展。1984年，国家出台文件将社队企业、农户家庭企业和合伙企业定义为"乡镇企业"。

从建国到现在，我国政策发展有以下变化：一是刚开始认为非公有制经济属于资本主义，坚决不能留，到后来认识到非公有制经济也是我国经济必要补充；二是将原材料供应方式改变，小微企业可以买到需要的原材料；三是把发展个体经济视为人们致富的重要途径，不认为只有具有一定规模的企业才有价值；四是放宽了个体工商户雇佣工人的规定，个体工业户可以雇佣工人；五是出台法律法规，确定个体私营经济也受法律保护。我国政策经过几十年发展调整，到目前，小微企业数量快速增加。

4. 迅猛发展——划型标准提出与发展时期的小微企业

从 2008 年开始，我国中央政府就出台各种政策助力企业发展，各地方政府也积极响应中央号召，出台适合本地小微企业发展的政策。2011 年，工信部联企业在第 300 号文件中，明确"小微企业"划型标准，再次促进了小微企业的发展。

我国小微企业虽然起步较晚，规模小，但数目庞大，又因其用人机制灵活、产权明晰、市场适应性强等特点，在改革开放后迅速崛起，目前已经占据了中国经济的半壁江山。对比发现，我国各种企业中，小微企业占绝大多数，是将近大中型企业的 6 倍，贡献的税收占全国税收的一半，吸纳了八成的城镇劳动力人口就业，总数占比全国企业的 90% 以上。

2.1.2 小微企业发展特点分析

我们回顾我国小微企业发展的历程，从中可以看出，我国小微企业的发展呈现出了四个特点。

1. 历史的延续性

从我国小微企业历史演变历程中可以看出，我国经济发展不是昙花一现、一蹴而就的过程，而是一个极其漫长而曲折的历史。从明朝时期出现的家庭手工作坊，到清朝和民国出现的带有工业化生产性质的小工厂；从解放初期为了尽快恢复经济，帮助私营企业发展，到第一个五年计划开始的小微企业合并；从"大跃进"到"文革"，再到改革开放，国家调整政策，再次鼓励非公有制经济发展，我国小微企业发展道路复杂而坎坷。

2. 体制的变革性

1949 年 10 月新中国成立后，我国小微企业经历了四个发展阶段：刚开始的恢复阶段，随之而来的缩减阶段，改革开放后改变了缩减政策，开始了恢复发展阶段，直到现在的迅猛发展阶段。这四个阶段，充分体现了我国政策和经济体制改革的过程。小微企业作为我国市场经济中的参与者，其自身具有的灵活优势，迅速适应着我国各项改革和经济发展政策。通过分析小微企业发展过程，可以为我国经济体制改革，尤其是国有大中型企业转轨提供一定启示，更可以成为我国金融体制改革的"试验田"。

3. 就业的承载性

数据显示，我国小微企业可以承载大量劳动力就业。目前1个私营企业可以容纳13人就业，1个个体工商户平均也能带动2人就业。以2013年为例，我国相关部门统计数据显示，在过去一年里，我国就业人数为76000余万人，小微企业容纳就业人数20000万人，占全国所有就业人数的30%。

4. 产权的明确性

从明朝，我国个体家庭作坊的诞生，一直到现在我国小微企业的形成，从中可以看出，不管是古代还是现代，它们都有一个共同点，即多半诞生于家庭，所以一个家庭成员成了创业者，同时又是实际经营者，他有绝对的权威，既可以决策，又要亲自去执行。在这种体制下，产权集中明确，不会有任何异议。因此，小微企业的一个优势就是产权明晰，决策果断，执行力强，适应市场迅速。但这种情况对小微企业发展有一定优势也有一定劣势，产权过于集中排除了他人对小微企业的干涉，也使技术、管理、信息、决策权受制于某一人，这种情况下难免产生错误决断，其他人又无权过问，长此以往不利于其发展壮大。

2.2 小微企业在经济发展中的作用

小微企业因其自身存在的发展优势和特点，不管在发达国家还是发展中国家，不管在古代还是现代，其他经济都无法取代其地位，也无法替代其在国民经济发展中存在的作用。

首先，小微企业能容纳大量人口就业，可以很好地解决我国城镇农村富余劳动力就业问题。❶❷ 相对于大中型企业，小微型企业就业及创业门槛都很低。因为小微企业一般都是科技较低的企业，需要的工人素质并不高，能更好地吸收农村或者城镇学历低、年龄大的劳动力就业。想要创办小微企业，需要的资金资源少，风险低，创办速度快，同样也能提供更多的就业机会。数据显示，小微企业吸纳劳动力情况与大型企业强大的产能和资本增长呈反比例，假如大中型企业投入的资金和小微企业相同，小微企业吸纳的就业人数能达到大中型企业的4—5倍。小微企业吸纳就业人数多，可以消化大量需要就业的人口。可以说，小微企业发展可以比大中型企业发展更好地解决就业人口问题。

小微企业是我国经济发展中不可或缺的力量。根据我国工业和信息化部数据显示，按数量划分，目前我国市场以中小微企业为主，每年生产总值占我国GDP贡献率的60%以上❸。小微企业发展对促进地区经济发展主要表现在五个方面。一是小微企业发展与地区宏观经济主要指标成正比。通过基础数据分析，地区GDP总量、第三产业GDP贡献率、财政收入等宏观经济指标与中小企业数量、利润总额、缴税总额等指标均呈现正比关系。二是中小微企业发展促进了地方GDP增长。从省级层面上看，中小企业数量每增加1%，本省GDP将增长0.12%；中小企业营业收入每增长1%，本省GDP将增长0.14%；从业人员每增

---

❶ 李琪.双循环新发展格局下小微企业发展的思考［J］.中小企业管理与科技（上旬刊），2021（05）：124-125.

❷ 张蕊.我国小微企业发展现状和法律制度分析［J］.法制博览，2021（09）：6-9.

❸ 李浩.小微企业发展问题研究［J］.现代商贸工业，2017（18）：9-10.

长 1%，本省 GDP 将增长 0.24%。从地级市层面上看，中小微企业数量每增长 1000 个，本市 GDP 将增加 1.43%。三是小微企业发展有利于提高地方税收。一个省的中小企业数量增加 1%，本省税收就增加 0.21%。从地级市层面上看，小微企业数量每增加 1000 个，本市税收平均将增加 0.17%。四是小微企业创新可以推动地区经济增长。中小微企业研发人员、有效发明专利数、研发费用每增加 1%，当地 GDP 将分别增加 0.08%、0.05% 和 0.06%。五是小微企业发展可以推进共同富裕。小微企业数量每增加 1000 个，就可以增加当地 0.68% 的人口就业，当地人均工资水平提高 0.78%。同时，从事中小微企业经营的居民家庭人均收入水平提高比例更大，可以达到 27% 至 78.8%。由此可以看出，小微企业是我国国民经济的主要增长点，是国家经济命脉中的"毛细血管"。虽然小微企业创造的利润不能与大企业相比，但小微企业主体量多面广，是经济活力的体现，在人们生活中有着必不可少的作用。它贴近市场，贴近群众，规模小，转型快，但也有其弊病。经调查，大约 15% 的小微企业在市场上存活时间不足一年，但小微企业的数量仍是年年递增，这表明每年都有大量小微企业进入市场。这就像鲇鱼效应，新企业的到来，能激活市场活力，带来先进技术和经营理念，提高生产效率，推动市场经济发展。为了让企业生存下去，小微企业就要不断调整自身经营方向，适应市场竞争需要。

2.3 我国传统产业中小微企业发展现状与特点分析

根据国家市场监督管理总局权威统计数据显示，因为小微企业数量多、科技含量低、分散广布、就业经济形式灵活，目前是国民经济重要支柱，吸纳了大量劳动力就业。我们在看到小微企业积极一面的同时，也不得不承认，小微企业存在融资困难、对人才吸引力不足等问题，产业升级困难、两极分化严重。

（1）从小微企业区域分布来看，因为经济等原因导致分布不均衡。我国东部、南部省市小微企业占全国小微企业大半，而中部、西部占比只有很小的一部分。同时，产业分布也表现出地域性差异。从小微企业所在区域上看，典型的"南强北弱"格局仍十分明显。多年来，南方每年新增注册的小微企业数量都高于北方，并且南方聚集的小微企业也大大高于北方地区。从区域看，小微企业在长三角地区新增注册数量最多，东北地区注册数量最少，也表明东北经济活力较低，南北方经济差距受中小企业影响巨大。同时，由于地方经济水平有所差异，东南地区经济水平高，优势地区集中，企业具有明显的地域集群特色。西北地区经济水平低，极少出现有规模的产业集群，大部分小微企业还在单兵作战，与东南沿海地区产业布局存在明显区域差异。

（2）从小微企业从事经营主体来看，小微企业从事经营产品技术水平比较低。据统计，我国2013年至2018年五年期间，因为小微企业营商环境的改善，小微企业发展迅速起来，不仅数量增加，各地小微企业布局也开始趋向合理。2014年工商总局发布的《全国小微企业发展报告》显示，在工业、批发零售业、租赁和商务服务业等传统行业中的小微企业共有670万户，占小微企业总数近2/3，而这些传统行业大都技术要求低、竞争充分、市场趋于饱和、利润微薄；只有47.76万户、占总数的4.62%的小微企业组织灵活、敢于创新，在从事科技含量高、市场竞争能力强、利润高的高科技产业，两极分化明显。

（3）从小微企业营业额增长看，营业额增长缓慢。调查显示，能达到30%增长速度的小微企业仅占所有小微企业的一成。尤其是当下经济环境不景气，越来越多的社会资源向大中型企业倾斜倾，让小企业生存更困难。比如融资难问题，大企业更容易获取银行贷款，而大多数小微企业缺乏质押很难受到银行青睐。

（4）从企业的存活周期看，小微企业存活时间较短。据统计，大中型企业一般存活十年，小微企业平均存活三到五年，存活少于三年的小微企业占小微企业半数以上，存活十年以上的大中型企业占比也将近一半。这说明，大中型企业因为资金周转灵活、经营范围广、企业管理机制更为成熟等原因抵御风险能力更强。而小微企业更敏感脆弱，一旦流动资金受阻、市场更新换代、国家政策调整，小微企业就会因为资金链断裂、缺乏自主创新能力、政策信息不敏感等原因倒闭。

（5）从融资层面看，小微型企业因为缺乏质押很难从银行贷到款，即便能贷款，也是以短期贷款为主。虽然从1978年三中全会之后，我国及时调整政策，开始扶持小微型企业，但金融机构因小微企业财务制度不健全、信用等级偏低、缺乏质押物、抗风险能力弱等原因不愿意给小微企业贷款。数据统计，2021年前十个月，小微企业都以短期贷款为主，而大中型企业都以长期贷款为主。这说明金融机构给民企尤其是小微企业贷款和给国企贷款的态度依旧是天壤之别。调查结果显示，目前我国资金较为紧张的小微企业占比达57.5%，其中从未获得过短期和中长期银行贷款的企业占比高达22.5%和45%。不仅如此，金融机构给小微企业融资和大中型企业融资执行基准利率也不一样，给小微企业的基准利率普遍比给大中型企业高30%—80%。高标准利率，势必加重小微企业经营成本。因为从银行等金融机构获得贷款难，为了缓解资金紧张，小微企业还采用民间借贷、企业间拆借等融资形式，更进一步加重了融资成本和企业负担。小微企业遇到市场波动、疫情等原因影响，很可能出现资不抵债现象甚至倒闭。

（6）从自主创新看，创新能力是制约小微企业的关键因素。20世纪80年代末至90年代初，以工业、加工制造业、手工业、建筑业、运输业及服务业为主的小微企业不仅是因为自身拥有用人机制灵活、产权明晰、市场适应性强等内部特点，还因为当时国内生产力普遍不高、产品短缺、劳动力低廉、求大于供、进口贸易不发达等外部因素发展迅速。但随着科技发展、通信手段提高、生产力水平提高、国际贸易加剧，国有大中型企业、外资企业、私营企业迅速崛起，小微企业只有加大自身科研投入、加速产品更新换代才能避免陷入困境。2021年我国统计数据显示，我国七成专利创新集中在大中型企业。小微企业因为人才少、利润低、融资难等原因，研发投入不足，研发投入占营收比重在7%以下，力度远不如大型企业。不仅如此，小微企业由于招工困难，企业不得不一再放宽招工条件。目前企业一线操作工人大多是当地农民或下岗矿工，学历低、年龄大，没有工作经验，企业培训起来十分困难。调研数据显示，东北某县城30家小微企业6017名务工人员中，高中及以下学历4743人，占总人数的78.8%，其中初中以下学历人数占高中及以下学历80%，达到2990人。随着科学技术发展，新知识、新技能、新工艺层出不穷，新机器、新科技相继投入使用，工人素质跟不上，使得企业技术改造、新机器投入使用处处掣肘，严重影响企业做大做强、转型升级的进度。

（7）从人才层面看，很多高精尖人才不愿意选择小微企业，就业还是倾向于大中型企业，主要是由于小微企业科技研发环境差、工作稳定性差、福利待遇不足等。即便小微企业招聘到人才，也留不住人才，无法满足企业日常管理、运营、科研和发展。而人才不足，是小微企业除了资金不足，影响自主创新能力之外的又一个关键因素。小微型企业不仅在招聘高精尖人才方面出现困难，连一线技术工人和操作工人招聘也出现了用工荒、招工难现象。东北某县调研中发现，技工人员严重短缺是目前企业面临的最大问题。统计结果显示，走访的30家小微企业一线操作工短缺800人。因技工人员严重短缺，有的企业不得不实行两班两倒，不仅降低生产效率，还存在安全隐患。调研还发现，这30家企业6017名务工人员中 50 岁以上 1098 人，占总人数的 18.2%；40—50 岁 2356 人，占总人数的 39.2%；30—40 岁 1757 人，占总人数的 29.2%；30 岁以下 806 人，占总人数的人 13.4%，用工老龄化严重。未来 5 到 10 年，各企业面临务工人员大量退休，劳动力将呈现断崖式短缺。

2.4 浙江传统产业中小微企业的发展历史

从古至今，我国经商群体有明显的地域标志，比如有"五大商帮"之称的浙商、晋商、苏商、粤商、徽商。浙商，也就是指浙江一带的商人。从历史资料看出，从唐代安史之乱开始，由于北方经济混乱，经济萎靡，战争不断，中国人口开始慢慢向气候适合植物生长、交通运输发达、较为安定的南方迁徙。而一个地区经济是否繁荣，跟当地人口密不可分。人口多了，需求就多了；需求多了，自然给当地带来商机，不仅当地手工业、农业经济渐渐繁荣，其他地区金钱、物品、人力也会向当地靠拢。随着北方人口向江浙一带迁徙，我国经济中心也从北方渐渐南移，由此开始，经过若干年的发展，江浙一带慢慢成为我国经济较为发达的地区之一。历史车轮慢慢向前推进，从唐代开始，我国又经历了宋、元、明、清等几个朝代上千年的发展。在历朝历代发展的基础上，清朝末年及民国初年，浙江当地出现了中国早期的资本主义萌芽。而浙江的商人也登上历史舞台，成为中国民族工商业的中坚力量，为中国近代工商业的发展起了很大的推动作用。尤其是改革开放之后，浙商活跃于全国各地，是中国商业经济活动最活跃的一群人。1978 年，我国小微企业在经历了诸多磨难坎坷后，迎来了改革开放后的恢复与发展时期。自古就有经商传统的浙江人立刻发挥他们骨血中蕴含的经商天赋和经商热情，紧紧跟随时代的发展，从刚开始的"被动"脱贫到后来的"自觉"致富，浙商不仅自己富裕了起来，还努力带动其他人共同致富，他们也从社会主义市场经济的财富创造者，成为财富的分享者，浙江人充分发挥了他们"谦虚""勤奋""低调""共赢"的精神，创造了浙江神话。据调查发现，目前在北京，广东商人是最活跃的群体，其次就是浙江商人。在上海，最活跃的群体就是浙江商人，浙商人数已经超过了50万人。浙商取得的辉煌成就，已经引起越来越多的媒体注意。"浙江现象""浙江模式""浙江经验"成为人们新的关注点，很多人试图分析"浙江现象""浙江模式""浙江经验"，寻找到通向财富之路的密码。

在改革开放春风的吹拂下，浙商就像是充满希望的种子迅速复出成长。因此说，浙江人做生意的天性和改革开放的好政策是不可割裂的辩证关系。从世界经济发展来看，一般都是强者拉动弱者，从相对发达地区到欠发达地区涌浪式发展，但浙江恰恰相反。浙江在经济地理学概念中可以分为南浙和北浙，北浙包括绍兴、杭州、宁波、嘉兴、湖州等地，这些地区交通运输便利，自然资源得天独厚，自古以来就是鱼米之乡，经济相对发达，历史底蕴深厚。而由台州、金华、衢州、温州、丽水等地组成的南浙则几乎都是山区，经济相对欠发达。在改革开放的第一波春潮中，浙江第一支生力军偏偏是从地势险峻、资源贫瘠、沟壑纵横的南浙崛起。据统计，当年650万在世界各地经营生意的浙商，浙江南部浙商占了70%—80%，其中农民占了80%，初中以下文化水平的占了80%。也许他们并不能深刻地理解"十一届三中全会""改革开放"的真正意义，只是纯粹为了脱贫致富而出发，而努力，但也就是他们，真正践行了社会主义市场经济。他们对摆脱贫困的渴望，成为浙江改革发展的根本动力。改革开放初期，浙商通过开办家庭作坊、摆摊、出门打工、参加技能培训班等方式开始脱贫历程。到了21世纪初，浙江各地出现了越来越多的市场集群，浙江块状经济开始形成。义乌小商品城、诸暨袜子小镇、台州黄岩塑料模具集群、宁波服装产业集群、横店影视产业集群、宁波模具产业园等集群的出现，更是加快了当地百姓共同富裕的脚步。截至目前，我国专业市场最多的省份就是浙江，当地本土经济总量有60%以上是块状经济。以义乌为例，义乌小商品城有7.5万个摊位，背后关联着全国各地的200万家中小微企业。目前，浙江经济发展又呈现出产业转移模式，比如温州的奥康集团于2003年在重庆璧山区建设中国西部鞋都工业园，规划吸引1000家皮鞋行业全产业链企业入驻。如今，世界已经进入数字经济时代，浙商再次领跑全国，率先建立起数字经济，有效拉动了大山深处农副产品的销售，将被山水隔绝的每一个细小的社会主义市场经济细胞连接起来，共同实现着脱贫致富的中国梦。

正是浙江"七山一水二分田"，人均自然资源居全国各省区末位，决定了浙江人穷则思变，绝地反击，成就了浙江的繁荣，也推动着他们走出浙江，到相对欠发达地区和落后地区寻找商机。在全国范围内，浙江最早消灭贫困县、最早消灭贫困乡、最早解决极端贫困人口的贫困问题，人均收入连续20年位居全国各省区第一、农民人均收入连续36年位居全国各省区第一。据不完全统计，目前有650万浙商在我国各地、约200万浙商在海外经商投资，浙江在省外经商办厂的人数居各省市区第一。

改革开放已经四十多年了，浙江经济在利好政策下飞速发展了四十余年。这四十多年的发展取得的巨大成果和辉煌成绩，既有浙江省委、省政府和浙江人自己努力奋斗的内因，也少不了我国改革开放，全国形势一片大好促其发展的外在因素。

（1）改革开放是推动浙江传统产业中小微企业发展的强大动力。

正是因为有了改革开放的好政策，浙江人民才能大踏步追赶着时代前进的潮流，创造出如今骄人的成绩；因为有了改革开放的好政策，浙商才能率先推进市场化改革，大胆发展个体私营经济，积极进行股份合作制改造，大力推进国有集体企业改革，努力探索公有制的实现形式；因为有了改革开放的好政策，浙商才能率先推进农村工业化。浙江经济发展，刚开始是从家庭工业起步的。家庭工业因为资金、人手、技术有限，只能从小商品入手，一点点扩大经营范畴。浙江经济发展还有一个特点，即企业和市场同时发展。浙江市场数量和规模首屈一指。在这种发展模式下，浙江打造的是"小商品和大市场同时发展、小企业之间合作力度大、小区域之间企业众多形成大产业"的发展格局。因为企业众多、市场集中，在浙江的小微企业可以很好地把握国内市场发展趋势，快速寻找到某种商品短缺存在的机遇，做大做强当地乡镇企业，利用当地原有优势较快地培育块状经济，让同类企业或者相关产业向当地集聚，最终形成了具有较强竞争力的区域经济，即产业集群。因为有了改革开放的好政策，浙商才能推进市场建设，突破传统计划经济体制对商品流通和原材料供给的约束，大力兴办综合性市场，产生了"建设一个市场、带动一批产业、活跃一方经济、富裕一方百姓"的发展效应；因为有了改革开放的好政策，浙商才能坚持"引进来"和"走出去"相结合，率先推进内外开放联动，努力拓展国际市场空间，积极扩大利用外资，鼓励企业"走出去"发展创业；因为有了改革开放的好政策，浙商才能积极参与中西部开发和振兴东北老工业基地建设，加强对口支援和对口帮扶，努力推进长三角地区交流与合作，形成了全方位、宽领域、多层次的内外开放格局；因为有了改革开放的好政策，浙商才能推进城乡区域统筹发展，积极探索联动推进新型城市化和新农村建设，大力推进农村小城镇建设，大力实施"千村示范、万村整治"工程，加快城乡基础设施、社会就业、社会保障一体化进程，形成了城乡区域协调发展的良好局面；因为有了改革开放的好政策，浙商才能率先推进科技体制改革。

这些年，浙江一直把科技创新放在发展经济首位，不仅开展了科教兴省建设，还开展了创新型省份建设，并且进行了科技体制改革，形成把企业当成市场的主体、政府为企业服务的发展模式，一同推进产学研结合的区域创新体系。因为有了改革开放的好政策，浙商才能率先推进生态省建设，努力打造"绿色浙江"，全面推进环境整治，大力发展循环经济，走上了环境、资源与经济社会发展相协调可持续的发展道路；因为有了改革开放的好政策，浙商才能率先推进文化体制改革，开展文化大省建设，大力弘扬"浙江精神"，让文化事业和文化产业快速发展，初步形成了文化与经济、政治、社会建设协调发展的良好格局。

（2）浙江人骨子里流淌着经商的血液。

浙江，江南文化发源地，唐宋时期就是中国知名的鱼米之乡、丝绸之府，商业文明史源远流长。明朝时期，就诞生了声名远扬、享誉中外的龙游商帮和宁波商帮。直至清代，浙商抓住机遇，以浙江为基地，以上海为中心，走向了全国和世界的舞台，诞生了无数的商业神话与财富故事，民国时期大上海的一半产业均为浙商创造。浙商，也因此成为中国近代史上最为活跃的商帮群体和企业家集团。以沈万三、叶澄衷、虞洽卿、黄楚九、刘鸿生为代表的浙商都曾叱咤于当时的商业市场。改革开放后，浙商的身影再次活跃在神州大地之上，为各个地区的发展注入了活力与动力。在浙商庞大的商帮群体中，逐渐诞生了宁波商帮、台州商帮、温州商帮、义乌商帮等区域性商人群体。如今，世界各地都活跃着浙商的身影。

（3）浙商的经商之道就是自强不息。

改革开放后，浙江创造了一个又一个经济神话，究其原因是当地艰苦环境造成的。因为当地多山少田，要想生存，当地人必须背井离乡，去别的地方寻求发展。所以说，浙商不是天生就有经商的基因，而是环境所迫，然后一代代传承，有了今天的浙商、浙江经商文化和浙江精神。但正是这种独特的生存理念形成了今天务实、努力、奋进、低调、谦虚的浙商精神。同时，也正因为这种恶劣的生存环境，让浙商走出了浙江，见识了全国各地甚至世界各地，培养起了自主创新意识。

（4）浙商文化内涵丰富，蕴含着巨大的发展潜力。

我国文化可以分成"中原传统农业文化区"和"东南功利文化区"两大部分。中原地区土地广阔，相对稳定，便形成了以农耕经济为主的"中原传统农业文化区"。因为浙北地区自古富饶，有"鱼米之乡"的美誉，是兵家必争之地，因此战乱频发，唐代安史之乱后又有一部分人向江南迁徙，慢慢地我国经济政治中心便转向了江南。从那时起，当地文化与外来文化便开始了碰撞、外来人口与本地人口开始对峙、农耕文明与商业文明开始融合、富饶与贫瘠开始对立，经过漫长岁月发展，到如今形成了浙江特有的文化"东南功利文化区"。这种文化并不是当地特有的文化，而是多种文化的碰撞与结合，所以浙江人行为范式也蕴含着裂变的能量，别人还在犹豫时，他们已经在行动，这也是浙江经济在改革开放后先一步走在了全国前列，并且一步领先，步步领先。团队意识、法律制度、组织结构、品牌意识、人才培养才是企业发展的关键，在有的地方人们的思想还停留在考编制、进工厂、吃劳保阶段，浙商已经悟出经商的奥妙。在浙商的努力下，改革开放四十多年后，浙江经济繁荣，区域教育、旅游、经贸等各项产业蓬勃发展，经济和文化良性互动和一体化建设飞速发展。

（5）政府支持是浙商创业发展的武器。

为了发展浙江地方经济，党和国家及各级政府从改善投资环境入手开展工作。一是坚持党的领导和改革开放总方针，把党的领导贯穿到浙江经济高质量发展的方方面面，在推动浙江发展的各个环节、各个领域、各个步骤上进行监督管理和党风廉政建设，为浙江建设打造了一个风清气正的良好政治生态。二是强化政策保障和改革授权。中央和国家机关各个部门都紧紧围绕自身职能，上下联动，联合签发符合浙江当地经济环境的各种专项政策，并在全国内率先推行改革试点，探索适合浙江发展的道路，并对发展需要的科技创新、数字化改革等方面给予改革授权。三是完善经济发展机制，及时总结示范区建设的好经验、好做法，把好的经验、做法推广出去，让好的经验、做法带动浙江其他地区发展。四是加强当地基础设施建设的发展。为了促进本土企业发展，提高对外招商承载力和吸引力，浙江政府统一思想，始终把完善配套设施、精准开展产业链的延链、补链、强链作为招商重中之重，为浙企发展奠定基础；五是突出规划引领。中央、浙江省和各地政府理顺管理体制机制，帮助企业开展明确定位、寻找资金、搜寻信息，联系专家等工作，促进企业发展壮大。

在各级政府的引领帮助下，浙江各地根据自身实际情况和区域经济特点制定了适合自己的城镇发展规划，并形成自己的特色，有了自己的上下游市场和自己的营销队伍。与此同时，当地政府还引导相同企业和相关产业向一起聚集，改变同类企业分散化弊端，成立工业生产加工区和集聚规模的产品销售市场，随着浙江区域块状经济的发展，浙江各地出现了小城镇密集发展的连绵区，吸引了同类产业和配套企业的集聚。政府又大力精准开展产业链的延链、补链、强链工作，招商引资各类帮助促进浙江企业发展的产业，从而形成浙江产业集群。

2.5 浙江传统产业中小微企业发展现状及前景分析

改革开放四十余年时间，尤其是近十年，中国进入经济发展快车道，浙江在过去农村工业化的基础上规划建设了各种产业园区和示范园，引导鼓励企业向园区集聚。浙江近几年形成的大量同类企业集聚在一起既竞争又合作、上下游企业连接紧密、相关服务企业产业链完整的产业集群是浙江块状经济发展最突出的特点。

改革开放后，不论是自然资源，还是交通设施，或者是基础工业都薄弱的浙江人奋起直追，战天斗地，勤劳进取，在传统经商意识催化下，充分发挥相对的区位优势，依靠当地特色、资源、传统手工技能，利用民间借贷的方式，开始发展手工作坊，并一点点壮大为产权明晰的个体、私（民）营和股份制经济，产品也越来越多元、丰富、特色鲜明。浙北平原和沿海地区地理环境优越、经济基础好、交通运输发达，特色小镇、专业村率先发展起来，并逐渐发展成为各类产业集群或者说"准集群"，各类产业占全国市场比例稳步上升[1]。从1985年到2003年短短不到20年的时间，浙江省电气行业从以前的占全国份额的2%上升到13.9%、化工产品从当年的4.5%上升到25.8%；纺织行业从当年的8.2%上升到22.7%、机械制造业从当年的5.2%上升到14.9%；服装业从当年的6.8%上升到21.4%、医药制造业从当年的4.2%上升到9.6%。可以说，浙江省取得的成绩举国瞩目。

虽然几乎大多数行业在浙江省都存在，全国市场占比大，但目前浙江省企业产品科技含量不足。以轻重工业分类，浙江大部分企业以轻工业为主，生产的产品以居民消费品为主，而重工业较少，主要集中在交通运输设备制造业上；以传统行业和高新技术行业的角度来划分，浙江企业大都是以传统行业为主；以粗加工和精密加工区分，浙江小微企业大都属于粗加工的传统劳动密集型行业，而高新技术产业相对较少；从经济效益区分，传统行业因为技术低、进入门槛容易等

---

[1] 张娇.产业集群与城镇化互动发展机制研究［D］.浙江理工大学，2015.

原因经济效益差，而市场竞争能力强的高新技术产业经济效益好。

产业集群的发展，在一定程度上提高了浙江企业技术开发能力和科技含量。放眼全国，产业集群起步最早、发展最快、最为密集的地区就是经济发展最快的浙江。浙江省产业集群起步于20世纪70年代末，依靠当地小微企业和配套企业不断集聚和调整，从最初的"一县一品""一镇一业"逐渐转向块状经济，慢慢形成海宁皮革、诸暨袜业、永康五金等多个具有一定竞争力的产业集群。特别是近二十年来，浙江产业集群的发展越来越成熟，形成跨县跨市大型产业集群。因为产业集群的快速发展，浙江一跃成为我国经济大省，取得了有目共睹的成绩。2021年，浙江全年新增上市公司110家，第一二三产业经济均迅速发展，分别占全国GDP的3.0%、42.4%和54.6%，新成立的民营企业53.1万户，占全国新成立企业的94.2%。

纵观浙江省经济发展史，我们可以看出，浙江省能取得如此好的成绩来自政府、企业和浙商的共同努力。

（1）出台各种政策，引进、培养各类人才，加速浙江人才队伍壮大，建设小微企业园、孵化器、众创空间等功能强的新型创业服务平台。在经济快速发展过程中，浙江政府和浙江人敏锐地认识到人才的重要性。他们一面积极创业，一边努力培养人才队伍。这些年，浙江省政府积极建立国际化创业人才队伍，出台了省151人才工程培养计划、"金蓝领"出国进修计划等，还制定了"创二代"企业家培训等各种项目，帮助科研人员、企业管理者走出国门，有机会学习先进科学技术和先进管理经验，有效提高企业人才的国际视野，带动企业发展，增加国际市场竞争力。浙江政府还在产业集群、产业园等地建立新型创业服务平台，通过创业平台帮助加速孵化国家级、省级、市级科技企业。2013年，浙江省在全国范围内率先开展小微企业向规模以上企业发展的工作。在2016到2019年四年时间里，浙江省累计完成"小升规"企业19826家，提前并超额完成"十三五"规划目标。截至2020年第三季度结束，浙江省规模以上工业企业达到四万五千余家。在培养规模以上企业的同时，浙江省也一直在引导小微企业专业化、特色化、精品化、创新型发展。目前浙江省"精特新"企业累计162家，居全国首位。

（2）科技型中小企业铺天盖地，高新技术企业顶天立地。浙江省政府深知自身发展短板，域内企业以传统企业为主，缺乏市场竞争力；深知深化中小企业创新发展的重要性，一直致力于技术含量高的创新主体。多年来，浙江省多次出台《浙江省促进科技成果转化条例》修订版等文件，一面鼓励高校科技人员创新创业，一面大力引进高层次人才、团队，争取尽快吸引大量科技型中小企业和高新技术企业，增加浙江省在工业领域内顶天立地的局面。在政府各方面努力下，到2019年底，浙江境内的各类科技型中小企业已经集聚了六万三千余家，高新技术企业达一万六千余家。为了吸引更多企业来浙江，发展浙江省的经济，当地政府在当地尝试性地推行了"创新服务券"等一系列的购买公共服务方式，让科研设施和仪器设备等科技资源成为当地企业的共享资源，既让一部分有能力购买科研设施和仪器设备等科技资源的企业节约了投入成本，也让一部分没有能力购买科研设施和仪器设备等科技资源的企业有机会进行科技创新，有力推动了科技资源开放共享[1]。

（3）中小微企业质量提升，打响浙江制造品牌。浙江企业在自身发展和政府大力倡导下，认识到品牌培育推进中小企业提质增效的重大作用，多年来一直致力打造浙江本土品牌。同时，为培育品牌企业，浙江省政府也制定出台各项政策和实施意见，一面倡导打造浙江本土品牌，全力推进中小企业质量提升和品牌培

---

[1] 杜华红. 打好小微企业转型升级组合拳[J]. 浙江经济, 2017 (18): 38-40.

育，对企业负责人进行经营管理提升培训，一面组织机构对品牌进行认证。在各个企业开始对自有品牌提高认识的情况下，我国商标注册数量增加，到2019年，浙江省1万家企业中，商标注册数就从2016年的7813.39件提高到9868.63件，三年增加了2055.24件，平均每年增加685.08件，增幅将近8%。这说明，我国企业经营者逐渐认识品牌的重要性，一方面开始提高质量打造中国本土品牌，一方面法律意识正在逐渐加强。

（4）产业集群成为小微企业创业创新和孵化成长主平台。产业集群对现代工业发展作用不容置喙。浙江一面在推进中小企业集聚发展，另一面又在大力推动小微企业园建设提升，根据产业园发展各项缺陷和空白进行完善工作，全面推进小微企业园区建设提升。2018年、2019年、2020年浙江省委省政府连续三年召开小微企业园建设提升现场推进会，为小微企业园创业创新、孵化成长、安全发展、集聚发展、规范发展保驾护航。目前浙江小微企业园有1044个，5.3万家入驻企业，90.4万人在此就业。

（5）全球对环境保护重视程度加剧促进各行各业开始发展绿色制造体系。只有重视全产业链和产品生命周期绿色发展，才能促进中小企业绿色发展。从各行各业经济发展情况来看，国家对环保工作越来越重视，人民对产品安全要求越来越高，环保用品、环保产品市场占有额度越来越大，小微企业要想延长企业生命周期，就必须构建绿色制造体系。浙江省率先推进绿色制造示范点，对产业集群内企业环保提出新要求。在浙江省委省政府和浙江企业、园区等多方面努力下，现在浙江省境内已经有121个工厂、108个产品、7个园区、1个供应链、3家示范企业迈入了工信部绿色制造名单当中。

（6）国际会展交流活动推动中小企业开放发展。要想在越来越激烈的市场竞争中脱颖而出，创造出世界一流企业，企业发展就必须和世界接轨。为了让企业家和浙企有机会和世界一流企业在高端装备、汽车关键部件、节能环保等领域有所交流，促进浙江域内企业接触到高科技新理念，浙江省政府多次组织域内企业人员参加中韩环境产业洽谈会、中国国际中小企业博览会等国际级别的会展交流活动，同时组织企业与台商、台企沟通合作，增加企业管理者的实业，增加两岸经济、技术交流，让两岸企业有更多合作机会，共同推进企业发展。同时，浙江政府为了积极发展国内电子商务业务和跨境电子商务业务，并简化通关手续，全面优化跨境电子商务海关监管流程，帮助企业办理相关手续，拓展海外市场，并与时俱进投资兴建了中国（杭州）跨境电子商务综合实验区。

（7）只有最优的营商环境，才能保证当地小微企业迅速壮大和发展。浙江为了帮助小微企业发展壮大，有力拉动当地经济发展，在全国率先打造并开通运营为中小微企业服务的省、市、县三级公共服务平台❶。公共平台的建立，可以有效地将浙江省全省范围内的全部中小企业服务纳入"一张网"，并依托该平台开设政策、直兑、诉求、合作等服务功能。公共服务平台成立到现在，已经有263.4万家企业入驻该平台，该平台集成发布省市县三级惠企政策12000余条、兑现政策资金将近151亿元、受理企业诉求将近96000件，办结率达98.6%，有效地为浙江省企业发展壮大服务。

（8）优化中小企业发展环境。为了吸引更多企业入驻浙江产业集群，浙江省不仅坚决贯彻实施国家《营商环境条例》等法律法规，还出台了各种优化营商环境建设、促进社会法制化进程的地方性政策和文件，同时增加浙江基础性建设，为招商引资打下基础。从2019年末开始，浙江经济稳定性进一步显现出来。据调查，浙江整体经济运行良好。但同时，浙江经济发展中存在的各种问题也显现

---

❶ 郑书莉，沈思瑜. 浙江省小微企业扶持政策文本分析［J］. 科技中国，2021（11）：51-56.

出来。各种困难、风险和挑战需要高度重视，扩大有效投资、激活居民消费的任务还比较艰巨，外需变化存在较大不确定性，企业面临"缺芯""缺柜""缺工"和原材料价格上涨等问题，而各种服务行业经营困难。

2.6 浙江传统产业中小微企业的特点、优势、劣势和发展策略分析

改革开放以来，浙江企业从当年的小作坊一步步发展壮大，很多企业都成为全国甚至全球知名品牌企业，浙江很多地方，从以前的贫瘠山区发展成为今天在世界经济中占有一席之地的工业化城市，必然有它们的独特之处。

2.6.1 浙江传统产业中小微企业特点

（1）企业精细的分工和产品的个性化。浙江经济发展四十余年到现在，浙江省内形成各种产业集群，企业间分工高度细化，企业专业性也越来越高，之前一个企业能生产多个产品，但产品品质不高，现在有的企业只生产几种产品甚至一种产品，但产品科技含量高，市场竞争能力强。虽然产业集群中各企业主体自主经营，自负盈亏，但它们之间都存在着有机关联，同属一个产业链和价值链，相互之间联系紧密，有的是区域的横向关联，有的是相关行业之间的纵向关联。甚至有些企业之间为了进一步提高关联度，紧密结合，增加市场竞争力、降低原料成本、共同开发新技术、抵御未知风险，彼此之间还通过股权置换、参股甚至控股等方式进行合作。同时，为这些企业服务的配套企业精细化程度也越来越高。由于同处于一个产业集群，同类企业较多，因此配套企业不用惧怕单一经营模式缺少业务。而且由于只经营某一行业甚至某一行业的某一环节，相对应专业程度也较高。例如，在浙江省苍南县生产的徽章，从第一道工序到最后一道工序，至

少需要十几道工序。而这些工序分别让不同的企业完成，每个企业只完成其中的一道工序，这些参与的独立企业集合起来才形成了一条完整的生产"流水线"，可以极大地提高生产效率，降低了企业前期投入成本。不仅如此，这样生产出的徽章，由于企业专业程度提升从而质量更高。

（2）产业集群中存在高中低档同类企业，错位发展。企业因为自身发展时间长短、资金体量不同、科技创新能力有高有低，即使是同一类型企业，生产出的产品种类、质量也有好有差。而现在市场又追求产品的高度个性化，同类型企业生产的产品价位不同、款式不同，不仅有利于满足市场需求，而且有效避免了恶性竞争。例如，温州生产皮鞋的产业园区，是可以生产高、中、低档各种皮鞋，旅游鞋，凉鞋，运动鞋等各种鞋的产业集群，在市场上大受欢迎。

（3）从乡镇经济到县域经济再到产业集群的突破式发展。浙江产业集群源于乡镇的手工作坊，经过几十年发展，乡镇手工作坊发展成为乡镇小微企业，进而完成县域范围内融合重组的转变。随着经济迅速发展，产业集群因自身绝对优势吸引着同类企业和配套企业迅速聚集，让原本分散的企业突破了县域框架，在更大区域内互相融合，形成了产业集群。例如，余姚、鄞州、慈溪几个地方家电行业的集聚，促成了宁波家电产业集群；鄞州、慈溪、奉化、象山几地服装企业的集聚，促成了宁波服装产业集群；永嘉、瓯海、鹿城几地皮鞋厂的集聚，形成了温州皮鞋产业集群；温岭、玉环、路桥、黄岩生产汽摩配件工厂的集聚，促成了台州汽摩配件产业集群。

（4）产业集群内生产企业与市场共同发展。浙江产业集群内企业与其他地方产业集群内企业的最大区别是当地企业与专业市场之间的联动发展。在浙江这个省份的产业集群，没有一个只有单纯的生产企业，同样也没有一个集群只有市场，每个产业集群都是由同类企业、相关产业和商贸性的专业市场组成，企业和市场相互依托，共同发展，缺一不可。比如全国有名的义乌小商品城，便于小商品产业集群相互依托、相互作用，共同实现了原材料供应、产品生产、商品运输、市场销售几个环节，成为浙江区域经济发展的重要动力。

（5）浙江企业内技术工人的专业化。浙江"七山二水一分田"，当地农民就业成为大问题。浙江产业集聚形成产业集群，产业集群又吸引来更多的同类企业、上下游企业和相关产业，很好地解决了当地劳动力就业问题。不仅如此，因为企业的高度集中，当地劳动力不够，大量外地劳动力也有机会在此寻找到就业机会，有效缓解了我国其他城市、地区的就业压力。目前产业集群中的企业多属劳动密集型，进入的门槛低，可以吸收任何学历、任何年龄段的打工者，这些打工者更换打工企业也极其方便。这些从一个企业流出、又涌入其他企业的打工者因其实际经验丰富，技术熟练，专业化程度高，受到各个企业欢迎。随着科技发展，浙江产业集群中出现一批科技含量高、加工精细零部件的企业，适合高学历、高精尖人才就职。这些外来人口的涌入，又可以反哺地方经济，增加当地GDP。

2.6.2 传统产业中小微企业优势分析

（1）企业家优势。浙江自古就有做生意的传统，改革开放后，浙江的农民顺应历史潮流，开始创建家庭手工作坊、村镇企业和各种中小民营企业，成就了浙江这个民营经济大省，同时产生了大量企业家。据统计，浙江省企业家人数居全国第一。因为南浙自古以来山多水多土地少，生存环境极其恶劣，造就了浙江人吃苦耐劳的精神。为了生存，他们艰苦创业，走南闯北，漂洋过海，靠的就是浙江精神，有这种精神的企业家对企业的成功起了至关重要的作用。经过三十多年的发展，当年白手起家、学历低下的企业家们早已不受文化水平、成长经历的束缚，思维、眼界、综合素质早已在商海沉浮中不断提高，形成庞大的、成熟的企业家队伍。这支企业家队伍不怕吃苦、敢于冒险、进取心强、眼界开阔、创新意识强,不仅对企业经营与发展有自己的独特见解,也对产业集群、品牌效应、电子科技等新生事物有较强的敏感度与接受度。他们带领各自企业活跃于中国甚至世界,成为资源、技术、信息流动与传递的纽带。他们超前的眼光,对科技进步的狂热追求,一次次创造着浙江神话。

(2)地方网络优势。在浙江工业兴起初期,大多数小微企业都是以家庭成员为单位发展起来的,这也是浙江小微企业的一大特色。家庭成员有自己的父母兄妹,有叔伯子侄,或者是一个村、一个乡的父老乡亲。在企业发展前期,由血缘亲情组成的网络关系是小微企业发展的关键,他们聚集在一起,不计个人得失,齐心协力,克服了创业初期资金不足、人力缺乏、技术落后、信息封闭、管理漏洞等问题,用最小的成本获得了最大的利益。当工业化社会发展到一定程度,有的企业家离开了浙江,去国内其他城市或者出国创业,有的企业进入配套企业园区继续发展壮大,但创业初期那种血脉亲情一直都在。多年来,浙商相互帮助,获取了各种短缺资源及各类信息,开辟了市场营销渠道,在更大的范围内创建了稳定的企业网络关系,共同发展,共同壮大,避免了单个企业发展面临的市场不确定性,整合了市场竞争力。

(3)本土文化优势。任何地区的发展都和当地历史文化、风土人情分不开。浙江的历史演变过程、特殊的地理环境产生了与其他地方截然不同的浙江本土文化,这种文化又对经济发展起到至关重要的作用。浙江文化中"务实"与"功利"两种精神是从东汉时期延续下来的,这两种精神孕育了一批又一批富有活力和拼劲的浙江人。"务实"指的是一切要从经验出发。从浙江几十年发展历程不难看出,浙江最先发展起来的纺织、服装、鞋帽等小商品都属于中国传统产业。改革开放初期,在国内各种生活物资短缺、生产力落后的情况下,率先发展传统行业，满足人民生产生活需要是当务之急，也是让企业迅速发展起来的最好选择。"功利"指的是鼓励发展商品经济，肯定了雇佣思想。我国封建社会一直有重农抑商的传统，直到明末清初，黄宗羲提出"工商皆本"，这才正式为商业正名。

（4）龙头企业优势。由于浙江经济发展较早，浙江人吃苦耐劳，产业集群发展也领先其他地方，因此浙江企业得以在激烈的市场竞争中不断壮大，快速成长，从而脱颖而出，出现多家龙头企业。龙头企业科技含量高、质量好、性价比高和较高的品牌辨识度都吸引着消费者。因为产业集群中龙头企业的存在和树立的良好形象，让更多人认识到龙头企业所在产业集群和产业集群中其他企业，给该产业集群内企业带来商机，提高该产业集群中质量上乘但无企业自主品牌的企业产品的附加值。因为龙头企业的影响，同类企业和相关配套企业也被吸引到该产业集群扎根落户，他们在享受龙头企业品牌效应这一无形资产带来的利益的同时，也能增加产业集群的规模、影响力、创新能力，完善该地产业链。

（5）区域品牌优势。江南自古好风光，仅一个浙江，就有周庄、同里、西塘、乌镇、西湖、鼋头渚等诸多自然景观让人流连忘返。浙江自古以来又是"才子之乡"，曾出现唐伯虎、祝枝山、文征明和徐祯卿四大才子，历史名人勾践、陆游、王羲之、鲁迅等更是数不胜数。因为这些名人的历史事迹，浙江当地有很多和名人有关的旅游景点，比如大禹陵、鲁迅故里、越王台、秋瑾碑，等等。浙江名人和名胜古迹、自然景观给"浙江制造"这张响亮的名片披上了文化底蕴的外衣，每个浙江集群里的企业都可以享受历史和古人的馈赠，只要自己的品牌跟历史上某一名人、某一朝代、某一事件发生关联，就可以提高产品附加值。

2.6.3 浙江传统产业中小微企业劣势分析

虽然浙江省小微企业经过几十年发展，已经发展成相对成熟、有一定科技含量和竞争力的成熟企业，但也存在诸多问题。

（1）融资能力受限。因为小微企业存在很多共性问题，不仅在浙江，在全国其他地区的小微企业也无一幸免都面临着融资难这一问题。长期以来，从银行贷款是企业融资的主渠道。小微企业因为发展时间短、无力聘请高精尖财务人员等原因，大多数财务制度不健全，金融机构对其缺乏信任，但要开展对小微企业信贷活动调查的成本又太高，因此银行给小微企业贷款积极性不高。而小微企业资本有限，缺乏贷款必要的质押物，让它们从银行等金融机构获取贷款愈加困难。小微企业因受制于资金限制，无论是购买设备、扩大生产，还是研发新技术都比大企业更加困难。

（2）从业人员流动性强，素质偏低。由于小微企业科技含量低、生产力水平低下等原因，相比大企业，福利和待遇较低，很难留住从业人员。从业人员频繁流动，严重影响了企业生产。但员工违约成本低，企业对违约工人追责成本又太高，很多企业面对明显违约的工人也无能为力，只能听之任之。

（3）低端、"三高"企业面临风险大。随着国家和地方更严格的环保法律法规出台，高排放、高污染、高耗能的企业随时都面临关停风险。但要是让这些粗放型企业达到环保要求，购买环保产品、建设排污设施必将增加其经营成本，有的利润微薄的企业甚至难以负担购买环保设施的费用。

（4）血缘亲情在一定程度上制约小微企业发展。浙江小微企业是从手工作坊基础上发展起来的，创业初期合作伙伴大都是父母兄妹、叔伯子侄、乡里乡亲，因此这种小微企业也可以称之为家族企业。这种做法在企业发展最初有效解决了创业初期资金不足、人力缺乏等问题，但企业走到一定阶段血缘亲情就成了发展的最大阻力。一是小微企业法人既是拥有者、决策者又是生产者，负责整个企业的采购、生产、销售、财务等工作，难免形成"一言堂"，听不进其他人的意见而作出错误决断。二是家族企业是通过血缘、亲情等伦理道德规范、约束和协调企业内各种关系，必然不能长时间有效地约束企业员工的各项行为。同时，随着企业扩大，原班人马因为缺乏专业知识，原有工作开始变得有心无力，最终损害企业利益。三是企业难以找到适合的接班人。调查数据显示，愿意接班的"企二代"不到两成，而有能力接班的更少。

2.6.4 浙江传统产业中小微企业发展策略分析

上述问题都是阻碍浙江省小微企业国际竞争力持续提升的主要原因。问题不解决，小微企业参与国际竞争就无从谈起。要解决小微企业发展问题，我们可以从以下几方面进行改进。

（1）政府出台相关政策，帮助打通小微企业融资渠道。要想解决小微企业融资难问题，政府可以出台一些激励政策，比如减免税费、定向降准等，也可以用行政措施促使金融机构向小微企业放贷。这样从短期上看，能解决企业暂时性问题。可如果要长远解决小微企业融资难问题，还需要成立专门为小微企业服务的商业银行，让商业银行进入市场，对企业进行调查、研究，评估企业预期收益，判断企业是否能如期归还本金，结算利息，有决定是否对企业发放贷款的权力。同时，政府应该放开金融市场，完善资本市场、债券市场，只有这样，才能扩大小微企业融资渠道，让更多小微企业通过更灵活、自由、庞大的资本市场、债券市场直接融资，而不单单依靠政府出台的融资政策。

（2）政府出资进行基础设施建设，让更多小微企业享受公共资源。要想减少企业员工流动，稳定企业生产，提高员工素质，减少企业培养员工投入的成本，政府一是加大基础设施建设，筹资修建务工人员宿舍后租给企业，建成幼儿园、卫生院、超市、学校等配套设施，满足外地务工人员就医、子女入学、采购等问题，把企业压力变成留人红利、政府增加财政收入手段；二是开辟稳定的劳动力来源渠道，与欠发达地区对接，建立劳务输出关系，让外地富余劳动力合理有序地流入浙江；三是切实了解企业需求，结合企业需要，和职业院校联系，建立培训基地，对外来就业人员进行短期培训并建立用工档案，企业需要用工时可根据档案随时随地补充用工缺口；四是加大校企联合办学力度，高校与企业开展订单培养、委托培养，为企业培养需要的高技能人才。

（3）解决企业环保问题，一是要让小微企业充分认识环境保护的重要性；二是政府和环保部门完善环保基础设施，切实解决小微企业急难愁盼的危险废物收集处理问题；三是对无力购买或更新环保设施的企业开通融资绿色通道，专款专用解决环保设施问题；四是加强技术帮扶和协调沟通，对难以解决环保问题的小微企业提供技术支持。

（4）引进职业经理人是解决家族企业最直接有效的办法。浙江家族企业在实现原始资本积累后，原来的家族制管理也不能再有效地支持企业的发展，甚至会成为企业破产倒闭的导火索。这时就必须引入职业经理人机制，只有职业经理人才能突破家族企业发展中的各项问题。首先，职业经理人可以代替创业者对企业进行管理决策，杜绝创业者因为"一言堂"而作出的错误决定；其次，可以有效解决家族企业裙带关系带来的各项复杂问题，把裙带关系转变为雇佣关系；三是可以解决"企二代"接班能力不足问题；四是家族企业想要发展，需要向大型企业看齐，建立健全规章制度，让企业实现科学管理，用制度管理人，而不仅是依靠血缘或者自觉性。只有这样，才能真正提高劳动生产率和经济效益，确保企业生产经营活动的顺利进行，让企业有机会发展壮大，延长企业生命周期。

  我国各级政府为浙商及浙企营造了一个良好的创业环境，构筑了一个施展身手的平台。相信浙商，这支生机勃勃的优秀企业家队伍，以前能在艰辛的历变和艰苦的环境中取得成功，日后也能牢牢抓住创新这个发展核心，在国际舞台上进一步展现浙商的雄姿，带领浙企走向更加辉煌的未来。

第三章 传统产业中小微企业集群效应的理论基础研究

3.1 国家创新驱动产业发展政策分析

2006年,我国发布了关于国家中长期科学和技术发展规划的文件;随后又发布了关于深化改革、加快实施驱动创新战略、科技改革、自主创新等一系列文件和会议精神,并提出了到2035年,我国要实现跻身创新型国家前列的宏伟目标。一次次会议、一份份文件、一个个讲话精神,党中央、国务院都将"创新驱动发展战略"作为工作重中之重,说明只有创新驱动发展才能让我国在国际市场上形成竞争新优势,才能让我国科技、经济、国力走在各国前列。

在2016年5月我国出台的《国家创新驱动发展战略纲要》(以下简称《纲要》)一文中,党中央、国务院更是明确提出到2020年我国将进入创新型国家行列,2030年跻身创新型国家前列,到2050年建成世界科技创新强国"三步走"目标[1][2]。参与《纲要》起草人员、科技部火炬中心党委书记翟立新同志认为,《纲要》出台是对我国今后一个时期实施好创新驱动发展战略进行的系统谋划和全面

---

[1] 万钢解读《国家创新驱动发展战略纲要》[J].天津造纸,2016,38(03):19-21.
[2] 《国家创新驱动发展战略纲要》——"三步走"到2050年建成世界科技创新强国[J].安装,2016(07):1.

部署。《纲要》最重要的是"三大结合",第一个是改革和发展的结合。《纲要》对改革的总体目标、原则、任务作出部署,涵盖了提高生产要素、整合生产要素、创新能力提升等方面的改革保障举措;第二个是眼下和长远的结合,包括了既要支持现有龙头企业发展、当下产业技术体系创新、万众创新等举措,也要有未来工作的远景规划;第三个是全面部署和重点任务的结合,既有对现有学科发展的方向性安排,也有对航空发动机、量子通信等领域的安排。科技体制改革和经济社会领域改革同步是《纲要》亮点,《纲要》中提出,不能把科技创新限制在科技的领域里,不能把科技和经济割裂,而要让科技的作用在经济社会发展的方方面面发挥出来❶。

科学技术的发展,可以说就是人类文明进步史,人类历史上几次工业革命都是建立在科学技术的根本性突破基础上的,科学技术实践的过程就是为了社会进步、生产发展、人民生活水平和幸福度提高的过程,基础前沿科技研究最终会影响社会生活的方方面面。只有把理论与实践,基础研究与应用发展之间的关系协调好,才能实现《纲要》的战略目标。发展战略性新兴产业,不能仅仅满足于眼下,或者满足于传统行业,想要获得长久、持续性发展,必须依靠创新、依靠科技、致力于全球。中国经济的发展过程,已经证明传统行业转型升级必须依靠创新和科技。

中国的发展实情已经证明,当国内的技术水平与国外的技术水平差距很小甚至领先时,就根本不可能通过购买先进技术来实现自身发展,而且一旦威胁到国外的行业领先地位时,甚至会被卡脖子。由此可见,掌握最先进的核心技术是多么重要。而核心技术的突破、高科技产业的培育都需要雄厚的基础研究积累。所

---

❶ 《国家创新驱动发展战略纲要》印发 提出 2050 年建成世界科技创新强国[J].电子政务,2016(06):79.

以当今时代，国与国之间的较量，在某种程度上是高科技的较量，是基础研究的较量，也是创新能力的较量。《纲要》中对各类创新主体、企业家、技术都作了详细说明，并阐述了互相间的辩证统一关系。

世界各经济强国技术创新的多样性和技术更替速度加快导致经济周期变化难以预见，也在倒逼我国加快缩短科技创新周期。科技发展向极限化逼近，科学研究呈现多学科交叉渗透态势，面对国内外环境的新变化，创新驱动发展便成为强国竞争力的主要表现形式之一和各个国家是否可以在高端科技领域率先获得可持续竞争力的关键。创新型国家主要有三个特点：一是研发投入占GDP的比重超过2%；科技对经济的增长贡献率超过70%；对外技术依存度指标不超过30%。《2021中国制造强国发展指数报告》中提到，我国制造强国指数目前排名全球第四，预计2025年追平世界排名第三的日本，但与美国、德国两个一线科技强国仍存在距离。这是因为在过去几十年的发展过程中，中国长期依靠物质要素，经济发展方式以粗放式为主，原有的经济发展方式变得不可持续，经济发展不可避免地接近生态环境可承受的瓶颈。根据实际情况，我国提出高质量发展的战略规划，由原来的劳动密集型和资源驱动型，升级为依靠高新技术带动发展。一方面，科学技术是第一生产力，让科技发挥其经济发展支柱的作用。另一方面，科学技术地位的提升不代表完全舍弃传统行业，而是要让二者融为统一整体，科学技术为传统企业注入活力，提升效率，增加利润；同时，传统企业为科学技术的研究提供物质保证、研究元素、检验市场等，最终形成以高科技企业为主，传统企业为辅的发展局面。

因此，我们要在理论研究、体制机制、生产方式、管理模式等各个方面进行创新，甚至是微创新，尽快实现产业升级，提升我国的国际地位。

3.2 国外产业集聚及典型案例分析

英国的经济学家马歇尔是最早进行产业集聚研究的,他发现了外部规模经济与产业集聚之间的关系,是第一个从外部经济与规模经济两个角度,阐述产业集聚的经济动因。在《经济学原理》中,马歇尔将聚集在一定区域的同类企业和相关产业称之为"产业区",也就是后来人们所说的"产业集群"❶❷。他认为,某种工业会自己选择适合的地方并长久设立,从事该行业的人在邻近的地方会得到较大利益。即产业集聚就是同一类型企业与相关产业的资本因某种因素或者多种因素,比如自然资源、传统工艺、交通网络、文化底蕴而向某一特定地理区域内集中汇集的过程。而产业集群是指一定数量、不同行业、不同规模而相互又有关联的同一类型企业与相关产业汇集在某一特定地理区域,形成或竞争或互补的空间关系❸。中国称之为"特色产业区""产业族群""块状经济"。国内外的经验告诉我们,产业集群对激发创新能力、提升产业和地区竞争力具有强大的促进作用。在中国国内,产业集群的领跑者是中小型民营企业,他们具备政企分开、制度灵活、嗅觉灵敏等特点,对产业集群的形成和发展具有重要意义。下面从国外农业、工业、文化与艺术三个方面产业集群的发展过程中汲取经验并做分析。

3.2.1 美国农业的产业集聚及案例分析

世界上国家发达农业主要生产形式是农业产业集群,上下游企业聚集、科技

---

❶ 苏丹妮,盛斌,邵朝对,陈帅.全球价值链、本地化产业集聚与企业生产率的互动效应[J].经济研究,2020,55(03):100-115.

❷ 杨仁发,李娜娜.产业集聚、FDI与制造业全球价值链地位[J].国际贸易问题,2018(06):68-81.

❸ 杜龙政,刘友金.全球价值链下产业升级与集群式创新发展研究[J].国际经贸探索,2007(12):66-70.

含量高的农业产业集群形式有力推动了现代农业发展❶。据统计，从20世纪末开始，发达国家农业及相关产业便开始集聚。由于农业产业集聚发展进而形成的产业集群特点有农业生产的专业化、农业产业经营的一体化和农业服务的社会化❷。

农业生产的专业化典型的例子就是人口少、土地多的美国。美国农业生产技术应用专业化、农业经营规模化。其中，21世纪以来，美国农业经历了农业区域分工时期、农业区域分工扩展时期、农业分工深入时期三个时期发展，形成了10大专业化的农作物种植区域，主要有传统烟草产区的南部大西洋区；以水果生产为主的太平洋区；以饲料、饲草为主的中部大西洋区等。以专业化种植为主的农业生产模式有四种。一种是重点种植1~2种主要农作物的专业化农场，包括种植棉花、烟草、花生等经济作物的专业化农场和种植小麦、玉米、大豆等粮食作物的专业化农场。第二是推广适度轮作制的专业化农场。由于美国农场规模巨大，因此美国农场一般会选择烟草、小麦等与花生等作物进行轮作。第三种是推广种养与加工相结合的专业化农场。主要生产方式是根据农场饲养的畜禽需求，种植畜禽所需要的饲料，从而使得种、养、加工在农场内部完成，既节省了经营成本，又实现了循环经营，极大地降低了饲料、人工、运输、时间等成本，有效提升了农场经营效益。第四种是以培育推广良种为主的专业化农场。他们充分与科研机构、良种研发企业、政府、农场合作，能最快应用最新的农业技术，更快更迅速地培育出新品种，并将新品种推广上市。

农业社会化服务是农业产业集聚发展的重要保障。只有用现代化的方式来解决农户生产经营环节中存在的问题，才能实现生产和市场的有效对接。目前，墨

---

❶ 张楠楠，刘妮雅．美国农业产业集群发展浅析［J］．世界农业，2014（03）：56-59．
❷ 戴孝悌，陈红英．美国农业产业发展经验及其启示——基于产业链视角［J］．生产力研究，2010（12）：208-210+259．

西哥已经基本形成"一条龙"式的农业社会化服务网络体系，通过专业化、组织化和规模化推动农业产业集聚发展。在墨西哥锡那罗亚地区盛产番茄，当地的生产者协会便专门成立为种植、生产、销售番茄服务的一系列机构，并就生产番茄的生产技术、市场动向、政府政策等各个方面提供服务，帮助当地农户解决番茄产销过程中出现的各种问题。同样能为农民提供专业化的农业服务，为农业产业集聚发展提供有力保障的还有韩国和日本。韩国农业协会不仅围绕农业产业和农村社区福利工作，同时还积极实施集"产、教、管、研"于一体的集聚发展模式，为当地的农业产业发展提供资金融通服务，同时也提供农业仓储，农产品加工、运输及营销等与农业产业化发展相关的服务，并能够通过政府部门，将农民、学校及科研机构联合起来，共同推进当地农业服务的社会化进程。日本农业协会在组织农业产业发展过程中，在农业生产、经营的各个环节积极为农户提供专业化服务。通过相关农业协会，农户能够获得与农业生产经营相关的各种服务，包括农业生产资料的统一购置，农产品的收购、加工、销售等，甚至还有为农业生产经营提供金融借贷、商业保险等的专门服务。另外，为农户提供专业化农业服务的中介组织、农业企业等在地域上呈现集中态势，也极大地方便了农户与农业服务提供者的服务交易，既降低了交易成本，又推进了农业经营的专业化程度。

农业产业集聚的另一特点是农业产业经营的一体化，比较典型的是美国，目前已经实现农业产销"从农田到餐桌"的一体化进程。以果产业为例，美国经过多年发展，产业化经营特征已经非常明显，农产品密集型经营和生产自动化技术强有力地支撑起美国水果产业生产、储运、加工和销售"一条龙"。如今，美国水果产业链的各个环节均已实现产业化经营，果品的采收、商品化处理（主要是清洗、打蜡、贴标、分级和装箱）等各个环节的产业链也相辅相成，储运环节相应的配套设施比如冷库、运输等也实现机械化操作，基本实现从生产到销售整个产业链的产业化经营。意大利的农业产业集聚也极大地推进了其生产经营的一体化进程。由于农业产业集聚发展并形成产业集群，在特定地理领域形成同类企业和相关产业，当地农业生产经营产业链上游、中游、下游的紧密结合，大大降低了农产品生产、加工、销售等过程中的经营成本。同时，相关农业企业的集聚发展，也促进了周边基础设施的不断完善，各企业也反哺地方经济，从而推动农业产业集聚的进一步发展。

国外农业企业及相关产业集聚，推进农业适度规模经营与农业区域优势布局，进而形成产业集群，高效发展农业的经验表明，产业集聚进而形成的产业集群能有效推动农业生产的规模化、专业化和社会化。同时我们也可以从美国、墨西哥、日本和韩国农业发展的历程中看出，各国各地的自然资源、经营方式、社会化服务体系等方面都存在诸多差异。在推进农业产业集聚发展过程中，必须基于当地情况选择适合本地发展的农业产业集聚道路，即在原有气候、土壤、技术、设施等条件下努力推广适合当地种植的农作物，充分发挥当地优势，实现农业生产经营的规模效益。

我国是农业大国，又是人口大国，人均农业资源有限，构建可持续的食物体系是当前我们面临一个重点难点问题，我们可以借鉴农业发达国家的经验。一是充分利用自然资源和产地原有种植习惯，根据各地气候、土壤、劳动力分布情况、产业发展基础，对农作物种植进行布局，形成农业产业带，为农业及相关产业提供发展条件；二是重视农业机械化进程，降低成本；三是政府充分发挥协调统一作用，帮助农业补齐在集聚过程中形成的产业链缺口和薄弱环节；四是出台系列辅助农业产业集群发展政策，包括资金、土地、农业政策性保险等，保证农民收入稳定增长。

3.2.2 德国现代工业的产业集聚及案例分析

德国是现代工业发达国家之一，集聚发展是目前德国最具特色的发展模式，尤其是在高新技术领域，在全世界范围内都具有代表性。比如，德国西南部巴登-符腾堡州机械产业集聚群、斯图加特机床产业集聚群、斯图加特戴姆勒-奔驰总部及系统性供应商集聚群、雷根斯堡宝马公司及其合作者集聚群、大众和福特集中发展集聚群、图特林根外科器械产业集聚群、韦热拉光学仪器产业集聚群，等等 ❶。

高技术产业集聚是指同类型高科技企业、上下游企业和相关产业在一定地理范围内的集中，企业间形成以竞争、合作等关系为基础的正式和非正式协作的产业体系。产业集聚具有两种属性，分别是产业属性和地理属性。此外更是衍生出该地理范围内所有企业的相关支撑机构的集聚，如金融、保险、交通等。正是因为产业属性和地理属性，企业之间形成了既分工又竞争、既协作又对抗的复杂关系 ❷。

目前，生化工业、信息通信业、航空航天工业等是德国快速发展的高技术产业。在高新产业方面，德国有欧洲前三大化工企业，它们之所以能成为德国经济的支柱产业，是因为经费的大量投入。在传统产业方面，汽车导航系统、电视转播等工业领域在德国发展也非常迅速，这得益于电子、自动化、测控、材料等高科技领域的高速发展，而这些高科技领域高速发展的最终受益者是德国的航空航天工业。德国航空航天事业研发投资占营业额的比重要远远高于其他任何工业部

---

❶ 杜传忠，杨志坤.德国工业 4.0 战略对中国制造业转型升级的借鉴[J].经济与管理研究，2015，36（07）：82-87.

❷ 贺正楚，潘红玉.德国"工业 4.0"与"中国制造 2025"[J].长沙理工大学学报（社会科学版），2015，30（03）：103-110.

门，因此德国航空航天事业技术在整个欧洲都举足轻重。与航空航天工业有关的电子、自动化、测控、材料、控制技术等高科技领域的出现与发展间接推动了其他传统产业的快速发展。此外，巴伐利亚州传统行业和新兴高科技产业和谐共存。因为巴伐利亚州紧跟时代发展，对高科技产业如电子产品制造业、信息及通信技术、基因工程及其他生物技术、新型材料技术投入巨大，领先世界。同时，这些高科技企业所需要的传统产业基础配套如手工制造业、化学工业、塑料加工业也要随之更新换代。由此可见，高技术产业在直接带动德国经济发展的同时，间接推动了传统产业的升级与发展。

从德国产业集聚过程到工业产业集群发展历程可以得出以下结论：一是产业集群可以优化资源配置、节约生产成本、提高生产效率、加快技术升级迭代，实现优胜劣汰；二是产业集群可以减少对外依赖度，最大化拥有完整的产业链条，实现产业集群内部生产自由，减少外部不确定因素对经济的冲击；三是产业集群可以培养龙头企业，增加区位优势，掌握行业国际话语权。产业集群具有生产成本低、技术更新快、区域竞争力强等优势，有利于龙头企业的培育。产业集群越大，产业链越完整，越可以推动产业升级。

3.2.3 美国艺术与文化业的产业集聚及案例分析

美国东北部经济发展与人口分布相协调的五座城市，即波士顿、华盛顿、纽约、费城、巴尔的摩五大都市绵延区之间形成了以纽约大都市区为核心，以华盛顿、费城、波士顿三大都市区为二级城市，以巴尔的摩为外围地区的分工合理、布局完善的世界级城市群体系，即内部经济与社会高度一体化、世界闻名的艺术与文化产业集聚区❶。美国联邦经济分析局数据显示，2016年，五大都市绵延区人

---

❶ 宋海东，杨学聪.美国文化产业发展及对我国的启示探讨［J］.现代商贸工业，2019，40（29）：42-43.

口总量约 4000 万，约占美国都市区总人口的 14.4%，而经济总量大约为 2.8 万亿美元，大约占全美国都市区经济总量的 18.8%，纽约—纽瓦克—泽西地区经济规模位列全美 382 个都市区的首位，其人才密集，对外联系密切，经济实力雄厚，是美国艺术与文化面向全球产业的重要窗口。该地区 2016 年实际 GDP 为 1.4 万亿美元，常住人口 2000 万人，人口总量和经济总量均占美国东北部城市群的 50%；出口额高达 1510 亿美元，占美国东北部城市群的比重约为 60%，被称为世界经济与金融枢纽。横跨四个州的华盛顿特区—阿灵顿—亚历山大都市区，是全美第五大都市区。波士顿—剑桥—牛顿和费城—卡姆登—威尔明顿两大都市区像纽约的双翼，紧紧围绕着纽约，积极发挥城市副中心的作用。"一核两翼"的纽约和波士顿—剑桥—牛顿、费城—卡姆登—威尔明顿两大都市艺术与文化区现在已经发展成美国东北部城市群的重点优势产业之一。目前该地区文化经济发展较为成熟，已经形成以纽约为核心，以华盛顿和波士顿为"两翼"的稳定发展格局。根据美国有关部门统计，在东北部沿岸城市群从事设计、娱乐、艺术、体育等行业领域的从业人员已经达到 34 万人，从业人数约占整个东北部城市群的四分之三，占全美同业就业人口比重的 18%，工资远高于美国平均职业工资。其中仅仅纽约大都市区就大约有 20 万人从事艺术与文化行业，约占全美的 10%。波士顿以科技教育、金融和商业服务闻名，而艺术与文化产业也有一定集聚规模。虽然从业人口仅为华盛顿从业人口的一半，但每千人就业人口中就有 18 人从事艺术工作，从业比例远远高于美国平均水平。费城和巴尔的摩两大都市区在娱乐、艺术、设计、体育与媒体行业的从业人口规模较小，也没有表现出明显的产业集聚特征，行业工资水平也较低，接近美国平均行业工资。华盛顿作为美国的政治、文化中心，虽然从业人数不及纽约大都市区的三分之一，但产业集聚程度较高，每千人就业人口中约有 26 人从事艺术、体育、设计、娱乐与媒体业，且工资水平与纽约不相上下。

在美国文化市场中，加州、纽约州和华盛顿州均扮演了重要角色，经济比重占全美8%～10%，是区域艺术与文化生产的重要需求方，发挥"定海神针"似的稳定器作用，不仅为艺术和文化产业的发展提供了稳定的资金支持，还促进了居民与优质文化产品的联结，在政府、居民、文化企业之间形成良好的生态圈，保障了文化经济的良性运转和创新发展。2015年，美国艺术与文化经济活动达到7636亿美元，约占美生产总值的4.2%，同比增长4.9%，远远高于其他产业。"一核两翼"的纽约和波士顿—剑桥—牛顿、费城—卡姆登—威尔明顿两大都市区人口虽然大多从事艺术与文化工作，但在其发展过程中也各有各的特色。构建文化创新生态纽约大都市区的优势领域主要体现在布展设计、演员、艺术导演、时尚设计、制作人与导演、广播新闻分析员、编辑、电影与视频编辑等岗位。这些优势岗位是创意的源头，位于艺术文化产业价值链的上游，属于知识密集型行业，产业附加值高，艺术与文化产业领域竞争力较强，劳动报酬丰厚。纽约是美国艺术与文化生产业规模第二大州。2015年纽约州艺术与文化生产业规模达到1141亿美元，仅次于加州的1746亿美元，约占地区经济增加值的7.8%，是当之无愧的支柱性产业。而华盛顿都市区的优势领域则集中在艺术与文化传播领域，比如记者与通讯员、公共关系专家、布展设计师、广播新闻分析员、编辑、文档工程师、口译与翻译人员、广播技术员等行业，当地媒体行业定位与纽约优势领域定位密不可分，正是纽约艺术文化产业繁荣，才带来华盛顿媒体业繁荣和政策咨询业的兴旺。华盛顿艺术与文化生产业规模较小，仅为356亿美元，尚不及纽约州的三分之一。而波士顿都市区主要企业和相关产业集中在艺术导演、技术文档工程师、作家作者、运动员与体育竞赛者等方面，突出特点是当地的体育产业在文化生产环节也有一席之地。相对而言，巴尔的摩在艺术文化及相关产业表现出比较弱的集聚特征。而费城大都市圈却没有明显的文化集聚特征。由此可见，美国东北部城市群的艺术与文化领域已形成产业互动关联格局。纽约大都市区占据了艺术与文化创意的源头，华盛顿大都市区凭借区位优势牢牢占据传播主导地位，波士顿大都市区在运动竞技等领域独占鳌头，巴尔的摩文化气息微弱，费城大都市圈文化集聚特征较少。这些地区根据自身优势和发展渊源，彼此之间相互联系而又特色鲜明，分工合理又相互协作，共同发展繁荣美国艺术文化市场，目前已经成为美国经济增长的重要引擎。纽约州艺术与文化产业内部结构中，电影、广播和设计服务占绝对主导地位，是纽约文化竞争力的核心，约占文化经济总量的七成。而在华盛顿州，艺术与文化生产业的优势来源于出版和零售业，两者约占总量的三分之二，电影、广播、广告宣传等活动则没有太大经济比重。纽约州和华盛顿州的文化经济结构表现出很强的互补性，在城市群内部形成产业关联网络。

美国文化艺术产业繁荣，进而产生产业集聚，形成产业集群，不仅需要市场和企业自身调节，也少不了政府文化扶持。在纽约和波士顿—剑桥—牛顿、费城—卡姆登—威尔明顿两大都市艺术与文化区形成过程中，美国各级政府发挥了重要的资助与引导作用。国家人文基金会、国家艺术基金会等社会中介组织对非营利文艺团体拨款资助或政府买单，为艺术和文化产业提供了资金支持，调动了艺术家或艺术团体的积极性，保障其良性运转和创新发展。分析纽约、华盛顿、巴尔的摩、波士顿、费城五大都市区之间的艺术与文化产业集聚状况、经济发展与人口分布、"一核两翼"的发展格局，可以进一步分析美国纽约和波士顿—剑桥—牛顿、费城—卡姆登—威尔明顿两大都市艺术与文化区的产业集群模式。国家可以出台相应的基金支持政策，比如在资助对象上，以定向资助和奖励为主要形式，鼓励文化艺术创新扶持，支持重大题材创作、重点文化活动开展等；在资金投放方式上可以探索管理权与财权分离，将专项资金转为艺术基金、出版基金、引导基金，创新政府文化扶持模式，激发文化要素活力，构建区域文化协同创新网络，整合区域文化资源，促进城市群平衡发展。

3.3 国内产业集聚及典型案例分析

产业集群是工业化进程中不可避免的发展方向。近年来，随着我国产业经济发展呈现出快速起飞势头，各地纷纷出现产业集聚现象，进而出现产业集群。在国内外大形势下，我们提出产业集聚，进而发展产业集群这一命题很有必要。推进产业集聚，培养产业集群，既可引进大项目、龙头企业，迅速扩大固定资产投资，增加经济总量，增加税收和财政收入，也可以提高就业率、提高城市知名度，从而吸引不同行业、相关产业协同集聚发展。

3.3.1 长三角地区产业集群现状分析

长三角作为我国重要经济增长极，一直以来在落实国家新发展理念和推进区域协调发展战略中担当重任，而将长三角城市群建设成为世界级产业集群更是长三角地区党和政府工作的重中之重。2004 年，苏、浙、沪三市签署了标志着长三角地区的科技创新合作拉开序幕的推进长三角创新体系建设的协议书；2008 年，安徽也加入长三角地区产业集群；为促进长三角城市群区域协同创新发展，增强科技创新能力，2016 年出台了文件《长江三角洲城市群发展规划》；五年后，新能源汽车、生物医药、长三角集成电路、人工智能等四大重点产业联盟成立，预计 2025 年长三角洲地区将形成若干世界级产业集群。

如今，长三角"三省一市"已经初步形成以产业集群为载体的跨区域创新合作模式、各具特色的产业优势。在长江三角洲产业集群中，上海的产业结构中汽车制造、钢铁加工等传统制造业占有很大比例；杭州依托互联网等第三产业蓬勃发展，金融、科技、旅游相互融合，有力带动城市革新，给这座古老的城市增添新的活力；因为苏州依靠上海，可以与上海深度对接，形成了苏南模式，同时苏州依靠自身特点大力吸引外资企业，目前有900多家世界500强企业入驻苏州；而南京是老牌工业基地，其最显著的发展优势就是政治地位突出，高校资源丰富，科研实力不容小觑；目前合肥成为新一线城市，主要原因是传统行业为这座城市打下了基础，近年来又抓住了经济发展的大趋势，走上了产业分工与升级路线，集成电路和电器已经成为合肥支柱，吸引了美菱、格力等家电企业落户，成为全国最大的家电制造基地。

  从上述材料，我们可以看出，长三角产业集群具有两个特征：一是长三角地区城市由于历史、文化、地域等原因各有各的优势，各有各的特点，各城市之间、各产业链之间性质不同导致融资、生产、研发等环节分离，但服务性产业和制造业在地理上却呈现显著的集聚特征；二是长三角的产业分工已从初期的简单分工转向产业内分工甚至产业链分工，因此分工更加详细，而生产性服务业集聚对当地产业集群发展的作用越来越明显。但我们通过研究长三角地区产业集群，尤其是龙头城市的上海产业集群的背景、现状、存在问题并进行分析，可以看出，长三角地区以针织服装产业集群、电子信息产业集群、汽车产业集群和高端装备产业集群等传统行业为主。在这几个主要产业集群中，纺织服装产业虽然本身产业根基深厚、物流发展比较好、规模大、聚集程度高，但企业和相关行业分布零散、整体实力有待提高。与法国的巴黎和意大利的米兰作比较，长江三角洲地区的产业附加值明显处于弱势地位。长三角地区虽然是我国集成电路产业最为完善和最具规模、科学技术发展最为先进的区域，行业规模在国内无人能及，同世界级别的电子信息产业基地比如美国的硅谷地区相比较，依然差距巨大。虽然长三角地区电子信息产业的企业数量和美国硅谷基本持平，但在国际市场上的收入却只有美国硅谷的三分之一，份额也只有硅谷的三分之一。同样作为长江三角洲区域产业集群重要组成部分的汽车零部件制造业，在我国处于领先的地位，稳稳地支持着我国工业的发展，新能源制造技术处于国家一流，汽车零部件的销售量已经占了全国销售量的33%左右，但是规模依然没有达到世界级产业集群级别，尤其是各种先进技术，依然无法与奔驰、现代、丰田等世界老牌汽车产业集群相比较。长三角地区凭借其深厚的工业制造基础，高端装备制造发展势头良好，拥有中国商飞公司、航空工业集团等龙头企业，但是其产生的经济效益数值较低，科技含量上无法与美国、日本相抗衡。

同样，长三角产业集群同质化严重，各企业之间出现过度竞争的现象。例如，在长江三角洲区域有超过50%的城市首选近年来发展迅猛的新材料和新能源产业，其次是节能环保产业，再次是医药制造业，第四则是汽车制造业，最后才是比较高端的装备制造业。而跟这些企业匹配的相关产业，首先有电子信息产业和软件信息技术服务业，其次是金融、房地产、旅游业和商务服务业。

虽然产业集中对降低人工、时间、信息、运输成本有各种好处，但资源是有限的，同样企业过度集中也会产生同类资源挤兑问题。如何对长三角地区进行战略部署，让其在未来成为集物流中心、金融中心和创新中心于一体的产业集群，将资源有效分配、优化该地区的产业结构已经成为现在长江三角洲区域紧迫需要解决的问题。

3.3.2 浙江特色小镇产业集群及典型案例分析

浙江依靠发达水系与丰富的自然资源，自古以来就是农业和商业发达地区。首先，江南第一大特色就是水，江南发达的商业首先是依水而兴。出于农业水利和交通运输的需求，人们在太湖下游陆续开凿许多运河，尤其是隋唐开挖的京杭大运河，成为中国南北交通的大动脉。由于经济发达，环境优美，五千年来，江南水乡形成了它独有的地方文化，除了出现了多如繁星的文人雅士，也孕育出了发达的科技文化、手工艺文化、稻作文化、园林文化。因其浓厚的文化底蕴，很多珍贵的文献、古迹、古籍和非物质文化遗产流传至今。

在厚重的古镇文化基础上，浙江成了特色小镇发源地。近年来，江南地区形成了极富水乡特色的风情特色小镇集群，数量和发展层面都遥遥领先，位居国内前列。目前，浙江省第一批、第二批共77个小镇均匀分布于浙江各市。浙江省九大产业类型特色小镇从产业来看，旅游产业特色小镇共计19个，是在浙江省九大产业类型小镇中数量最多的，总体均匀分布在浙江省各个地区。从高端装备制造业划分，主要分布于浙江省沿海地区，如宁波、台州两市。从科技方面来看，其中的12个新兴信息产业型特色小镇，有9个集中在杭州市地区，绍兴、湖州、嘉兴各1个。

浙江的特色小镇业态灵活，多种多样，既传承了传统手工艺，又有高科技产业的兴起。虽然浙江省工业型特色小镇产业集聚程度相对较低，但近几年发展也非常迅速，一直呈持续增长趋势，这表明浙江省工业型特色小镇发展较好，成长逐渐趋于稳定，大规模基础设施建设促进了集聚发展。下面对浙江省特色小镇典型案例进行分析。

1. 定海远洋渔业小镇

2016年，浙江省公布的省级特色小镇中，位于舟山市定海区北部的干𰕼镇境内的定海远洋渔业小镇榜上有名，它素有"南鲜北鲜，不如西码头海鲜"之美誉，作为健康产业类特色小镇入围浙江省级特色小镇。舟山因为被海水包围，缺少港口发展条件，却是远洋渔业起步最早、最发达的地区之一，周围海产丰富，海产养殖规模大，是我国唯一一个国家远洋渔业基地，目前已形成远洋捕捞、海上运输、水产精深加工、冷链物流，最后到水产交易、销售、服务等全产业链的远洋渔业发展体系。在远洋渔业小镇发展过程中，当地立足"远洋渔业"和"渔文化"的地域特色，打造出集科研、生产、综合物流于一体的发展模式，并积极推动创意、电子商务等新兴业态发展，最终形成富有浓郁海岛渔文化气息和现代科技感十足的远洋渔业特色小镇。

2. 和合小镇

天台县城北郊有个和合小镇，具体位置在天台县国清寺门的南部入口区，处于天台城区和天台山风景名胜区（北片）的过渡地带。这里历史悠久，最具影响力的，是始于两汉、魏晋至隋唐，盛于两宋之后的"儒释道"三教充分"和合、兼容、并蓄"的独特地域文化"和合文化"。这里以浙江省特色小镇为契机，以旅游和文化为主导，打造融"文化地标、旅游门户、非遗基地、养生基地、创新社区"于一体的和合小镇，通过文化旅游、健康服务和文化创意为主导产业，建设以当地文化为灵魂，以养生传统和文化遗产为特色，以人文体验与旅游为主体的特色小镇。

3. 诸暨袜艺小镇

浙江省首批37个特色小镇之一的诸暨袜艺小镇，主要产业是袜业生产、设计和销售，每年生产的袜子总量占全国的70%、全球的三分之一。然而当年，作为中国袜业版图中"三足鼎立"（浙江诸暨、义乌和吉林辽源）之一的诸暨大唐1988年建镇，当地袜市则更早成立，20世纪80年代便在杭金公路与绍大公路交汇处形成。随着商户不断增加，很快路边市场成了气候。诸暨政府征地17亩，在原有基础上创办了简易市场。1988年，大唐及周边乡村已形成袜业块状经济格局，诸暨县委、县政府适应经济发展和市场建设需要撤乡建镇，改名大唐，并以路兴贸、以贸兴工、贸工农协调发展，为今后大唐镇发展起到了决定性作用。

1990年，大唐镇党委、政府在建设中的轻纺市场中配套设立袜子市场。

然而，随着国内人口红利消失、全球产业转移加快等多重挑战，多年来以低廉劳动力、低端产品、低价竞争为主的扩张模式发展陷入困局。尤其到了2014年，大唐袜子产量突破258亿双。虽然产量上去了，却因大批靠贴牌代工为生的袜企深陷产能严重过剩、低价恶性竞争的"怪圈"。于是，诸暨人民达成了依靠科技创新为传统产业赋能、为袜企谋变求生的共识。他们除了发展科技、提高产能、产品升级、发展电商、扩展销售渠道之外，还在产品开发、供应链、采购与生产等环节实现全面数字化，即发展袜子生产供给侧结构性数字化改革，最终形成了产业集群。

今年以来，大唐又在积极打造"袜业大脑"，即在原有平台建设的基础上，拓展支撑管理、行业直播、产销供应、产业配套、数据深度分析、网上商城等服务功能，实现线上线下服务全流程共享，把脉企业需求，提供精准服务。而作为"袜业大脑"的政府更是充分发挥政府服务职能，积极整合有效资源，开展标准规范、惠企政策、资源要素快速推送服务。

3.4 我国传统产业集群现状及内涵特征分析

我国改革开放三十年来，经济、科技、民生都取得长足进步，多项科技成果处于世界领先地位。但同世界级产业集群相比较，我国产业集群还有较大差距，不少行业领域还是存在劣势。2019年澳大利亚智库审核排名排出了全球最具影响的100个创新城市，我国只有上海榜上有名。2018年的福布斯全球最具创新力企业榜单中，中国企业上榜7家。而北美五大湖城市群有9家企业、日本有7家沿太平洋海岸的城市群企业、美国东北部有15家企业、欧洲的西北部有11家企业、英国也有 4 家企业榜上有名。由此可见，我国在世界范围内的科技竞争及核心技术产品处于落后的地位。

结合世界各国和我国产业集群的案例分析，我们可以看出，我国产业集群有以下几点特征。

（1）各地经济状况差距是束缚产业集群发展的主要因素。比如长三角地区整体产业经济发展水平较高，巨大的财政差距必然导致全国各地的产业集群配套设施、公共服务存在巨大差异，从而制约各个区域人才引进、国家财政支持及科研投入。长此以往，将对有发展潜力的地区和产业集群带来极为不利的影响因素，对于优化和改革全国产业结构也带来不利因素。

（2）产业集群科技创新不足。各个省市的制造业同质化严重，产业集群存在大量的生产相同产品、品质的企业，为占领市场份额，恶性竞争等不良情况频频出现，反而相互之间合作、取长补短、共同研发新技术的情况少、效率低能。比如一些三线四线的城市集中将目光放在新能源汽车制造上，而没有开拓出创新技术；长江三角地区智能制造和电子信息技术企业集聚，为了争夺当地有限项目和利润，各出奇招，竞争惨烈。长此以往，必然不利于各个区域平衡发展，影响世界级的产业集群形成。

（3）我国产业集群形成时间短，核心竞争力弱，没有独特的技术优势，创新能力差，产品大多档次不高，经营以"低质跑量"为主，品牌优势差，产业进入壁垒低，容易被复制或者被其他国家产品替代。

要提升我国传统产业集群科技创新能力，提高产品价值，融入全球价值链并向全球价值链高端提升，找出适合自身升级发展的道路，增加我国产品在国际上的竞争能力，目前有以下几种方法。

（1）发展高科技，实施全球化战略，努力提高产品质量、服务水平、品牌价值、科技含量，提高国际竞争力。（2）大力发展产业集群，充分发挥产业集群优势，从技术研发、人才引进、产品包装、市场营销、售后服务等全方位提升。加强集群中各企业之间的竞争与合作关系，在竞争中实现优胜劣汰，在竞争中倒逼企业升级；加强产业间上下游的互补能力，做到"你中有我，我中有你"，形成完整产业链。地区的高校也要发挥科技前沿的作用，加强高校和企业间的沟通，实现科技互补，为地区的发展提供人才支持和技术保证。（3）政府加大引导投入。经验证明，企业是市场的主体，但是政府的调控作用同样重要。政府可以为企业提供政策支持、人才引进、资源调控，等等。（4）增加研发投入。摒弃守旧的思想，将眼光着眼于未来，要具备危机意识、竞争意识，这样才能在风云变幻的国际市场上占据领先位置。世界强国日本的科技含量之所以世界领先，不得不归功于连续九年研发经费世界第一。（5）加快产业聚集速度和规模。产业集聚发展具有一定规模，对于风险资本投资、降低运输时间、成本等的作用不容小觑。

3.5 产业集群对我国实现传统产业发展作用分析

产业集聚体现了厂商选择生产的空间布局集中趋势与状态。这一集聚的过程正体现了资本、劳动力、科技、信息等多种生产要素向集聚地区集中的趋向。因此可以认为，产业集聚从微观而言，可以看作是多种生产要素的地区重置、分配与积累过程。当然，集聚的过程中，各生产要素的跨区域流动并非完全由市场的力量所主导，地区之间的贸易壁垒、政策差异、技术指标、市场化程度差异、对外开放差异等均会影响生产要素的跨区流动。因此，只有将其纳入开放的研究视野下，才能更好地考察产业集聚过程本身蕴含的经济规律。

通过剖析国内外各行各业企业及相关产业集聚、集群形成过程，可以看出，企业及相关产业向一个地区集聚主要有以下几个特点。一是生产资源，即优越的自然资源及产业基础，比如自然资源、交通网络、手工业基础、科研机构发达。二是人才资源，比如学校和科研部门。这样的地方汇聚大量人才和先进技术，为企业科技创新和发展提供便利条件。三是现有企业，即同一类型企业及相关产业。同一类型企业聚集地相关产业发展较好，可以吸引更多同类或相关产业落户，进而形成产业集群，甚至确定未来发展方向。四是投资环境。良好的投资环境，特别是良好的投资软环境，在形成企业集群过程中不容忽视，主要体现在优惠政策、完善的基础设施、优质高效的政府服务、公平公正的法律环境、知识产权维护等方面。五是新兴产业发展，互联网行业的兴起，有效形成有机企业网络，帮助上下游企业之间形成密不可分的合作关系，分包商与客户形成稳定关系，帮助企业及相关产业信息相互沟通。

在科技高度发展的今天，产业集群对各行各业发展的作用愈发明显，国内外各行各业都不可避免地走上产业集群的道路。产业集聚的最终形成可有效提高资源利用率、劳动生产率、推动产业由"遥相呼应"到"集群发展"，各企业之间由"单打独斗"到"抱团发展"，可以有效解决资源、交通、政策、人力、供给等市场制约，同时提高产业链整体水平、实现供给侧结构性改革。

产业集群是工业化的必然，这可以在发达国家的工业化进程中总结出来。产业集群的优势之一是激发地区内企业的创新能力，提升地区整体竞争力。产业集群是在某一地理区域内存在竞争、合作甚至服务关系的企业有机地组成的一个集群，集群内部形成良性的合作竞争关系。产业集群囊括某个行业上下游企业，还包括市场、就业、客户、设备供应商等，也包括地区政府，高校及其他培训、研发等机构和其他团体。因此，在产业集群里的企业超越单个企业单打独斗的范畴，可以和同一特定地理范围即产业集群里的多个同类企业相互融合、上下游产业相互协作，进而形成一个产业整体，这个整体资金雄厚、相互协作，一起研发，形成整体竞争优势。也就是说，在一定的地理范畴或几个地区间形成的完整生产链或产业闭环，可以看成某一类行业及其生产相关企业在一定地理及空间范围的高集中度形成一个整体，进而形成合力，共同发力，对抗市场激烈竞争。如今，产业集群发展状况已经成为世界范畴内考验一个经济体、一个国家或某一区域和地区某一类型产业、某一类型企业发展水平的重要指标。

在优化产业结构和改革供给侧结构方面，产业集群不仅可以增加产品的精细化加工，而且能丰富产业链的规模，从而实现产业结构的完整和升级。在研发成本、生产成本等方面降低企业的运营成本，提高生产效率，激发企业活力，提升品牌畅销力度，最终在强企林立的市场上占有一席之地。对所有的企业而言，同类企业抱团取暖，一方面让企业告别单打独斗而被孤立，利用较低的成本就可以得到所需的资源、技术或者人才；另一方面同行业的企业之间又可以相互促进、相互竞争、互补不足，形成同一行业间的良性发展关系，这种关系让聚集的企业间看起来是有机整体不可分割，对集群外的企业来说，是一股极其可怕的竞争势力。不论是国内还是国外，产业集聚对传统产业发展都具有较明显的促进作用，主要促进作用如下。

（1）产业集群可以有效提高区域整体竞争力。产业集群可以实现企业升级。产业集群不仅仅是简单的地理集中，更重要的是众多同行业的领先企业的集中，它们之间除了有非常密切的合作关系外，更有强烈竞争的关系。你死或我亡的危机感一直笼罩在企业家的头顶，迫使他们不得不一直提升自己，每一刻的原地踏步都有可能落后于竞争者。地理集中属性是产业集群最重要的特点，即众多同行业企业及其上下游相关企业集中在某一特定地理区域内，因此企业之间存在严重竞争，进而将在集群内形成"优胜劣汰"的自然选择机制，促进企业创新能力和企业衍生能力。

（2）产业集群可以加强集群内企业之间的有效合作。创新是企业生存的最强大动力，企业都是创新体系主体，此外大量企业集中在产业集群内部，虽然存在激烈的竞争关系，同时机遇和竞争并存。例如，产业集群中上下游企业联合开展新产品研发、利用各自优势一起开拓新市场、企业联合共同建立生产供应链，让各企业之间形成一种既有竞争又有合作的相互密切联系机制。此外，在产业集群内部，拥有众多上下游公司，为企业的发展提供难得的机会。产业内部的企业可以相互合作，一起研发、设计、推广、售后，实现网格一体化探究和合作，取长补短，共同降低成本，提高竞争力，从而能够与比自己强大的竞争对手相抗衡。在产业集群内部，大企业与大企业、小企业与小企业、大企业与小企业一旦形成合力，往往能形成 1+1＞2 的效果，这就是产业集群最强大的集群竞争力。集群使得许多缺乏市场竞争力的中小微企业，充分利用集群优势生存下来，并且发展壮大。

（3）产业集群可促进企业之间相互合作。产业集群中的企业之间的技术合作和其他互动关系是知识转移的最直接、最重要的形式，有利于技术创新。表面上看，技术合作是企业之间的合作，实质上是人与人的合作。产业集群内的企业因为地理集中属性的原因，各企业负责人之间联系密切，形成一致的同盟关系，一起研发新产品、降低生产成本、提高效率、提升竞争力的机会大大增加。

（4）产业集群可以增加企业技术创新和应用能力。产业集群利于促进企业的创新，提高生产率，主要表现在产品、管理、技术、观念、人力和制度等方方面面。产业集群对企业技术创新和应用的推动作用是非常显著的。产业集群能够为企业提供一种良好的创新氛围，是孕育新生企业和培育大型企业的温室。因为产业集群的地理集中属性，大量人才集中在集群，新想法、新思路会源源不断地涌出，使得企业的竞争力不断增强。产业集群有利于促进知识和技术的转移扩散。在互联网时代，处于同一产业集群的各个企业之间联系紧密，有利于信息、技术、知识等资源相互扩散、相互促进、协同发展。在当下，企业已经不能再像手工业时代单打独斗，高科技产品的出现让各行各业之间必须学会分工合作。产业集群对知识的推动作用是显著的。假如集群内某个企业实现了某个高新技术的重要突破，那么这个突破很快会在集群内部传播，进而提升这项技术在应用层面的推进。集群内部企业之间协同作战，互助互利，这就是高新技术的规模化、产业化。

（5）产业集群有利于企业降低创新成本。产业集群的特点之一便是地理集聚，地理上的集聚方便了企业之间面对面交流的机会，通过交流，增加彼此之间的了解和学习。企业负责人之间的相互交流，可以激发新思维、新方法，降低小企业学习新技术的成本和时间，也为彼此在相互信任基础上建立的合作和竞争提供机会。产业集群有利于新企业的进入和增长。首先，产业集群内部的竞争关系，让新成立的企业具备了良好的基因，成立时就强于集群外的企业。这种竞争关系在鞭策其他企业的同时，对新成立的企业的激励作用更是明显。其次，产业集群内企业的合作关系，使得内部形成了完整的生产链，新成长或进入的企业急需的资源、人才、技术、政策等唾手可得。上下游企业和其他服务型企业在产业集群内部便可找到，为企业的发展提供了便利条件。

（6）产业集群最大程度产生资源共享效应。产业集群内除了竞争企业与上下游企业外，大量的服务性质企业的注入（比如银行、培训等），让产业集群形成了一个生态，这个生态让区域的竞争优势更加明显。一方面，产业集群的形成让地方政府更愿意投资与之相关联的职业教育、技能培训、检测和鉴定等教育行业；另一方面，教育行业的发展又能反作用于产业集群内企业发展，公共资源在产业集群内得以更高的运用效率。

（7）产业集群最大程度上形成"区位优势"。随着产业集聚，企业在科技创新、产品质量方面迅速提高，企业产业和产品在市场上竞争能力增强，必然会走出国门，走向世界，这样自然就形成了一种世界性的区域品牌。比如提到法国，大家就会想到香水；提到瑞士，便会想到手表；提到韩国，自然而然想起化妆品；提到意大利，大家都能想到时装。这说明区位品牌优势，不是一个企业的优势，而是一个行业、一个地区、一个国家的优势。品牌影响力，对比单个企业品牌，更有影响力和品牌效应。这种珍贵的无形资产，不是某个企业自己能创造出来的，必须和共同的生产区位企业一起建立，一旦形成，区内的所有企业都可享受，大大增强产业集群内企业的竞争优势。产业集群从整体出发，挖掘特定区域的竞争优势。相关产业形成的产业集群，可以帮助企业、政府、民间组织相互合作，各种用户、供应商、生产商汇集在一起，信息也汇集在一起。这样企业及企业家们不再着眼于个别产业和狭小地理空间的利益，而是从整个产业和产业链的整体来思考未来发展方向。这种思维和着眼点有利于消除企业狭隘思想，放弃眼前利益而培养大局观，在未来发展中立于不败之地。

（8）产业集群在区域经济增长中起着重要作用。地方原有的经济资源、政府出台的各项优惠政策、发达地区的经济优势、外来人口产生的人口红利，都为企业集聚、产业集群发展提供发展基础，而产业集群发展又带动地区经济发展，反哺地方财政。因为产业聚集后，各个企业专注做自己擅长的，而不必浪费精力关注自己的薄弱环节。集群内部企业之间分工明确，相互协作，让每一个企业的专业化程度更高，在某个领域或某个环节具备说一不二的话语权，有利于提升工作效率，提高企业效益，最终提升该地区的竞争力，拉动地区经济增长。产业集群有利于企业生产专业化。因为产业集群是一个有机整体，某个领域的各个环节都有企业钻研，可以说每一个环节都是行业的领先水平，每一个企业都具备相当高的专业程度，有助于企业提升创新能力，降低企业生产成本，领先于整个行业。而产业集群体积庞大，也有利于企业与企业之间建立起长期稳定的合作关系，降低交易成本，共享规模经济甚至是范围经济，共同分享公共服务、基础设施和其他组织机构的产品，有更多时间和资金用于技术创新、产业升级。

总之，技术的进步可以说是整个社会进步发展的重要因素。产业集群的竞争关系进一步促进了技术的高速发展并迅速传播，拉动经济增长，促进社会进步。发达国家较于发展中国家，就是因为他们掌握了当今社会上最发达的技术。技术进步离不开技术创新，技术创新离不开技术创新体系。目前，面对高科技产品的复杂化、精细化、专业化，产业集群就是重要的创新体系，能够有效帮助集群企业降低生产成本、节约物品流动时间、加快企业发展创新步伐、加大企业之间的分工合作。产业集群不仅是单个企业的创新，更是集群式的创新。某一环节实现了创新，会间接性帮助其他环节的创新，最终整个产业实现创新。产业集群不仅地理集中，更是空间集中，互通有无，技术扩散的速度非常快，使得每一个企业都能更快获得新信息、新技术、新设备、新工艺，提高企业的效率和产量，拉动地区经济，提升市场竞争力。

全球新一轮科技革命与产业变革既是机遇也是挑战，科技强国是我们国家发展的大战略，坚持创新是第一生产力，坚持创新驱动发展战略深入实施。世界格局变幻莫测，经济全球化势不可挡，为了我国能在竞争激烈的世界格局中占有重要位置，我们必须坚持走科技强国的道路。各国都高度重视的技术革新，现在已经愈演愈烈到了白热化阶段，然而我国实施创新驱动发展的战略方针已经有些年头，但经济发展模式仍处于"粗放式增长"和"单打独斗"并存阶段，各种矛盾日益显现。只有尽快成立一批高科技产业集群，尽快完成工业化进程，形成规模效益，尽快增强国际竞争力，才可能拉小与发达国家之间经济发展不平衡的差距,避免在信息化和全球化中被"边缘化"。

目前,世界各地都有因同类企业与相关产业集聚而形成的产业集群。各国的创新指数水平与人均 GDP 水平大致与产业集群综合实力成正比关系,也就是说,产业集群数量多、综合实力强的国家,其经济增长和人民生活水平、生活质量也相对较高。美国、日本、韩国和以色列都是属于全球创新领先的国家,他们都将产业集群放在国家发展战略中,并将利用产业集群驱动创新发展作为国家经济发展的主要动力。虽然中国也注重产业集群发展,但研发投入、创新环境、知识创造等分指标均和美国、日本、韩国、以色列有一定差距,创新指数还有很大的提高空间,利用创新引领产业集聚、利用产业集群驱动创新发展还有很长一段路要走。

因此,我国要真正走上创新驱动的发展道路,就要对整个系统结构进行全方位的改革,包括创新投入结构调整、创新区域结构调整、创新资源配置结构调整、创新能力结构调整及创新政策结构调整。我们必须通过制度创新来化解结构性问题,让具有现代工业发展各项必要要素的产业集群有效解决阻碍创新驱动发展深层次结构性矛盾。

3.6 我国印刷包装产业及浙江印刷包装产业现状分析

印刷包装行业是我国传统行业,也是我国国民经济的重要产业支撑。印刷包装是指贮运商品或者为了保护产品运输途中不受损而采用的容器及辅助物总体名称。70 余年来,我国印刷业伴随新中国的成长而快速壮大,现在已经成为世界第二大印刷大国。据统计,截至目前,我国包装印刷企业已由解放初期的千余家增加到近十万家,印制出版物品种由当年不足一万种增加到现在的五十余万种。可以说，经历 70 年的拼搏奋斗，我国已基本建立起产业门类齐全、体系完整的印刷加工制造产业链体系。

3.6.1 我国印刷包装产业现状及特点分析

沿海城市因为地理区位优势、交通便利等原因，经济发展较早而且迅速，我国印刷包装行业最早也出现在沿海地区并已经呈现出产业带化趋势明显、区域发展总体格局。珠三角、长三角和环渤海三个综合印刷产业带因为交通便利、资源得天独厚等各项原因牢牢占据全国印刷包装工业总产值的 60% 以上❶。

在三大印刷产业带中，珠三角地区发展最为迅速。我国珠三角地区是对外贸易的重要窗口，也是我国印刷业发展最繁荣和成熟区域。在珠三角地区，印刷业主要集中在深圳、东莞和中山地区，最典型的是中国包装印刷生产基地。该基地成立于 20 世纪末，现有各类包装印刷企业涉及出版印刷、包装装潢、塑料包装、商标印刷等各种包装印刷领域。从 2015 年到 2020 年短短 5 年时间，我国印刷包装行业年主营业务 2000 万元及以上规模的企业数量逐年上升。以广东省印刷产业集群为例，"十三五"期间，该省印刷业工业总产值利用三年时间，便从 2016 年的 1960 亿元增长到 2019 年的 2531 亿元，增长了 571 亿元。而包装装潢印刷工业总产值则从 1577 亿元增长到 2129 亿元，增长了 552 亿元。同时，从统计数据上看，高附加值的印刷产品比重正在逐步提高，科技创新和创意服务也在加快。从企业规模上看，到 2019 年底，广东全省印刷企业总数为 1.6 万家，有 57.87 万从业人员。其中，规模以上印刷企业从 2016 年到 2019 年增加了 219 家。在"十四五"期间，广东省将认真落实国家关于供给侧结构性改革有关文件精神，顺应国内大循环、国际国内双循环的发展格局，加强包装印刷行业科技含

---

❶ 齐福斌. 从世界印刷产业结构看我国印刷产业结构的调整［J］. 中国印刷，2015（10）：50-56.

量,让包装行业迅速发展,不断提升印刷行业智能化、科技化产业升级,打造高水平对外开放连接平台。

虽然珠三角地区印刷包装产业链发展全国最早,但近几年来长三角后来居上,颇有取而代之之势。目前长三角地区极具代表性的是温州龙港包装工业园和小包装工业园。苍南县的印刷业发展较早,整体规模较大,但由于该地企业普遍存在产能落后、科技含量低等问题,大部分企业年产值低,难以形成气候。为了帮助当地企业提升科技含量,在未来国内国际市场上提升产业竞争力,从1998年开始,苍南县政府开始筹建印刷包装工业园区。

环渤海地区汇聚了国内丰富的出版资源,被称为国内先进的出版印刷中心。在这个中心里,占全国30%~40%的报刊出版都来自北京。这些年来,环渤海地区印刷业实现了快速增长,很大程度上得益于北京以文化创意产业为代表的第三产业的快速发展。河北三河是环渤海地区另一个出版印刷中心,该地不仅印刷企业数量多,而且集中分布,彼此之间已经具有密切的产业联系,产业集群化势头迅猛。而产业集聚的规模达到一定水平后,园区和企业又发挥集群的磁场效应,吸引更多同类企业和相关产业集聚,形成良性印刷生态圈,进一步推动印刷业新一轮的发展。

可见,虽然我国包装印刷行业势头强劲,已成为世界包装大国,但无论从档次、技术含量、产品品种、质量、产品出口量、新产品开发和研制能力,还是从企业经济效益、市场竞争力和对外影响力来看,均与世界发达国家印刷包装产业差距较大。

随着工业经济的快速发展,商品市场的日益繁荣,商品种类的丰富,人民生活水平的不断提高,包装印刷在商品社会中占有越来越重要的地位。各行各业不仅需要越来越多的包装印刷产品,还因为环保政策、审美要求、产业升级、高端产品等诸多需求，增加了美学、环保、科技等多重属性，这直接导致包装领域发展快速，市场利润可观。但高额利润也导致这一领域竞争愈加激烈，各企业印刷技术只能不断升级，产品不断翻新，高科技研发势在必行。而规模不济、产品单一、技术落后的小微企业利润一再下滑，很多企业已经到破产边缘。虽然多地政府、企业都意识到，包装行业大有作为，但如何在激烈市场竞争下分得一杯羹，依然是政府和企业面临的重大考验。比如我国西北部城市，在西部大开发、东北工业基地振兴等大环境下，纷纷成立产业园区或者工业开发区，给予入驻企业用地、税收、外经贸、金融、财政、人才等优惠政策，几年来虽有一定效果，但整体产业规模和技术水平与沿海地区相比仍有较大差距。究其原因，一是我国小企业多，而综合实力强、科技含量高的大企业少，企业研发资金普遍投入不足，技术创新水平低下，目前没有印刷行业龙头企业和世界级优势企业，缺乏核心竞争力；二是区域发展不平衡，目前包装印刷行业的企业主要集中在珠三角、长三角和环渤海三个综合印刷产业带，但大多数企业生产力水平低下、创新能力不足，科技含量低，形成无序竞争，矛盾十分突出；三是目前高档原辅材料和先进技术装备主要依赖进口，受制严重，生产成本高，不利于长期发展；四是包装印刷行业专业人才十分匮乏，大多数企业没有科技创新能力；五是没有能与国外抗衡的高科技产品。在科技迅速发展的时代，高科技产品层出不穷，一些发达国家经过长期的研究与探索，目前已经将诸如纳米技术和生物工程等很多高新技术应用于包装印刷行业，生产出符合环保和再利用的新型材料。但我国目前科技含量高、竞争力强的产品并不多。

为了加快印刷包装产业发展，一场建立包装印刷集群的工作也开展起来，各地政府纷纷行动，接二连三成立包装印刷园区、出版物印刷基地、印刷文化中心，而入驻园区成为许多印刷企业谋求发展的新选择。虽然大大小小的印刷园区发展迅速，大小企业接连入驻，但要承担起整合印刷资源、实现规模效应、优化产业布局、促进产业转型的重任却并不简单。因为目前中国产业集聚更多的是靠低成本来获取竞争优势，这种低成本一方面是通过集聚本身的规模经济、范围经济及外部经济获得；另一方面是在通过政府提供用地、税收、金融、财政、海关、外经贸、人才等一系列优惠政策基础上获得。在这种基础上建立起来的产业集群固然发展迅速、体积庞大，但也存在同质化严重、科技含量不高、产业关联度不高、后续发力不足等各种各样的问题，严重影响产业集群健康持续发展。要实现产业集聚的规模效应和可持续发展，我国政府不仅要给予足够的优惠政策，还需要培育园区的特色产业和发挥集群的磁场效应，根据产业集群发展状况改变策略，疏通痛点，修补漏点，发挥优点，将外在的聚集变成内在的凝聚，将松散的包装印刷产业打造成环环相扣、唇齿相依的良性的印刷生态圈，才能形成强大的"聚"能量，推动印刷业更好更快发展。

园区作为产业集聚的一种方式，是印刷业发展到一定程度的市场需要，也是印刷企业打通上下游产业链的重要途径。我国在"十一五"时期，包装印刷行业产业集约化程度较低是我国印刷业存在的主要问题，主要表现在：我国尚未形成世界级优势的印刷企业，企业大的不强、小的不精，低水平重复建设严重，劳动生产率较低，区域发展不平衡，缺乏国际竞争力。

因此，我国把发展包装印刷行业作为发展经济重中之重，在"十二五"期间，国家定下了优化产业布局的方针政策，试图通过国家的宏观调控、市场自由竞争、政策扶持等方式，彻底改变包装印刷行业产能低下、上下游企业分散、科技含量不足等特点，全面提升印刷业的市场竞争力。为了把我国从包装印刷大国转变为印刷强国，国务院出台了《印刷业"十二五"时期发展规划》。在这份《规划》中，国家明确要大力整合包装印刷市场，优化产业布局，建立产业集群，利用产业集群优势改变我国长期以来粗放型发展方式,真正实现集约化发展。2010年,我国首个国家级印刷园区上海金山国家绿色创意印刷示范园区获批;次年6月,第二个国家级印刷园区西安国家印刷包装产业基地获批;接下来的几年,河北廊坊国家印装产业园区、华中国家绿色印刷包装物流产业园(湖北)、天津国家级新闻出版装备产业园、江西赣州吉安国家印刷包装产业基地接连获批成立。同时,省级、地市级乃至县级的印刷园区也纷纷拔地而起,刚刚起步或者正在规划中的则更多。

但是,让这些新、老包装印刷产业园区如预想的那样,承担起整合印刷资源、实现规模效应、优化产业布局、促进产业转型并不是简单的事,因为高端定位并不等同于高起点。我国各地经济发展情况并不相同,各地区产业基础不够好、企业良莠不齐、科技水平高低不等都是制约包装印刷产业园区发展的不利因素。要追上国际知名印刷包装企业,适应未来社会发展,在国际市场上占有一席之地,必须制定高水平发展的战略方针。因此,包装印刷行业产业园区的规划必须在充分认识自身优劣势的基础上,懂得因地制宜、扬长避短,量身定制出适合自己发展的规划和策略,必须既有前瞻性、系统性,也要有可操作性。由于包装印刷园区本身存在的一个矛盾点是政府建设印刷园区和市场迫切发展之间的矛盾,许多园区在建设过程中,园区建设和规划脱离实际需要,最后招商效果不理想。因此政府在规划园区时,必须根据当地实际情况和产业特色进行规划,因势利导,才能达到预期的效果。

产业园区从空间上看,是地理上的某一块区域;从行业发展上看,是某一种行业及相关产业的一个聚合体,产业宽泛,体积庞大。因此,政府要清晰地认识到,产业园区不是菜市场,它是一个宏大的整体,政府在规划印刷园区时,要从大范围、大维度、高层次去考虑问题,不能简简单单地只看重眼前的经济利益,必须考虑产业链上下游企业的互补性、产业链延伸性、未来发展性，真正让企业享受到政府的服务。

3.6.2 浙江印刷包装产业现状及特点分析

自古以来，印刷包装行业就是浙江省特色产业，新中国成立后，尤其是改革开放后的四十余年，浙江，这个造纸和活字印刷术的发源地，紧紧依托经济快速发展和市场大省的有利条件，迅速做大做强包装产业。进入21世纪，浙江印刷产业形成了企业大中小并存、工艺门类齐全、多种经济成分互补的新格局。数据显示，浙江省印刷产业无论是规模、数量还是效益均排在全国第2位。2017年度数据显示，当年浙江各类印刷企业1.5254万家，411家装订、排版、制版企业，86家外商投资印刷企业，全年销售总额1 357.06亿元，从业人员四十三万余人。

为了继续壮大印刷产业规模，继续发展壮大印刷行业，调整产业结构升级、推动印刷产业提质增效，浙江大力发展包装印刷行业产业集群，希望利用产业集群优势进行资源配置，进一步实现产供销相互配套、技术相互协作、企业间优势互补、产业间相互联动。到目前为止，浙江已经形成以温州苍南食品包装集群、浙东产业集群、浙北产业集群等十个包装印刷产业集群，推动了产业的迅猛发展。

杭州作为浙江省会及浙北印刷产业集群中心，凭借省会优势，打造出一批优秀的出版印刷企业，比如浙江日报报业集团印务有限公司、杭州长命印刷有限公司。杭州现有印刷企业1800余家，年工业总产值197亿元。

近年来，义乌生产企业和销售市场同步发展。义乌包装印刷行业借助于小商品市场的稳步发展，迅速壮大，目前包装印刷企业产业集群基本形成，包装印刷行业已经成为义乌十大支柱产业。截至目前，义乌已有将近1800家印刷企业，从业人员5万余人，年工业总产值达到130亿元。

印刷包装业还是温州四大支柱产业之一。近年来，温州凭借"中国印刷城"这一品牌效应，迅速集聚起大约2600家印刷企业，年工业总产值将近200亿元。和杭州、义乌不同的是，温州印刷包装行业主要以包装装潢印刷为主，包装装潢印刷约占包装印刷总量的80%以上，其中不干胶商标占全国市场份额60%以上。

如今，印刷包装行业早已告别手工作坊时代，进入大工业时期。浙江包装印刷行业不仅发展得有声有色，就连包装印刷机械制造业也初具规模和影响力。仅仅一个温州印刷机械制造业产业集群生产的机器就占到了全国印刷机械制造业总量的10%，亿元以上企业10家，规模以上企业100家左右，国家级高新技术企业18家，为中国出口创汇作出巨大贡献。全国印刷百强榜排行榜的排名以年度销售收入为主要指标，再辅以利税、利润、资产总额等数据。早在2003年，只有11家浙企登上该排行榜，企业数量位居全国第三，到了2016年，就有17家浙企登上该排行榜，在全国印刷百强榜上榜数量位居第一，彰显了印刷行业在浙江的发展速度和经济实力。每年"国家印刷示范企业"评选只选出科技含量高、综合实力强的100家企业。2017年，浙江共有12家印刷企业荣获"国家印刷示范企业"称号，数量居全国第三位。这12家浙江最先进、最有竞争力的示范企业代表了整个浙江的实力，也是浙江人的骄傲。

在浙江印刷产业规模持续壮大、产业结构逐步优化的过程中，印刷技术的智能化、数字化、绿色化发展与应用是加快推动产业升级和转型的强大动力。浙江省印刷包装行业发展中呈现出以下几项典型特点。

1. 自动化、智能化改造传统印刷技术是未来浙江包装印刷行业的发展方向

计算机、互联网和自动化这些名词都不是新鲜事物，但要将它们运用到包装印刷这个传统领域，还需要时间。浙江包装印刷行业紧紧按照国家的技术发展方针，脚踏实地地推进传统印刷技术的自动化、智能化，推进全省印刷产业的技术

升级和转型发展，推动浙江从印刷大省向印刷强省迈进。

2. 数字印刷和印刷数字化稳步推进

1994年，省内首套彩色电脑制版系统落地；6年后，首套CTP系统运用，标志着印刷数字化在浙江印刷企业内拉开了序幕。随着近年来信息技术和互联网技术的飞速发展，传统印刷产业开始进入"数与网"时代，"互联网+印刷"与"印刷+互联网"的逐渐融合，使得数字印刷和印刷数字化新技术呈现在人们面前。浙江很多包装、报业印刷企业都结合各自需求，引进了各类数字印刷设备和技术，同时他们也大胆尝试与探索，让传统技术与数字印刷的创新融合取得突破。

3. 践行绿色理念，绿色印刷硕果累累

近年来，随着环保理念深入人心，包装印刷行业也顺势而变，践行绿色理念。绿色印刷不仅指生产出来的产品符合环保规定，企业也要节能减排，达到环保标准。自2010年绿色印刷战略实施以来至今已经过去13个年头了，13年来，浙江印刷业绿色化工作取得了长足发展，落实了新的发展理念，构建了完善的检测体系，实现了安全、高效、低碳、环保的绿色印刷环境，印刷行业成果丰硕。2018年底，浙江省共有84家印刷企业通过绿色印刷认证。

4. 构建了较完备的印刷包装质量检测体系

为了推动绿色印刷产业发展，浙江省建立了印刷品产品质量检验站，将绿色印刷质量纳入政府监管范畴。2015年，浙江省印刷产品质量检验站开始对中小学教科书进行绿色印刷质量监督抽检，为保障全省青少年学生的身体健康发挥了作用。

5. 培养了一批卓越的印刷包装行业高端技术人才和技能人才

为了提升浙江印刷包装行业水平和创新能力，研发印刷包装行业新技术、新产品、新材料，走好我国经济转型之路，突破包装行业人才匮乏困境，浙江先后建立多所印刷专业院校，开设了印刷专业，为印刷行业培养一线操作技工和专业管理人才。为了满足对包装印刷行业高端人才需求，有的高等院校还开设了研究生和博士课程。同时，浙江各级政府也积极组织各地技能鉴定机构进行专业技能培训和职业技能鉴定工作，提高从业人员理论水平和操作技能。

3.7 浙江省印刷包装行业产业集聚现状及集聚因素分析

我国江浙地区自古以来经济发展强劲，改革开放之后其经济发展速度更是走在了全国前列，目前已成为名副其实的经济大省。根据国家有关部门统计，截至2020年底，浙江获得的国家和省级科技奖占总奖项的60%，而全国科技企业和科技人才、省级科研攻关项目、重大创新平台大部分集中在浙江，这是浙江发展、优化产业结构的基础和动力。2022年6月20日央视《新闻联播》点赞浙江，称赞其为坚持创新驱动，以数字化改革为牵引，加快建设省域现代化先行省。

3.7.1 浙江省印刷包装行业产业集聚现状

浙江是活字印刷术的发源地，活字印刷术是宋代毕昇发明的，因为它的发明，我国浙江的印刷术飞快发展，所以目前浙江率先在全国形成了包装印刷产业集群。多年来，浙江紧紧依托经济社会的快速发展和市场大省的有利条件，印刷产业健康、持续、稳定发展，印刷强省地位更加巩固。目前，浙江印刷产业集群主要集中在三个区域，一是浙东南沿海地区；二是浙东北环杭州湾地区；三是浙中及西南内陆地区。

1. 浙东南沿海地区印刷包装行业产业集聚现状

浙东南沿海地区具体为台州市和温州市。这两市地形条件特殊，独立于浙江其他市。自古以来，因为远离行政中心，人们思想上被束缚少，所以该地区经济发达，商业历史悠久，逐渐形成了"专业市场＋市场家庭"的农村工业化模式，所以该地区经济开放，民营经济发达。例如温州印刷包装企业集群、台州印刷产业群集等。

2. 浙东北环杭州湾地区印刷包装行业产业集聚现状

浙东北环杭州湾地区由杭州、湖州、舟山、宁波、绍兴、嘉兴六市组成，该地区经济基础好，人力资源丰富，文化、教育、医疗、旅游业比较发达，在浙江省乃至全国都处于领先位置。这些优势极大地促进了包装印刷业发展。近年来，包装印刷业迅速发展，已成为长三角地区支柱产业。早在2003年，江浙沪包装印刷产业销售收入占据了全国总量的40%以上，达到近千亿元，吸引了世界目光。国际组织在中国建立的第一个世界性包装生产中心，是位于长三角经济区南翼的中心城市——杭州。这个世界性的包装生产中心，一共投资了200亿元。巨大的投资规模，让我国印刷业面临强大挑战的同时也拥有了重大机会。包装生产中心成立后，该地区可以印刷多种出版物，形成全面发展的格局。

3. 浙中及西南内陆地区印刷包装行业产业集聚现状

浙中及西南内陆地区包括金华、台州和丽水三个地市。部分地区因为地处山区，经济发展一直落后，印刷业发展晚，所以印刷业也比别处落后。但近些年，受该地区颇具规模的特色产业群如"中国小商品城"义乌、著名的"中国五金城"永康、全国最大羽毛球生产地衢州吴村镇影响，依托义乌小商品商城，积极培育和发展各类包装印刷行业，慢慢形成规模。如今台州横街印刷包装行业也远近闻名，被誉为"小龙港"。

3.7.2 浙江省印刷包装行业产业集聚因素分析

对浙江省印刷包装行业产业集聚经济水平、历史基础及产业结构等诸多因素进行分析，浙江省印刷包装行业产业聚集主要有以下几个因素。

一是地域优势。浙江地处交通运输发达、经商传统浓郁、经济增长力强的长三角地区，这里气候宜人，交通便捷，浓厚的文化沉淀、雄厚的经济实力、自古以来经商的传统、繁荣的市场经济、较好的科技氛围都为包装印刷行业发展提供了良好的发展基础。

二是产业优势。浙江包装工业起步较晚，20世纪80年代初才开始形成一个比较完整的产业链。改革开放后，浙江人充分利用自己的聪明才智，顺应历史潮流，紧紧抓住改革东风，让包装印刷行业随着浙江工业经济发展迅速崛起。经过几代人的不懈努力，形成现有规模。

三是技术优势。浙江包装印刷企业经过近些年资金投入和技术改造、引进人才，生产质量、技术含量都大大提高，加上国家政策资金支持，已经位居全国前列。

四是市场优势。浙江经济以民营经济为主体，民营经济发展灵活，市场敏感度高，造就了闻名国内外的中国小商品市场、浙江特色小镇等各种形式的产业集群。同样，长三角的商业优势也为当地包装印刷行业提供了强有力保障。

五是人才优势。包装工业的发展离不开包装专业人才，浙江省包装专业人才的培育愈来愈趋向高档次和规范化。中国美术学院、浙江大学、浙江理工大学、温州大学、浙江科技学院等大专院校相继开设了造纸、印刷产品设计等专业，为包装印刷企业稳定输送专业技术人才。众多科研院所、学校还与企业合作，以"产学研"结合的方法，帮助企业提高产品质量和技术创新。

从浙江省特色小镇、义乌小商品批发市场、包装印刷产业集群发展历程，我们可以看出，要发展浙江经济，形成产业集群，一是要充分利用浙江原有资源，遵循市场规律和经济发展规律，让市场成为产业发展的主导，以政府为辅的发展方式；二是浙江各地区要立足自身优势，全面优化营商环境，引导当地企业升级，吸引外来资源和资金集聚，发展过程中顺应市场优势，发展供给侧改革；三是发展过程中要规范把握内涵、纠正偏差、正本清源，既要保持传统特色，也要坚持工业发展；四是优化服务，明确政府角色定位。政府要明确自己角色，必须坚持以人为本，做创新驱动的引领者，驱动数字化政府发展，提高自己的治理水平，维护市场的公平公正，帮助产业集群形成的特色小镇顺利发展。

虽然印刷产业是传统行业，但也是工业社会中不可替代的产业，在未来国际竞争中可大有作为。因此国家把整合优化产业布局作为"十二五"四大任务之首，在《印刷业"十二五"时期发展规划》中提出，发展印刷业产业集群，改变包装印刷产业长期存在的粗放型发展方式，真正实现集约化发展，达到优化产业布局的目的。在"十二五"时期，国家定下了优化包装印刷产业布局的方针政策，通过国家的宏观调控和市场无形之手的资源配置作用，彻底改变低、小、散的产业格局，全面提升印刷业的市场竞争力。至此，各省级、地市级乃至县级的印刷园区也纷纷拔地而起，上海金山国家绿色创意印刷示范园区等数个现代印刷包装基地等产业基地接连获批。虽然这些园区基地有的已经发展成熟，有的才刚刚起步，但他们将不遗余力地推动我国印刷行业转型升级，最终形成产业集群，成为打通上下游产业链的重要途径。

因为印刷业市场化程度的不断提高，而印刷业门槛较低，各地政府、企业都嗅到商机，出版物印刷基地、包装印刷园区、印刷文化中心，各式各样的印刷类园区、基地、集群都成了各地发展经济、招商引资的首选。但是，目前各地政府为了尽快吸引企业入驻，一方面通过低成本劳动力、便宜土地供给、宽松税收政策等方式方法吸引企业入驻，另一方面在环保、噪声、空气污染不达标方面睁一只眼、闭一只眼，到最后产生环境污染、同质化严重、产业关联度不高、后续发力不足等问题。等政府给的优惠政策一结束，合同一到期，企业立刻寻求新的有利于自身发展的栖息地，给原先所在的地区留下各种隐患。

包装印刷行业从来不是一个割裂的个体，而是一个产业聚合体。我们看待印刷园区，既要细分到每个行业、每个企业、每个个人，也要总览全局，看到一个地区、几个地区、一个国家、几个国家到整个世界的大市场。因此，要发展印刷包装园区及产业集群，必须在仔细分析当地优劣势的基础上，因地制宜、扬长避短，既符合当地产业发展的实际情况，又要有前瞻性、系统性和可操作性；既要符合市场规律，又要体现政府意志；既要利用产业集聚的规模效应实现市场质的突破，也要让印刷园区的建设发展在政府有关政策的指导下实现可持续发展；既不能让市场脱离政府监管，也不能让政府这只"有形的手"过于强势，导致园区建设和规划脱离实际需要。从这个意义上看，政府的前期规划尤为重要。政府在考虑包装印刷示范园区建设，最终达到产业集群效应过程中，考虑的不仅仅是园区的土地规模、经济效益、人员就业、政府政绩，更要考虑园区建设步骤、科技含量、环境保护、资源再利用，在招商引资，建立包装印刷园区时，既要对引进企业质量、特色、发展方向进行指导，也要对产业基地进行准确定位；既要根据地理位置和当地的产业特色，按照市场的规律进行，更要因势利导，利用市场需求的"势"，围绕市场展开"导"。在考虑包装印刷行业时，既要考虑到供货直径、物流成本等，也要考虑产业链上下游企业不能是竞争性，而是有互补性，既有走高端、绿色、数字路线，打造先进制造业的企业，也有实现产业链延伸、提高附加值的科研机构；既有为企业提供资金、政策的金融机构，提供维权、咨询的法律部门，也要有物流、设计、原材料、信息、策划宣传等辅助企业。不同的企业通过行业细分，发挥优势特长，互相合作，实现共赢。企业就是为了有利可图，企业进驻园区，管理者的责任、义务和目标就是通过服务为他们提供更多的赢利机会，给企业穿针引线、牵线搭桥，为他们提供商机，使企业真正得到实惠，并安心扎根园区。因此在园区发展过程中，政府一定要加大服务力度，包括咨询服务、信息服务、技术服务、会展服务、创新服务等，避免服务跟不上成为企业发展掣肘，同时也要根据形势的变化，针对园区企业细化分解，及时调整相应政策。

政府是弓，企业是箭，只有强弓和长箭的有效配合，才会有"弯弓射大雕"的气魄。在工业社会，符合市场需求的规划是经济发展的先决条件，是建设印刷园区、最终形成产业集群的基础。只有企业发展符合市场规律、产品科技含量高，政府真正做好规划和服务，我们才能拥有印刷强国的实力。

第四章 传统产业中小微企业集聚的宏观、微观的政策环境分析

放眼观世界,凡是经济富有活力的地方,皆属于产业集聚发达区域。对于此现象,国内外政商学界人士给予普遍关注,并对此展开广泛研究。进一步看,像经济合作与发展组织、联合国工业发展组织等机构,基于产业集聚政策与区域经济竞争力的关系,即前者对后者的促进作用,给予持续研究。受此影响,聚焦产业集聚政策,一些发展中国家的专家和学者也开始了研究与实践。

依托产业聚集,呈现规模效应。当下,打造集聚这种产业模式,在发达国家、不同区域或城市的经济发展中已成潮流和趋势。我们对此的观察视角是,从计划经济发展而来的,比如社会主义市场经济国家,政府推行产业集聚政策对促进经济发展的重要意义。

4.1 国外产业发展和集聚政策分析

梳理盘点国外产业集聚政策方面的相关研究,发现不乏以下特点:注重案例分析,在此基础上进行归纳并得出理论;强调案例结果应用,以此验证理论假设是否成立;与此同时坚持理论联系实际,形成既有理论性又有应用性的研究成果。

关注国外产业集聚政策研究,发现理论成果与案例分析基本上是交融的。对

于产业集聚现象的研究，特别重视案例分析，应用的方法是实证分析和案例比较，在此基础上，揭示产业集聚政策的发生发展机制并剖析利弊得失。

4.1.1 美国产业政策发展历史分析

作为政策工具，以产业政策推动经济发展由来已久，从产业政策本身的含义和内容来说，可谓仁者见仁，智者见智。关于产业政策，不同的国家有着不同的解读。专业机构与专家学者乃至普通民众，对此也有着不同的理解。有关产业政策概念，日本学者小宫隆太郎根据定义和分类，将其分为与基础设施有关的一般性政策、在不同产业间进行资源分配的相关政策、与各领域内部机构有关的政策、适用于中小企业的政策[1][2]。

美国实行"三权分立"制度，依托此框架，立法、行政、司法机构悉数实施产业政策，联合作用于美国经济发展，共同起到重要的促进作用。与此同时，白宫对此却是讳莫如深。无论是里根还是老布什，他们执政时更直言不喜欢产业政策。但不可否认的是，在美国两百多年的经济发展过程中，产业政策始终如影随形[3]。下面我们以美国对美国产业发展政策进行分析。

追溯美国历史，作为首任财政部长，汉密尔顿于1791年向国会提交了一份制造业发展计划，包括钢铁、铜、煤到谷物、棉花、书籍等，众多行业无不涉及。无论是实施财政补贴还是推行保护性关税，无论是鼓励引进外国先进技术还是禁止本国先进机器设备出口，无论是制造业税收减免还是政府投资改善国家基

---

[1] 沈梓鑫，江飞涛.美国产业政策的真相：历史透视、理论探讨与现实追踪[J].经济社会体制比较，2019（06）：92-103.

[2] 周建军.美国产业政策的政治经济学：从产业技术政策到产业组织政策[J].经济社会体制比较，2017（01）：80-94.

[3] 刘小军，祖林丽.20世纪80年代以后美国产业政策、产业结构的变化及对我国的启示[J].商品与质量，2011（S3）：28-30.

础设施，无处不在的产业政策，由此开启美国工业化发展的崭新篇章。

汉密尔顿以建设强大的中央政府为抓手，通过国家层面银行体系的构建、加强基础设施建设以降低流通成本等措施，驱动国家工业化进程。杰斐逊作为美国开国元勋，与汉密尔顿就产业政策有不同见解，但在建设一个世界领先国家的共同理想指引下，杰斐逊总统于1806年提出建议，动用财政盈余，改善美国基础设施和社会事业。具体来说，从金融贷款到关税保护，从工业制造到国民教育，各项产业政策不一而足，为19世纪美国经济的快速发展提供了有力保障，创造了便利条件。

数据为证。从1820年至1931年的一百一十余年间，美国平均关税最高达五成，最低也达到了35%，这是美国初创产业得以生存的关键，战略新兴产业不断发展的根基。关于美国初创产业实施关税保护的必要性，于19世纪20年代任职的美国前国务卿亨利·克莱这样解释道："我们必须给某些产业进行方向调整。我们必须尽快采取这个货真价实的美国（关税）政策。让我们在打造本国市场的同时，也培育一个外国市场，使得美国工业品的消费规模能进一步扩充。本国市场的打造，不仅对促进我国农业劳动力的公正的报酬是必要的，而且对我们的必需品的供应也是不可或缺的。如果我们不能销售生产的商品，我们也就无法获得我们想买的商品。"由此，美国推行的保护性关税、建设国家银行体系、政府投资基础设施，等等，被一些经济学家和史学家们概括称之为"美国体制"且带有美国特色的经济发展模式。

值得关注的是，以高关税为代表的产业政策在英国、法国、德国、意大利、西班牙、俄罗斯、日本等国的不同历史发展阶段也普遍存在，只是美国表现得更为典型而已。关于这方面，解读美国前总统威廉·麦金莱的一番话语便可知道，美国能够成为世界第一大农业国、矿产国以至工业生产国，根本原因在于一直采取以关税保护制度为代表的产业政策。

19世纪中叶，林肯执政时美国一直以促进经济增长的"美国体系"来推动经济增长：在此经济制度下，美国政府用高关税保护战略产业，通过联邦土地划拨、政府采购来安定市场，运用补贴来推动基础设施发展。以此为例证，美国高关税制度持续风行，实施时间接近百年。直到美国本土产业在全球具备竞争力时，美国高关税政策才逐渐放松。

在高关税政策作用下，从19世纪下半叶开始，美国贸易逆差逐渐减少。19世纪80年代到20世纪20年代，美国基本保持着贸易顺差。受益于此，美国工业在19世纪实现了史无前例的大发展，待政府成立一百年时，美国已成为世界上最大的工农业生产国。至1914年第一次世界大战爆发时，其工业生产总值已经超过英国、法国、德国三国的总和。

第一次世界大战期间，凭借自身在工业生产等领域的优势，美国对冲了战争带来的短暂影响，实现了从负债国到借债国的转变。

美经济繁荣，一直持续到1929年经济大萧条之前。1929年到1932年的美国经济大萧条，时至今日仍让美国人记忆犹深。彼时执政的胡佛政府，频频出台措施来阻止经济萧条蔓延，但屡屡未能奏效。直到罗斯福上台，通过"有形之手"干预经济活动，以强有力的新政，驱动经济复苏，缓解社会危机，化解社会矛盾。

第二次世界大战爆发后，美国国防顾问委员会、美国国防生产公司、美国国家生产管理办公室、美国战时生产局、美国存款联邦保险公司、美国重组融资公司等一大批机构重组或新建，《农业调整法》《产业复苏法》《劳工进步管理法》等一大批法案通过并批准，旨在帮扶就业和防范风险，用以促进经济复苏和振兴。

二战时期，美国通过对劳动力的广泛动员，实现了充分就业，钢铁、石油等生产能力全面提升，军工厂、发电厂等在全国范围内大量建设，凭借于此，美国经济在二战结束之后摆脱危机，大幅恢复，进而崛起。

回看美国历史，从"开国之父"华盛顿到"中兴之主"林肯再到"轮椅上的掌舵人"罗斯福，他们分别在重要历史节点推动了美国独立、统一、崛起，他们无一不是汉密尔顿产业政策传统的坚定践行者。在此过程中，美国的产业政策呈现出边界拓展、内容扩充等一系列新变化。

从实施政府补贴到税收减免，从设置标准到控制价格，从市场准入到生产限制等一系列措施，这是美国政府在20世纪的多数时间里奉行的各项产业政策，这些政策或体现为美联邦政府提供土地补贴，或体现为设立银行给私人企业发放贷款，或体现为政府出资建设产业设施，或体现为政府对研发活动的支持。虽然表现各异，但殊途同归，都是用来促进或保护国内产业，从而推动本国经济发展。

20世纪的美国，伴随着产业政策的施行，核能、互联网、高温超导等一系列重要科技产品的研发，无不由政府直接或间接主导，这在半导体产业发展上，表现得尤为突出，美国政府对美国半导体企业既提供研发资金，还进行产品采购。公开资料显示，在20世纪50年代后期，美国半导体企业研发支出的25%以上由政府直接资助。此外，美国政府通过军事采购项目的形式，再次对半导体企业进行加持。基于军事科技需要，提供科研资金支持，仅在1965年，美国军方市场需求所占比例达到了国内半导体产业的28%、整个集成电路产业的72%。正是如此，美国军方承担了新技术开发的大部分风险和成本，从而确保了美国企业在半导体产业的技术领先地位。

进一步观察，20世纪50年代末期7千万美元、70年代末期8亿美元、80年代末期 40 亿美元，这是美国半导体产业研发支出相关数据，而这些支出是由美国政府和私营企业共同资助的。不止于此，美国政府在 1987 年更是直接拨款 1 亿美元，引导 10 多家半导体企业组建了半导体制造技术战略联盟，以促进企业间的开发援助、研发合作、规范统一技术标准等。从 1987 年到 1992 年，美国半导体制造技术战略联盟支出了 3.7 亿美元，用于半导体设备改进与设备供应相关的外部研发项目支出，这些由美国国防部先进研究计划署与相关企业携手推动完成。此外，当面对外国企业的海外竞争和跨国并购时，美国政府舞动"有形之手"，放松在《反垄断法》等方面约束管制，鼓励本国企业开展研究合作，促进技术升级，实现强强联合。在此背景下，从 20 世纪 80 年代末到 90 年代末，十年间美国国内半导体产业发生并购案例超百起，成立合资项目 244 个。美国政府在 1991 年还与日本政府签订了《半导体贸易协议》，全力保护美国企业在市场竞争中的利益。正是如此，在政府提供的研发支持、产品采购、技术合作等多种形式的产业政策扶持下，美国半导体产业持续发展壮大，始终保持领先。

4.1.2 美国产业集聚政策分析

纵观美国历史，产业政策始终相伴相随。发展至今日，对美国产业政策种类进行归纳，大抵分为产业技术政策、产业组织政策以及其他改善经济环境、推动产业发展的政策。具体来看，美国能源部、农业部等政府机构组织实施产业技术政策，美国联邦贸易委员会、司法部等机构负责实施产业组织政策，美国小企业管理局等部门也负责实施一些产业政策，虽然政出多门但指向相同，无不是为了改善发展环境、提高美国企业竞争力、维护美国的全球经济领先地位。除此之外，从美国总统到美国国会，从美国联邦政府机构到美国州政府机构，纷纷参与其中，出台产业政策，不一而足，相互补充❶❷。

美国硅谷是美国产业集聚的典型案例，因为市场运作完好、军用技术成功转作民用，一直饱受赞誉。但这种"典型模式""极致典范"的背后，却与美国政府有着千丝万缕的关联。

探究硅谷演进史不难发现，从产品采购到风险投资再到技术研发资助，硅谷企业的成长壮大，离不开美国政府产业政策所起的重要作用。作为高新技术领军企业的代表，无论是苹果还是英特尔，无一不受惠于美国政府。在20世纪50年代前后，美国国防部扮演了购买者角色，硅谷地区的企业成为重要采购来源。英特尔公司从美国政府的采购、研发支出和贸易保护措施中受益，苹果公司的计算机、iPhone等产品则在美国政府的国际贸易政策与基础研发资助措施中得利。

风险投资的"天堂"，企业创新的"乐园"，针对那些关于硅谷的"神话"，历史研究学者阿伦·拉奥和皮埃罗·斯加鲁菲所作评价一针见血，点评也是异曲同工：硅谷的体制实际上是一种长于开发、短于研究的体制；美国政府在硅谷的规划建设中发挥着战略设计的重要作用，而且在硅谷崛起阶段进行了大量投资。

美国产业政策的实施，以产业技术政策的运用最为普遍，集中体现在联邦政府为研发支出"买单"，积极介入经济活动。援引美国国家科学基金的一份公开数据，仅在2015年，美国联邦政府层面的研发支出即超过了1300亿美元，上述资金分别由国防、卫生、能源、农业、商业、国家航空航天等部门或机构组织实施研发项目，其中国防部门的研发费用额度最多，达到了641亿美元；其次是卫

---

❶ 马秀贞.美国产业政策的历史与现实、真相与启示［J］.中共青岛市委党校.青岛行政学院学报，2022（03）：48-57.

❷ 李亨.美国产业政策研究与借鉴［J］.现代国企研究，2020（07）：88-89.

生部门，预算支出达 305 亿美元❶。

拉开历史轴线，铺排时间节点，从 1953 年到 2012 年，在 60 年的时间里，美国联邦政府向国防、卫生、农业、交通、资源环境、空间飞行等领域投入巨资进行研发，囊括基础研究、应用研究、研发设备开发等环节步骤，包含计算机、数学、工程、物理学、心理学、生命科学、社会科学等多学科研究方向。上述项目的开展，累计支出高达 42790 亿美元。

如此看来，在 2008 年金融危机爆发后，美国政府提出了"先进制造业国家战略计划"，每年斥资 5—10 亿美元，用来优化、增加对先进制造的研发投入。当时，此举措在世界范围内引起了不小的轰动，但与美国政府庞大的研发支出相比，已是小巫见大巫。

4.2 国内产业发展和集聚政策分析

美国产业政策算是一个开端，现在大行其道的产业集聚可称之为新产业政策。国外学者通过研究，从政府在产业集聚政策中所发挥的职能作用、产业集聚规划方法及应该注意的问题等方面，形成了一些共识。按照他们的理论，在产业集聚政策实施过程中，国外政府主要通过财政和税收等措施进行间接干预。与直接干预相比，间接干预来得慢，但在降低政府政策对于产业集聚中生产效率的损害等方面具有比较优势。

国别不同，国情各异。作为社会主义市场经济体制国家，我国政府主要以宏观调控方式管理经济运行。在此背景下，研究国内不同地区的产业集聚模式，一

---

❶ 郑彦辉.美国产业政策的特征分析［J］.经济论坛，2018（12）：84-86.

个重要参考因素便是当地政府促进经济发展的相关政策。

有例可循。通过财政政策视角观察产业集聚现象可以发现，由于西部地区基础设施配套建设滞后，当提高税率增加税收时，不利于产业集聚的形成。与之比较，由于东部地区基础设施相对完善，即使税收较高，也能促进产业的集聚。毫无疑问，通过产业集聚提升区域竞争力、促进区域经济发展已成流行模式。因此，借鉴美国等发达国家产业集聚政策的成功经验，结合相关产业理论研究，综合一些传统的区域政策，推进地方政府因地制宜制定实施产业集聚政策，对于增强地区企业竞争力、推进区域经济迅速发展，具有重要的现实意义。对此，著名学者、北大教授王缉慈提出相关建议，加大产业集聚政策的研究力度，结合实际推出具有自身特色的产业集聚发展政策。

毋庸置疑，产业集聚模式在经济增长中起着重要促进作用，但不同政策导向的产业政策在不同地区对经济增长的促进效应有所不同。协调有效的产业结构适宜度，能够调节产业集聚模式下的经济增长。当产业结构实现合理适宜时，有助于资源要素有序流动，有利于促进不同产业在适配地区均衡协调发展。

总的说来，随着地区产业结构优化，产业集聚规模可逐步调整到相对最优，对经济增长的提升效应将增强。而较高的产业根植性和分工协同会更有利于发挥产业集聚的规模优势。即使面临产业转型升级和集聚规模趋于饱和等现实约束，内在的产业结构适宜度也会保持产业集聚对经济增长的边际作用，促进经济长期可持续发展。

反之，若某一地区只是简单地聚集企业及资本、劳动力等要素，那么产业集聚对当地经济发展的贡献可能只是短时间的GDP增长，长期的产业结构优化将受到阻碍。政策性产业集聚会导致中西部地区产业结构过度偏离区域资源禀赋，扭曲资源配置和产业链的整合，使区域经济增长水平低于潜在最优水平。短期的产业规模收益会掩盖由比较劣势导致的成本上升，进一步加速降低产业与本地禀赋的耦合，减弱了本地产业结构适宜度。从现实特征来看，我国东部地区具有较高的产业结构适宜度，而中西部地区并不一定具有产业转移的相对优势，因而产业结构适宜度较低。

值得关注的是，产业集聚的经济增长效应具有非线性特征，其作用方向取决于本地区的产业结构适宜度。总体上看，作用效应随着产业结构适宜度的提高而越来越明显。产业结构适宜度较低的地区，产业集聚抑制经济增长效应更明显。经济增长依赖于产业技术的结构变化，产业技术结构又与要素禀赋结构密切有关。

特别指出的是，对于某一区域的比较优势产业，如果它们所发展的上下游产业链脱离了本地要素结构，那么该区域的产业关联度和产业成长的韧性将会减弱。即使区域具有成熟的主导产业，企业成本也有可能居高不下，导致产品缺乏竞争力。如果政府不能适时地调整产业政策、减少对比较劣势产业的政策倾斜，那么优势产业也可能面临竞争力下降的风险，其他产业部门也会因资源获取成本的增加而衰退。

下面以传统产业——技术装备类产业的发展和集聚政策分析为例。

装备制造业系实体经济之根本，在一国经济发展中起着"压舱石"作用。从国家层面看有顶层设计，《中国制造2025》等纲领性文件，引领着国家工业现代化的进程。从地方层面看，区域发展战略不断上升为"国字号"。伴随京津冀协同发展战略的施行，三地产业升级步伐不断加快，装备制造业随之迈向智能化、先进化。基于京津冀城市群发展方位，装备制造业尚处于工业化发展中期，亟须借力技术创新驱动跨入新型工业化发展道路。因此，京津冀三地推进协同发展时，发挥宏观调控作用，密集出台产业政策，以此推动装备制造业实现大发展。

由是，产业政策成为京津冀转型升级发展的重要推手，技术创新也成为战略支撑因素。

作为发展中大国，我国产业政策影响产业发展诸多方面。还以京津冀为例，这里具有政策信息传播速度快、政策渗透力强的特点。在推进产业发展过程中，政府引导作用极为关键。通过对装备制造业进行大量的财政扶持，京津冀正在将装备制造业打造成"工业强群"，而且不断强化这一发展趋势。

京津冀协同发展实践中，凸显了产业政策与技术创新两大变量。延伸开来，对于二者关系的研究，学者们看法不一，目前尚无统一结论。应该说，产业政策由政府实行，技术创新由企业完成，二者对应主体截然不同，但也有密切联系。比如在发明专利上，政府出台产业政策，有助于企业增加研发投入从而促进发明专利开发。与此同时，企业销售新品实现产值创造效益，动力来自加大研发推出创新创造成果。因此，不管是观察专利发明成果，还是参考新产品产值，都可衡量行业技术创新能力，都离不开产业政策的影响。

作为智力劳动的一种，技术创新投入大、风险高、回收期长。在法制化营商环境不完善、知识产权保护机制不健全的情形下，市场主体的创新成果轻易被人模仿，在此背景下，企业进行技术创新的积极性减退，行业内部则会出现技术创新成果"断捻"的状况。

当政府给予财政补贴时，增强了企业搞科研的信心，"真金白银"纾解了企业开展技术创新的资金约束，有助于研发成果转移转化，有利于提升行业技术创新成功率。由此来看，产业政策对企业技术创新有着正向激励作用。具体说来，产业政策通过财税工具作用，或予以补贴，或税收减免，都能帮助解决研发投入的不足，促进市场主体开发创新。但值得注意的是，产业政策激励效应需要持续发挥，否则随着激励强度减弱，反倒抑制企业的研发创新。综上所述，产业政策对技术创新既有促进作用，也有抑制作用。

我国各省、市、自治区的区位条件和经济发展水平存在显著差异，使得区域间所颁布的产业政策也有所不同，加之各地区对三大产业的政策存在偏差，其对于产业发展的影响也不尽相同。产业政策偏差对产业发展模式影响几何？在地方政府建立产业园区大力开展招商引资时，通过减免租金、税费优惠等方式，为企业入驻提供政策上的支持，降低企业运行成本，从而起到促进产业集聚的作用；在地方政府通过政策扶持一些行业转型升级时，诸如劳动密集型、资源消耗型和高污染型等一些行业会随之迁移，从而出现产业分散的现象。

4.2.1 国内传统产业中小微企业发展和集聚的宏观政策分析

基于宏观层面分析产业政策，主要考察产业政策的直接干预与限制竞争对于产业政策的影响。在我国，实施直接干预与限制竞争属于产业政策体系中的直接管理手段，此外还包括财政税收、信用贷款等间接管理手段。在一些发达国家，政府实施产业政策通过针对性干预和选择性扶持反而降低了相关产业的生产率。

另一种观点与之有异，认为政府干预在经济发展的初期可以发挥有效功能，但随着市场发育的逐渐完善，市场机制建设的逐步形成，政府应当转变经济活动干预者的角色，转向维护市场竞争秩序，为发挥市场机制的资源配置和调节效应保驾护航。他们给出的依据是，近年来东亚国家相继实行经济改革政策，政府推动产业发展的政策正逐步从选择性政策转向竞争性政策，从而给予市场竞争更大的发挥空间。

基于微观层面分析，在产业政策激励下，相关行业企业的股权融资、银行贷款等指标高于其他行业，无形之中，产业政策在企业融资时起到了主导作用。而且，在产业政策发布后的短时间内，企业通过上述操作即可获得较高的超额收益，但中长期的产业政策公布，对企业收益则没有显著的影响。

由于产业政策的颁布和实施存在一个陆续披露的过程，在此背景下，机构投资者与小微企业及个体工商户相比，拥有获取信息和处理信息的不对称优势，因而会从中获利，证券资产收益随之增长。

产业政策能够吸引资源调配，其引导企业投融资的效果往往是"短平快"的，即政策举措迅速影响企业进行结构调整，进而具有加快促进经济发展的作用❶。而创新是否定与发展的过程，影响企业转型升级，但效果不会立竿见影，如果从企业创新的角度去考察产业政策的实施效果，则可以考察产业政策推动产业升级的效果，检验其影响企业发展的长期效力。

从世界范围内看，支持企业技术创新，财政补贴和税收优惠是政府普遍采用的两种方式。这是因为，财政补贴能促进企业创新。受研发资助激励的企业生产出更多的新产品，而更多的世界一流的产品更新又会促进企业成功实现商业化创新；税收优惠有利于激发企业创新。税负的减轻，降低了企业的运行成本，间接增加企业现金流量，有助于企业增加研发投入，实现创新发展。而员工工资和商业信用增加研发调整成本，公司规模、行业特征、税收情况、国际地位和信誉等同样会影响研发调整成本，从而影响企业研发投入决策。

国内有一些研究，也可采纳借鉴：有的认为政府越过市场竞争的淘汰选择，自主判断优胜者进行鼓励扶持是危险的，因为有些最初貌似不具备竞争优势的企业，可能在后期通过充分利用我国的自主研发比较优势，形成强大的市场竞争力，从而在全球市场上占据一席之地。

国内产业发展和集聚政策的效应分析。基于行业差异化的产业集聚政策对资源错配的影响，既有正效应，也有负效应。合理配置资源是驱动经济发展的重要

---

❶ 高艳，马珊，张成军.产业集聚视角下制造业国际竞争力研究［J］.统计与决策，2019，35（21）：131-134.

前提。当资本、劳动力等资源要素与对应的产业形成有效配置时，产业发展才会持续和健康。反之，当资源错配时，相关产业的转型升级会受到极大影响。这里面，不同行业因产业结构有异、资源投入不同，受资源错配影响的程度也不尽相同[1]。对劳动力密集型企业，要鼓励企业从集聚拥挤行业转移，降低集聚程度，减少资源错配；对资本密集型企业，需鼓励推动新技术、新产业、新业态成长，通过集聚提升资本配置效率；对技术密集型企业，应加快数量型人口红利向结构型人口红利的转变，补足劳动力配置缺口。

基于区域协调化的产业集聚政策，不同地区存在差异。以东部地区为代表的发达地区，处于产业集聚生命周期的成熟期，表现为资本配置过度和劳动力逐渐短缺，需要逐步分散资本到生产率更高的行业，对产业集聚加剧资源错配的行业进行转型升级和区域转移，以体制机制创新和降低成本来减少资源错配。对产业集聚改善资源错配的区域实施政策引导，大力发展技术密集程度高的高端装备制造业等行业，建设共享平台，打造动力强劲的引擎，增强国际竞争力；中西部地区与之相反，仍处于产业集聚的成长期，需要通过产业项目和人力资源的招引，进一步扩大产业集聚规模、提高产业集聚程度，通过高效率的资源配置，充分释放产业集聚助推经济增长的引擎作用。

除此之外，在完善产业集聚政策的同时，在资本政策方面，加快改革完善和发展现代金融监管体制，提升金融体系服务质量和服务效率，实现金融风险监管全覆盖，提高产业集聚与金融资本的协同利用效率。

现阶段，以纵深推进供给侧结构性改革为抓手，加快新旧动能转换、助力产业结构转型升级，是我国采取的产业发展政策。政策效应在于增加优质供给，提

---

[1] 刘锐.产业集聚与区域经济增长的模型分析[J].商业经济研究，2019（02）：165-167.

高产品质量，提升生产效率，增强企业核心竞争力。

还要看到，一些地方政府实施相关产业政策时出现了偏差，突出表现在，一部分传统加工制造产业具备转型升级条件，但在粗线条的政策执行下，难逃"关停并转"厄运。另外，一些地方政府"一窝蜂"扎堆"上马"新兴产业，此类现象也需要警惕。通过产业政策的鼓励与支持，能在短时间内促进新兴产业发展，未尝不是一件好事。但从长远来看，这对于创新驱动发展和促进产业集聚是不利的。这是因为，政府的产业政策有利于要素保障、有助于产业结构优化升级，可是无形之中对市场有效配置资源的机制作用发挥产生了影响，这对政府制定产业政策提出了考验。因此，需要充分发挥资本投入、人才政策等的助推作用，持续深化国有商业银行和金融机构改革，在促进多层次资本市场健康发展的同时，提高直接资本在企业投资中所占比重，加强资本门槛对资源错配的改善作用。在劳动力政策方面，逐步取消户籍限制、完善跨区域社保制度、搭建劳动力公共服务平台、加强职业教育和职业培训，并伴随合理人才政策、补贴支撑，以产业集聚为土壤，切实发挥劳动力结构对资源错配的改善作用。

兴建经济开发区是产业集聚政策的集中体现，其设立实质是以地区为导向、在空间上形成产业集聚。开发区在转变发展模式、改善投资环境、引导产业集聚等方面发挥着不可替代的作用，在开发区政策作用下，地区经济增长和提升环境绩效可形成合力。

一看增量。政府开展招商引资活动，制定优惠的政策和条件，吸引生产技术先进的优质企业入驻开发区，开展清洁生产，践行生态优先、绿色低碳发展之路，带动园区产业结构优化升级，驱动地区经济持续健康发展，促进城市功能从工业为主向商贸服务转化，更好地控制污染排放。

二看存量。建立开发区既要产生"集聚效应"，产业链上下游企业分工合作、配套协作、互通信息、增进联系，共同分享低碳环保方面的工艺技术，促进园区内的传统产业加快技术改造升级步伐，实现节能降碳减排，优化园区内部产业结构，推动地区经济绿色转型发展。

国家级开发区的产业集聚政策对地区环境绩效有何影响？相比而言，中西部地区和东部地区经济规模体量、人才智力资源等方面存在较大差距。但在地区环境绩效这一指标上，特别是在环境治理水平的提升改善上，中西部地区的评价优于东部地区。这是因为，东部地区城市设立经济技术开发区时间较早，产业布局和环保设施相对"固化"，而中西部地区在这方面具有比较优势，环境改善具有更显著的效果。此外，由于自然资源的不均衡分布，形成了不同地区产业结构的地域差异，这种资源禀赋差异，使得国家级开发区产业集聚政策对地区环境影响也不尽相同。

综合来看，产业政策具有激励创新的效果，此项分析还需要结合企业进行深入观察。

企业是市场主体，也是技术创新的主体。考察一项产业政策对创新行为的影响效果及作用机理，不妨选取企业视角予以观察，不难发现产业政策能在短时间内吸引企业顺应政策、加大投入、研发创新，即产业政策具有引导市场主体开展技术创新的效能。

进一步说，在产业政策的扶持下，企业表现出积极投资、扩大生产的意愿。梳理现阶段产业政策对企业行为影响的相关研究，重点关注的是产业政策吸引资源配置、引导激励企业投资的举措，特别考察的是产业政策是否具有加快产业结构优化升级的功效。研究也有不足之处，更多侧重短期效果，对产业政策促进产业升级的长期效应，缺乏深入观察。此外，在产业政策和企业创新的相关著述中，基本还是围绕宏观层面的理论探讨，微观层面的翔实证据获取不多，对于宏观产业政策如何直接具体地影响企业微观创新行为阐述不够详细；聚焦宏观环境与微观企业创新二者关系，通过相关研究可以发现，宏观环境还是以法律手段、财政税收政策、体制机制改革等方式为主，对产业政策与企业创新之间关系的研究目前还较少；关注宏观政策与微观企业行为，见微知著、以点带面，落脚点是考察宏观经济政策在实际运行中的效果，以及宏观经济政策在市场主体层面的微观反映。延伸说来，通过论证宏观产业政策对微观企业创新具有激励作用，可以拓宽有关产业政策与企业技术创新的研究范畴。

实际上，宏观政策与微观企业行为的相关研究已成为当前经济研究的一个重要方向，已有的相关文献主要集中在国家宏观经济政策对企业财务、会计行为的影响，而相关宏观政策主要为经济周期、货币政策和产业政策等。自国家近年推动中长期科学和技术发展的有关规划纲要实施以来，我国以企业构成主体的创新取得显著进展，并且这种进展速度还在呈现不断加快的趋势。同时也应看到，产业政策对于市场的直接调控作用，对于企业的间接调控作用均十分明显，一目了然。毫无疑问，如果能以企业创新为切入点，深层剖析产业政策对其所产生的综合影响，将为深度考察产业政策具体调控作用打开一扇更好的、更深的、更全面的视窗，引领大众读懂中国经济。

4.2.2 国内传统产业中小微企业发展和集聚的微观政策分析

企业是市场主体，是社会主义市场经济的弄潮儿，同样是实施技术创新、推动产业升级的急先锋。在产业政策的制定与实施方面，服务企业、支持企业、普惠企业应当是必然方向与恒定目标❶。

（1）对创业创新的激励政策。从根本上来讲，企业要想得到迅速成长、快速

---

❶ 鲁彦秋，朱华友，陈倩霞.产业集聚、区位价值与地区产业升级——基于浙江省地级市面板数据的实证分析［J］.黄山学院学报，2019，21（01）：43-49.

发展，最基本、最强劲的驱动力就是创新，其可被视为企业高质量可持续发展的主引擎。投入与产出是每家企业必须高度重视的有关创新的两个方面，据此可以明晰判别企业创新能力的高与低、强与弱，而这当中的一个关键变量就是企业的专利申请总体数量。知识产权的概念已为企业与公众熟知，专利就包含在其中。至于知识产权的具体概念，则是指权利人对自己的智力劳动所创作的成果所依法享有的各种专有权利，他人不得随意侵犯，否则就会构成侵权。

作为保护和激励创新的基石，强化知识产权保护对于激发企业自主创新活力，促进转型升级、开拓市场、持续发展至关重要。比较分析发明、实用新型和外观设计三项知识产权，其中发明专利是高难度的技术性创新，属于高水平技术创新项目，体现企业的核心竞争能力；实用新型专利是"小发明"，与外观设计同属于微小的渐进式创新，技术含量较低。科技成果具有很强的正外部性，并且存在一定程度的溢出效应，企业若从中营利，则会被其他进入者模仿；若不营利，则必须承担失败的成本；保护知识产权是激励创新的基本手段，是形成创新原动力的基本保障。当今时代，必须将"保护知识产权就是保护创新"的理念牢牢挺在前面、时时记在心中，将增强知识产权保护意识的努力想在经常、做在日常，通过建立各类联盟，充分凝聚多方合力，推动知识产权保护效能持续升级、成果不断显现；切实支持知识产权的创造及应用，产业政策支持将会有效提升对其保护和管理等综合能力，全面激发企业主动性、积极性、创造性，并持续加大对自身各类研发成果申报专利的速度与力度，确保专利及时受到保护，享受创新发展巨大红利。产业政策对高科技产品加大财税金融政策扶持力度，通过实施政府补贴、收购和税收优惠等措施来降低科技产品的成本。

（2）共性技术平台建设支持。2018年，财政部等三部委联合发文，明确支持打造特色载体，推动中小企业创新创业升级。通过支持一批实体经济开发区建设，引导开发区打造以创业投资、产业投资资本为主导的专业资本集聚型，以行业龙头企业为主导的大中小企业融通型，以高校、科研院所为主导的科技资源支撑型，以聚集行业高端人才、领军团队为重要内容的高端人才引领型创新创业特色载体，总共4种类型，特色不一而足。这4种不同类型的载体，推动各类载体实现科学化、市场化、专业化、精准化、复合化发展。至于具体做法，在舵手驾船出海、领军航向的前提之下，首先可以针对中小企业经营管理人员的特点"对症下药"，组织开展企业经营管理领军人才培训等各类培训活动，助力企业经营管理人员拓宽视野、提升能力、锻造品格。其次，积极倡导鼓励行业协会、商会等各类组织发挥资源优势与组织能力，结合小微企业的共性或个性需求，在行业本身各类资源和创新创业特色载体间建设重实效、重特色的专门对接机制，推动在产业链上下游企业之间形成各类生产资源要素自由、高效、便捷流动的整体格局。再次，作为各级地方政府部门的中小企业主管部门，应当充分调动资源、汇聚政策，在国有企业和特色载体之间搭建互动桥梁与纽带，形成互助共进、互通共赢的良好发展局面，为大中小企业融通发展、携手腾飞提供积极助力，推动经济发展。

（3）对"专精特新"小微企业提供专门支持政策。"专精特新"小微企业是创新驱动发展的代表性企业，对其适当给予专门支持，不仅有助于为它们自身加速发展注入推动力，也将带动企业界、经济界乃至整个社会形成更加浓郁的创新氛围，汇聚更加强大的创新动力。近些年来，针对"专精特新"企业发展，国家陆续出台有关文件，更在"专精特新小巨人"企业培育方面不断加大力度，形成了从国家到省市共同推动此类企业优质发展的良好局面，让"专精特新小巨人"企业层出不穷、如鱼得水。从2021年开始，有关奖励进一步加大，仅在《关于支持"专精特新"中小企业高质量发展的通知》里，涉及奖补资金已超百亿元。

本就具备创新发展优势的"专精特新"企业，获得专门政策支持，等于如虎添翼。根据权威统计数据，截至2021年，此类企业在全国范围内已经达到数量庞大的2.6万家，其中有1800余家获得国家级"小巨人"称号。从各地动向来看，地方层面积极响应中央政策，提出的发展目标和政策扶持力度也很大，标志着"专精特新"企业发展进入了又一个美好新时代、黄金机遇期。进入2021年后，广东、陕西等省先后围绕"专精特新"中小企业登陆资本市场上市等方面出台发展促进计划，前者更是定下了5年内推动300家此类企业在主板、科创板、新三板等上市的宏图大略。在"专精特新"企业相对更为集中的改革开放前哨深圳，助力此类企业加速发展的新政策也在加速落地，比如为其上市提供融资等方面的有力支持等。

（4）财税扶持政策。这是大类政策，涉及财政补贴、政府采购、信用担保、税收减免、降低收费等举措。总的来说，财政补贴本身具有调节国民经济与社会生活的一种特殊属性，通常是各级政府为实现预想当中的政治经济等方面目标，安排财政专项资金面向企业或其他社会组织、对象提供专门资金补贴。因小微企业在资金、融资等方面，相较于受政府重视、银行贷款青睐的大中型企业都较为弱势，财政补贴可以有效帮助企业扩充资金、降低成本，并将资源投入产品研发、技术升级、市场开拓等项目，进而提高企业竞争力。同时，政府可以通过对特定项目的补贴，例如人才补贴、技改补贴、研发补贴等方式，引导企业合理配置资源，进而提高社会资源的配置效率。对于企业来说，所能获得的常见政府补贴涉及进出口、创业就业、贷款金融、创新研发、技术改造等多个方面，均可以为企业注入资金流，推动快速发展。

作为一种需求导向的政策手段，政府采购已成为国际上通行的激励企业创新的做法。其是指政府机关为了维护自身运营或者实施开展各项工作，以规定的程序在市场上获取相关商品、工程或者服务并直接向市场主体付款的一种行为。大中型企业在政府采购中有规模大、成本低、品牌优等优势，较小微企业更有优势。若政府在财政政策中设置偏向于小微企业的条款与标准，可以增加小微企业的竞标成功概率，达到促进发展的目的。

政府采购是中小企业的经营重点方向之一，而这个方面的相关激励政策，其实国内各级各地都曾先后出台多部文件，明确其中具体细节。就以十几年前出台的相关办法为例，其中就明确规定了政府各部门在满足机构自身运转和提供公共服务基本需求的情况下，应当预留总额的30%以上专门面向中小企业采购。这无疑为小微企业发展助推。后期出台的相关文件，则对此类采购再次加大比例，确保中小企业更加广泛受益。诚然，这些政策初衷是支持企业自主创新，但仅仅规定一个最低采购比例，无法最大程度刺激企业的创新行为。以《关于支持中小企业技术创新的若干政策的通知》为例，虽然给出了"政府采购自主创新产品目录"，但只是说中小企业优先采购，并未形成硬约束。由此看来，需进一步细化政策，务求实效。

除此之外，信用担保指的是各级政府出资建立的担保基金、政府银行企业共同建立的担保公司、小微企业行业联合建立的担保机构，政府依靠财政政策支持各类不同担保行业实体，推动它们为小微企业提供普遍需要的各种不同类型担保服务；税收优惠这种方式是通过政府部门以税收政策助力小微企业发展的一种方式，通常通过减轻或免除税收负担的方式实现，真正给予企业真金白银的福利，为企业长远发展提供积极助力，注入强劲动能。通过财税政策为小微企业实施税收优惠，可以在一定程度上降低和减轻企业负担。在这方面，加计扣除、税额抵免、减税、免税等是企业较为常见并倍感实惠的优惠政策，而国家机关、事业单位等部门和单位减低或停止向小微企业收取行政事业性费用，也可让利小微企业，助推快速发展。

（5）融资政策。中小企业构成中国经济的主体，撑起中国经济的半壁江山。中小企业整体发展好不好、快不快、稳不稳，直接关系到中国经济的运行状况、发展质量、远景预期。近年来，我国颁布支持中小企业发展的专门法律，大力支持中小企业创新创业，促进其健康成长、行稳致远，但也应该看到，在为中小企业全面改善融资环境等诸多方面还存在着短板，进一步出台清晰明了、便于执行的细化配套政策法规等十分必要，有待加强。鉴于目前这种状况，细化规则的暂时缺位，依然尚未完全打破中小企业亟待破解的融资壁垒。细致分析，这与我国尚缺乏专业金融机构和专项支持资金为小微企业提供专门融资助力，以及尚未健全信用、担保等方面专门针对小微企业的有关服务机制等都有直接关系，这些也都是导致这种情况短期内仍然存在，而且不依靠出台细化规则难以破解的原因。限于国有担保公司的规模、民间担保公司的质量等因素，解决小微企业融资难题也难免有心无力或力度不足。应该指出，尽管现阶段中小企业依靠股份转让系统等进入资本市场开展融资活动的渠道已经建立，并且畅通无阻，但限于多数此类企业的规模、能力等，通常难以触及这种融资手段所要求的较高门槛，这导致它们很难通过直接方式获得融资，而依然要走相对绕远、不便的间接融资老路。

进一步加以细化探讨，还可以廓清小微企业普遍存在的融资困局背后的更多深层原因。现代意义上的系统、完整的信用评估体系，是金融机构为企业解决资金问题的必备条件，但从目前的情况看，这种评估在国内商业银行中不仅并未普遍建立，而且将针对大型企业以抵押物为核心考量标准的评估模式直接套用于小微企业，这当中本身也存在着不对路、不适用的较为严重问题。而从商业银行面向小微企业提供贷款服务方面看，小微企业本身存在的数量庞大、分布广泛，加之对其风险衡量难度较大等多种客观实际情况，又都提高了其贷款成本。跳出银行，再从政府扶持与法律保障两个方面来看，由于现阶段适用于小微企业的信贷担保机制与法律法规依然处于暂时缺失的状态，因此对其融资渠道的全面打通不可避免造成制约与阻碍，不利于扩展其融资渠道与保障其合法权益，一定程度上拖了中国经济发展的后腿。同时应该指出的一点是，出于有效降低自身经营安全风险的考虑，商业银行有意识降低小微企业贷款审批率也并非完全不可理解，毕竟其自身也要从企业经营角度思考问题、作出选择。虽然面向小微企业提供服务的信贷部门已经在部分大型商业银行现身并开门迎客，不过基于这些银行最为常用的方法，仍是将以往针对大型企业的贷款审批模式、流程及贷款产品直接套用于小微企业的"拿来主义"，从而导致服务效率降低、融资力度减弱也就都不应为怪了。

从现实情况来看，要想解决小微企业融资问题，建立一整套既科学合理，又简单高效，直接适用于小微企业的信用评价与担保体系已具有十足必要性、万分紧迫性，不应再等待。尽管获得贷款是小微企业发展或更好发展的刚性需求、须臾难离，但是按照通常理解，如果小微企业存在财务制度不健全的情况，直接结果必将是财务信息透明度的随之降低，而银行方面出于自身经营安全考量，必然相应提高贷款门槛，最终仍是要由小微企业自己吞下难以如愿如期获得贷款的"苦果"，禁锢住了发展脚步。所以，引导小微企业尽早走上一条规范财务制度之路，并为之成功建立提供相应的指导帮助，继而建立全覆盖、全要素、具有说服力的小微企业信用评价机制，是具有极大现实意义与深远影响的，这不仅助力于小微企业，也将助益于中国经济。

小微企业面临困局，国家政策率先解题。国家政策对小微企业融资给予特别关注，这是一直备受期待的，也是值得欣喜和欣慰的。第一缕春风在2018年吹来。当年，国务院提出扩大包容性金融服务相关举措，由中央财政设立国家财政担保资金,针对小微企业贷款担保平台普遍缺位等小微企业融资制约因素给出了解题之策,为银行打消贷款顾虑,为企业释放发展潜力。

(6)信息化扶持政策。加强集聚建设、形成产业链条、形成信息共享,这是促进中小微企业发展行之有效的路径。我国中小微企业数量众多,总数超1亿。大企业拥有足够的资金、人才、技术等实力进行数字化转型,与之相比,中小微企业面临着资金实力不强、数字基础薄弱、数字化人才不足、数字化技术研发应用水平不高等劣势,必须借助公共平台和外部力量的赋能来实现数字化转型。一是工业互联网作为全要素、全价值链、全产业链连接枢纽,中小微企业借力于此,可集聚自身数字化转型及其他创新发展所需的人才、技术、资金等,从而补齐数字化转型的能力短板。二是工业互联网是典型的数据和知识驱动型经济,中小微企业借力于此,能够通过共享模式实现数据、知识等新的要素供给。而数据要素具有替代作用和倍增效应,能够提高资本、技术、劳动、土地等传统要素的生产率和全要素生产率,从而在一定程度上化解中小微企业数字化转型中的人才、技术、资金困境。三是工业互联网能够提供相对较低的软硬件使用成本,中小微企业借力于此,凭借平台的协同功能,可提升传统资源要素的配置效率。在工业互联网平台作用下,产业链、供应链上的企业包括中小微企业得以紧密连接,通过数据驱动进行跨企业、跨产业、跨区域的协同设计、协同制造、供应链管理等,实现企业内外传统资源要素的优化配置;打造智慧型工业互联网平台,夯实工业互联网平台提供智能化服务的技术支撑和数据驱动基础,提升平台服务中小微企业的能力;鼓励平台开展数字新兴技术与工业技术的融合应用创新,推动工业互联网平台功能的迭代升级。以实现数据价值的有效释放为目标,聚焦数据采集、集成、共享与利用等关键瓶颈问题,加快完善工业互联网技术标准体系,促进平台间数据资源集成和开放共享,提升平台间的交互能力;持续加速建设将对产业发展起到极大推动作用的国家工业互联网大数据中心，通过让数据跑起来的方式，推进国内相关地区、行业分中心的进一步打造，构建数据汇聚、计算分析的强大平台，持续释放强大服务功能。

综合来看，需要加快健全完善基于工业互联网的公共服务政策体系。建议如下：通过政府购买服务，鼓励建设跨行业、跨区域、跨部门的综合性工业互联网公共服务平台；通过给中小微企业提供服务券、创新券等补贴方式，激励行业级、企业级工业互联网平台向中小微企业提供收费服务；引导各级财政资金加大对中小微企业数字化转型的直接支持力度；通过设立工业互联网应用推广专项资金，对中小微企业进行补助，助其上平台、用平台；鼓励金融机构和工业互联网平台展开深度合作，基于工业互联网汇聚更为全面、更加真实的企业生产经营数据，便于对中小微企业开展信用评估，为中小微企业数字化转型提供安全高效的融资服务；支持相关行业组织、教育培训机构等依托优势资源对于小微企业线上数字化转型提供适用对路的全方位培训；鼓励校企合作，共建数字化人才培训基地，解决中小微企业上平台、用平台时的数字化人才匮乏问题。

在此基础上，大力支持以工业互联网平台为主导的群体数字化转型，鼓励各地区探索以行业、产业集群、产业园区为整体的群体数字化转型推进路径；引导支持工业互联网服务商联合"链主"企业建设行业级或区域级工业互联网平台，提出行业、集群、园区的数字化转型思路与解决方案；在区域重点产业、先进制造业产业集群、特色产业园区等，推进5G、大数据中心等新基建优先布局；以补助和奖励等方式鼓励行业内、产业集群内或是园区内中小微企业基于工业互联网进行数字化智能化改造，共用共享这一平台的各类资源要素、综合服务能力、发展助推效能，依托新科技，构建新理念，展现新作为，将传统产业集群、产业园区等全方位建设成走在时代前沿的以虚拟产业为基础的产业集群及产业园，以此更加充分、有效带动产业集群或园区内的中小微企业携手跨越数字化鸿沟，迈上新发展大道。

（7）公共服务政策。和财税扶持相似，公共服务也是大类政策，我们选取技术技能人才培训服务政策作以阐述。

相较于大中型企业，小微企业体量上的劣势导致其在资金、人员、生产设施设备等方面差距明显，处于市场竞争中的下风位置，这是自然的。有统计数据显示，短短的 2.5 年就是我国小微企业的平均寿命即生存时间，较西方国家发达经济体的同类企业短了很多，而较为完善的培训体系的缺位是导致这种情况的原因之一。在现代经济学的理论中，职业培训是人力资源管理方面的关键要素、强力支撑，也是提高员工能力素质的重要方式、核心法宝。为此，相关政府部门亟须深入中小微企业开展调研，及时了解分析企业的人员培训需要，在如何更好地发挥政策导向作用方面做足、做好文章，构建并完善真正符合小微企业共性化与个性化需求的技能人才培养政策制度体系，不断提升小微企业对技能人才培养的认知程度，加快技能人才队伍建设，帮助广大小微企业解决在生存发展过程当中所面临的由于技能人才短缺而导致的生产技术水平停滞止步不前的突出现实问题，切实促进中小微企业持续、稳定、健康发展。

客观来看，近年来政府在鼓励小微企业开展职业技能培训方面出台了一系列政策，而且在局部区域也取得了一定成效。但总体来看，在企业技能人才培养机制的建立、培训模式的拓展等方面都尚处于起步阶段，政策效应未能充分显现。当今世界与时代，人才竞争无处不在、日趋激烈，所以中小微企业既要关注现实，又要兼顾长远，学会紧盯自身可持续发展打基础、占先机、利长远。注重技能人才培养，便是永葆企业活力和竞争力的关键举措。

不可否认，对小微企业职业技能培训现状展开研究，可有效弥补该领域政策研究的不足。从国外对于企业技能人才培养的研究来看，西方发达国家通过不断完善职业教育体系，促使良好的职业培训环境和氛围逐渐形成，使社会公民技能在制度的保障下得以不断适应经济社会发展的需要，这些研究为我国进一步深化职业培训体系建设及职业培训制度环境建设提供了丰富的、值得借鉴的有益经验。反观国内，一众专家学者大多从企业自身角度出发，结合我国企业员工职业技能培训实际需求，提出了"高师带徒""校企合作"等多种适应企业员工技能提升的培训模式及"首席员工制"等各类培训激励措施，并且论证了这些培训模式和措施对推动我国企业开展职业技能培训、提升员工参与度具有积极作用，也为我国的职业技能培训体系建设提供了合理化建议。

在此过程中，政府部门以帮助具有培养员工素质、提高员工职业能力需求的小微企业的员工获得适需有效的职工技能培训为目的，为提升小微企业员工职业技能而展开的培训，具有以下几方面特点。一是供需对接。利用具有特定职业技能培训项目资质的院校、培训机构等各类优质培训资源，实现与中小微企业员工培训需求之间的信息共享、整合和对接。二是服务指导。针对中小微企业员工职业技能培训的实际需求，为其提供培训服务内容的咨询和操作指导。三是提供可以满足需求的技术支持。通过组建专家团队或邀请职业教育院校、高等学校等教育机构，为有需求的中小微企业的员工提供具有针对性、个性化的培训课程开发、授课实施及质量监督等各类相关服务支撑，助力企业员工通过学习成长成才。四是培训补贴。为自行或委托培训机构开展员工职业技能培训的中小微企业提供培训经费补贴。

（8）监督管理扶持政策。纵深推进"放管服"改革，持续优化营商环境，是落实监督管理政策的两大抓手。

2015年，我国首次公开阐述"放管服"一体化构思，提出深入开展行政管理体制变革是新时期政府转职能、转方式、转作风的总体要求。"放管服"指的是简政放权、放管结合、优化服务,其中"简政放权"主要是指持续下放政府方面的行政审批权,不断废除多余的、对市场主体而言不合理的行政权力;"放管结合"关键在于该放的放,该管的管,是在简政放权基础上,补充权力下放的真空,更加关注事中、事后监督,以推动企业公平参与竞争;"优化服务"主要指代政府机关要越来越重视如何提高服务效率,要积极发挥其服务社会的职能,担负优化市场环境的责任,促进市场主体持续焕发生机和活力。

2016 年,国务院提出打造"一号、一窗、一网",为市场主体提供高效服务。2017 年,国务院再次阐述了"五为",详细涵盖为推进就业减少创业约束、为不同类型的市场主体减轻负担、为刺激有效投资提供一定的空间、为公正履职创造优质的条件、为人民办事生活提供方便之门。短短一年的时间里,国务院又提出了"六一",主要包括为企业主体进一步降低办事时间,争取只通过一个部门完成、让群众最多只跑一次。2019 年全国"两会"期间,提出了必须持之以恒地推进"放管服"改革,早日实现优良软环境的年度目标,确保营商环境不断优化。2020 年的全国"两会"上,"放管服"改革发展政策得到又一次着重重申。2021 年的全国"两会"提出,改造营商环境必须以"放管服"为抓手,促进国内市场向全球化、法制化、市场化迈进。

从国内各地当前的实际情况看,深化"放管服"改革具有多方面的利好价值、深远意义。系统、深入、扎实地推进"放管服"改革,将切实推动政府职能产生巨大而深刻的变化,有助于促进市场生机与活力的不断增强与释放,为市场经济注入源头活水、不竭动力。所谓的"放",可以理解为在目前的基础上继续下放权力,把经过实践检验已证明的政府不能胜任或不能很好胜任的管理职能坚决下放、交付市场。所谓的"管",则是指在提高政府的监管能力与治理水平上持续完善与提升,发挥职责效能。站在完善社会主义市场经济、推动政府治理能力现代化建设、服务型政府建设的角度考量,这是重要举措、核心环节、基础保障。所谓的"服",应特别强调提供更直接、更系统、更全面的服务,让各类市场主体拥有舒心的获得感、开心的幸福感、放心的安全感。要切实增强思想自觉,充分认识到推进"放管服"改革是适应我国社会主义市场经济体制不断完善、不断深化需要,是推动政府职能深刻转变、深入向市场和社会放权的过程。要不留缝隙与空间地在政府与市场之间划清边界、一目了然,始终如一发挥市场的决定性、关键性、科学性,也让政府的角色和作用得到更好的发挥、全面进步。彻底扭转政府越位、错位、缺位等各方面问题,保障市场机制有效运行,有效弥补市场"失灵"缺陷,推动"有形之手"与"无形之手"彼此协调、共同发力、相得益彰。

从现代经济学的角度来讲,企业等市场主体在市场经济活动当中不可避免地要与方方面面打交道、共进步,而营商环境指的就是在此过程中所要涉及的制度要素、社会条件及综合环境等,而这对于企业是否能够良好地生产经营至关重要。关于营商环境,可从以下两个范围来理解:一是从企业发展的视角而言,营商环境是以企业为主导,围绕企业的注册、创办、经营、调整甚至是破产的全生命周期的需求条件,制度性交易成本是影响企业投资与经营的法律规定、经济政策、社会文化与社会环境的总和;二是从企业所处的市场环境而言,例如竞争对手、消费者、供应商、劳动力市场、潜在的进入者等直接影响企业正常工作的各类参加人员,他们所组建的"运营环境"与企业密切相关。

优化营商环境是保障各类市场主体健康发展的重要因素。随着"放管服"改革的不断深化,持续优化营商环境已成为激发企业活力、释放创新动能的重要路径。要坚决秉持"营商环境就是生产力"的理念,加快建设一流营商环境,促进企业创造活力充分迸发，创新源泉充分涌流。

　　法治是最好的营商环境。要切实加强法治，规范法治环境，推动营商环境改善，巩固营商环境建设制度成果。理顺政府与市场的关系是优化营商环境的关键所在。构建"亲""清"新型政商关系，做到政商之间"亲"不逾矩、"清"不疏远、"亲"而有度、"清"而有为。要牢固树立规则意识，不断强化事中事后监管，深入推进"双随机、一公开"执法检查，最大限度地减少过度监管、多头监管、重复监管，实现监管既"无事不扰"又减少干预。切实加强营商环境统筹建设，把打造法制化、市场化、规范化营商环境的责任牢牢扛上自己肩头，依法依规管理或者说服务各类市场主体，确保其有序运行、规范发展。

　　公平公正的法治环境是小微企业良好营商环境的根基，构建与优化相关法律规定，形成越来越稳定、透明、公平以及可以预测的体制环境是小微企业最根本的保障所在。如何在经济高质量发展的过程中为小微企业构建完善的营商环境，以此为着力点打造法治水平、国际水平、便利水平更高的营商条件，是关系到小微企业长期发展的大计。

　　据此，各个产业集聚城市要构建与营商环境完善的走向相适配的自由流动的营商要素体系，包括服务型政府建设、高水平市场竞争机制、全球领先和对接先进城市的商业规则、行业自主与企业形象为中心的监管系统。要以市场自律为前提，打造全新的监管服务体系。从监督架构上而言，设立综合型监督机构推进资源重新组合达成分业监督逐步地转变为混业监督；从监督体制的视角而言，激发了市场领域自律体制活力，促进打造将信用作为中心的全新监管机制，根据不同的级别开展相应的管理；进一步规范失约的联合严惩和告诫对象纳入的标准与程序，研究按照企业失信状况，通过使用差异化的负面考核等市场化约束与惩罚机制，降低企业可有可无的开销；优化信用修复体制与异议体制，规范信用验证与联合的纪律处分；强化和改进与营商环境相关的法律规定的备案审核。从管理方法的角度来讲，应把行政干预转变为法治管理，逐步分析对行业监督设置底线，设定行业统一问题的管理目录，优化原则性监督所涉及的领域。

4.3 义乌印刷包装传统产业中小微企业政策效应分析

浙江素以民营经济著称，"义乌"模式也是享誉世界。观察这一样本，极具示范意义。

结合前面的介绍，为了进一步分析小微企业发展和集聚政策，我们特选取义乌印刷包装行业作为研究对象。通过政府信息公开网站、办公系统及财税政策汇编等资料，对涉及义乌市小微企业的财税扶持政策进行梳理汇总，可发现从政策内容上看，长期以来各级政府扶持小微企业的方式主要集中于财政奖补、贷款贴息、税收减免、财政专项基金、涉企收费减免、政府采购引导等；从政策密集程度上看，自2020年以来，各级政府密集出台了支持小微企业的一系列政策，并增加了暂时免收费用、延缓缴纳各类税费等政策；从政策层级上看，各级政府出台政策数量趋同，说明各级政府对小微企业发展的重视程度大体相同。

经过对义乌市小微印刷包装企业的政策效应进行调查问卷分析（附录A），绘制义乌市小微企业财税扶持政策效果的指标评估得分情况柱状图，各项评估结果清晰可见。如图4-1所示，政策合理性指标得分82.78分，政策整体经济性得分81.854分，政策业务管理效率得分82.74分，政策资金管理效率得分86.44分，政策实施效益得分81.02分，小微企业满意度得分77.65分，政策公平性得分74.68分。从分值分布上分析，在义乌市小微企业财税扶持政策效果的七个指标中，政策资金管理效率得分最高，政策合理性、政策整体经济性、政策业务管理效率、政策实施效益得分情况较为均衡，维持在 80—83 分。而小微企业满意度、政策公平性两个指标未达到 80 分，对此，需要进一步研究加以改善。

图表数据：
- 政策合理性指标得分：82.78
- 政策整体经济性得分：81.854
- 政策业务管理效率得分：82.74
- 政策资金管理效率得分：86.44
- 政策实施效益得分：81.02
- 小微企业满意度得分：77.65
- 政策公平性得分：74.68

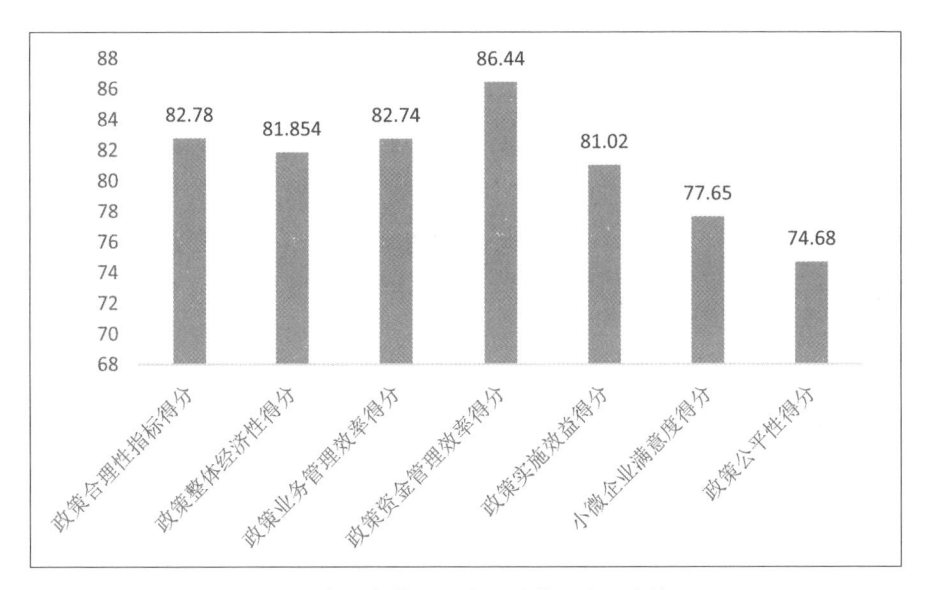

图 4-1　印刷包装小微企业政策效应调查情况

研发政策补助方面，先从创新这一角度加以审视。能够将与创新相关的各项活动全面系统加以完成，这不仅表现出企业的综合能力与实力，更重要的是，还专门体现出企业的创业创新能力，而这点关乎企业的创新力、发展力、竞争力。从通常意义上来讲，企业的创业创新能力包括三个方面：首先来看技术层面，是看企业是否具备生产转化能力，也就是将相关科研成果等转化为质量性能过硬的，并且具备完成全链条生产的能力，最终使其进入市场销售终端，交付到消费者的手中；其次要看消费者或者说用户层面，主要是看企业所生产并输送到市场的商品是否会被消费者们真心认可，产品是否能够得到消费者的青睐，是否能够吸引消费者掏腰包购买；最后要看整个生产与销售过程的流畅情况，也就是企业操控这一整个过程的有效运行程度，最终是否能让企业获得足够利润与发展积累，促进企业不断取得综合进步。

通过对义乌印刷包装企业进行走访，访谈78家企业，仅有6家有独立的研发部门，较少企业有筹建自己研发部门的打算。当涉及企业自身技术层面遇到问题需要创新时，大多数企业首先是引进国内较发达先进机器改进生产技术，其次是与本地大企业合作，独立创新意识很少提及。多数企业主认为当前最有必要进行的是产品创新，只有不断进行产品创新才能维持一个企业的生存与获利，但考虑到进行新产品创新难度较大，迟迟难以完成。在生产过程中，则更多地依赖当地较大企业、国内先进技术，通过不断模仿学习，从而提升自身企业的创新能力。

从企业选择的服务来看，信息化服务最受欢迎，占比达46.3%；其次是财税服务，占比达17.6%；再次是法律和培训服务，各占12%左右（图4-2）。

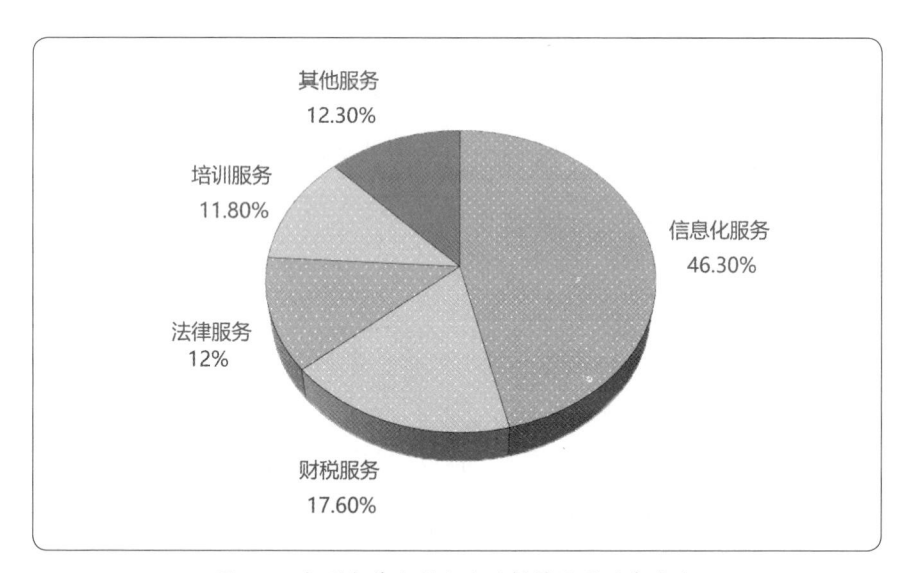

图4-2 印刷包装小微企业选择最需要服务占比

经走访调研，小微企业对当前财税扶持政策存在不满意之处，主要源于获取政策信息渠道不多、政策解读缺乏、政策落实不到位等因素。基于这样的情况，在不断打通相关政策宣传的"最后一公里"，并以通俗易懂的方式对其加以解读方面需要多下一些功夫。在信息时代的当下，告别线下、平面媒体等单一方式，而是不断探索线上、电子媒体等便捷灵活的宣传方式，持续加大宣传力度、强度、贴合度，也是让政策透明度、知晓度更高，继而提高小微企业满意度的可行路径。同时，通过多种途径、多种方式，加大对政策的宣传力度，可以制作政策解读和内容解答的小册子或短视频等，以受众喜爱的方式，让政策内容通俗明了、读了就懂，助力小微企业在明晰政策的基础上享受政策，并进一步把适合自身企业的各种政策用好用足用周全，以此更加便利受益群体了解政策内容和规则，让符合条件的企业能更充分享受政策，提高企业受益比例，切实减轻企业生产经营压力，要提高产业发展和集聚政策的有效性，要重点对以下方面进行重点关注。

（1）适当调整政策范围，提高政策公平性。

如果财税扶持政策过于集中在少数受益群体，势必会减弱政策的撬动效应。因此建议如下。第一，对现有财税扶持政策进行全面梳理，在一定程度上放宽对行业、单位性质、规模等条件的限制，并根据实际情况分档设置奖补比例，以缩小不同镇街、不同规模小微企业获得财税政策扶持的差距，从而增强财税政策的公平性。从现实层面分析，加强对小微企业的服务，不是单一层面，而要有意识地加强沟通合作，建立科学、完整、高效的全体系服务支撑系统及平台，在技术、管理、销售、服务、资金、科研、人力等多方面提升行政服务的综合能力，以推动企业高速发展。第二，针对小微企业所处区位、行业等方面的特点，在畅通资金链方面，应当进一步加大对于银行，特别是城市商业银行、县域商业银行、村镇银行等为之提供专门贷款途径，并在引导担保公司、县域小额贷款公司等不断加大对小微企业的支持力度和效能上持续发力；在小微企业需要有关担保、融资等方面得到具有较强针对性的有力支撑，但有必要通过设定相应规则，给予这些企业适当的政策扶持及荣誉激励等，促使各类金融机构积极主动服务小微企业，促进社会发展。第三，想要确保对小微企业提供服务的针对性、有效性，县域内行业协会、企业商会等均有必要担负各自使命，发挥各自功能，促使充分发挥服务小微企业、加强行业自律、监督企业行为的综合性职能，持续增强服务力、影响力、号召力，并架起与政府沟通的有效桥梁，切实助力行业企业成长进步。

（2）提升小微企业公共服务政策。

通过对公开政策的梳理能够发现，浙江省对于小微企业的支持性政策重点，正在从解决"融资难"问题向"鼓励创新"转移，具体措施有减税降费、改进行政服务、拓宽融资渠道等。可资佐证的是，2019年以来，随着义乌实施城市有机更新，大力推进各个行业小微企业园建设，推进小微企业集群式成长和绿色创新发展，印刷包装行业通过建设创新服务体，促进和加强了小微企业的集聚。在此基础上，仍然可以在进一步优化政策内容、推动政策落实等方面加力，从而推进小微企业加快实现高质量发展。

①全面结合小微企业自身存在的问题，让政策的可操作性更强。根据调查可知，小微企业目前的痛点包括人力资源、运营成本、社会资本、知识产权保护等。粗放式经营时代已结束，知识经济时代、数字化时代扑面而来，科技创新和商业模式创新是企业内生性成长原动力，是小微企业提升核心竞争力和持续发展能力的关键途径。仅仅解决融资困难和减税降费只能提供短时间内的"输血"，更要从政策机制上提升小微企业对人才的吸引力，推动知识产权保护，扩大其社会资本网络，引导社会各界为小微企业的发展提供支持，进而实现资源整合的收益最佳化，推动小微企业形成强大的"造血"能力。需要指出的是，当前既有政策中，对以上建议已有涉及，但多以鼓励引导为主，因此，操作性措施有待进一

步明确化。

②支持与激励并重，形成长效机制。一方面，政府从政策入手，实施金融、税收、信息、技术等方面的支持，切实改善小微企业环境。另一方面，尤为重要的是，注重加强区域制度和文化建设，推动形成良好的区域企业生态环境和竞争氛围，从而使企业具备现代化、国际化竞争意识，坚决克服企业惰性，从容地在更为广阔的市场空间持续进取，形成可持续竞争力。建议方面，除了应用广泛、企业认可的加大财税支持力度的方法外，在注重科学节能减排、持续技术创新、广泛吸纳就业、快速带动发展等方面业绩突出，特别是在创新驱动发展领域敢为人先、领跑在前的企业，应当给予激励性、综合性的强有力支持和全方位助力。此外，尤其注重内外兼修，引导广大小微企业进一步统筹强化外部资源利用和内部能力建设，不断放大企业竞争力、发展力、行动力，促进相关长效机制的有效形成。

③进一步督促政策落实工作。针对有些地区企业建设、众创空间、公共服务平台等建设滞后的问题，政府应该深入推进"放管服"改革，通过新媒体加强对政策的宣传，或者深入企业进行政策普及、提供服务；及时了解企业发展中的难题并提供解决途径和帮助，同时完善"最多跑一次"服务，通过完善"线上＋线下"政务平台建设，为小微企业提供优质的问政服务；及时解决小微企业的疑难杂症，面对"越位""缺位"等问题，政府要提高执行力，实行政务公开，接受政府内部和社会群众的双重监督，进一步加强市场监管，提高政策的有效性和公平性。

④优化政府部门合作关系。支持性政策落实问题不是某一个政府部门的责任，需要多部门共同协作，形成政策落实有效合力，真正做到改进营商环境，为小微企业纾困解难，助力提供发展推动力。通过分析数据可以发现，目前国家和

浙江省发布的政策文件大多是单个部门独立发布，极少数是联合多个政府部门共同制定的，这会让不同部门制定的政策形成"断链带"，最终影响政策落实程度和落实效果。因此建议，政府各个部门应该重视彼此的合作交流，充分协调，共同提高政策质量。同时中央要赋予地方更多的自主权，让地方政府在顶层设计的指引下，因地制宜制定更具可操作性的地方性政策。这样一来，有利于激发各级地方政府的主动性，有助于及时发现问题并有效破除小微企业发展过程中的体制障碍，从而为小微企业实现可持续性发展提供优质环境。

第五章　小微企业的产业集聚的架构模式分析

近年来，我国发展一直处于重要战略机遇期，此后还将在较长的一段历史时期内仍然处于这一机遇期。而与此同时，我国经济发展又具备某些新的阶段性特征，需要全面积极主动地适应新常态。

当我国经济发展进入新常态阶段———一个不同于我国以往所走过的发展历程的全新阶段，一系列前所未有的巨大变化也随之产生。比如，我国传统上以劳动密集型为基础的产业经济，开始逐步向技术密集型、资本密集型及科技密集型转变；由投资驱动的传统经济发展模式，则开始逐步向创新驱动转变。今时今日的中国，创新驱动发展成为时代主题词，为中国经济发展注入巨大动力。

新常态下的高质量发展，从国家宏观角度看，这是一个重大课题；站在小微企业的角度看，这同样是一道事关发展前途的必答题。自改革开放以来，特别是中国经济发展进入新的历史时期以来，我国小微企业成为国民经济的基石之一，取得了不断成长与进步。新常态下，作为我国经济重要组成部分之一的小微企业，对于技术研发空前重视，并将技术引进和科技研发视为加速产业结构转型升级、推动自身加速发展的有效途径，这也必将有力助推创新驱动发展战略落地见效[1][2]。对于小微企业来说，产业集聚将可有效促进创新提档升级、提质增效，实现一举多得、事半功倍。下面，将从专业化集聚、多样化集聚和市场竞争这3个现阶段较为常见的产业集聚主要模式入手加以分析，对产业集聚发展加以科学阐释。

（1）专业化集聚。国内外的大量研究分析表明，专业化集聚会在很大程度上促进创新，助力创新不断向新的更高质量、更大范围层级迈进，国内外已经有的诸多翔实数据都说明了这点。究其本质原理，是因为这种集聚方式让大量同行业企业聚到一起来，从而进一步放大各家企业原本单一的创新效应，充分形成集聚效应。然而，也有少量的研究人员给出了与此不甚相同的一些看法，认为在工业等产业领域，专业化集聚反而可能抑制创新。或者专业化集聚究竟能够对于创新产生多少加油助力的作用，还同时取决于城市整体规模大小、产业集聚程度高低等多重因素。另外，在这个时代，任何企业的创新发展更加离不开资金的支撑，资金的支持可以说是价值非凡。基于此，还有一些研究者关注到一点，认为金融市场的发展水平、成熟度等也会在相当程度上左右产业集聚对于创新效率与创新成果的增益效应。

（2）多样化集聚。多样化集聚同样会对创新产生较大的影响，并且在国内外都有大量成功先例。但是，由于研究角度及选取样板的不同，研究人员在这方面也存在着一定争议。比如，有的学者针对国外部分数据研究后得出的结论是，多样化集聚对创新的效果并非一成不变，有时还会受到多种其他因素大幅影响。相对而言，在产业集聚程度和企业技术水准相对比较高的情况下，这种集聚可以有

---

[1] 倪超.小微企业集聚和质量提升的互动机制：内生逻辑、互动路径以及优化框架[J].技术经济，2019，38（07）：56-62.

[2] 姚颖超.构筑小微企业集聚发展"梦工厂"[J].宁波通信，2019（05）：34-35.

效拓宽企业视野、扩展知识外延、提升技术层级，甚至在一定程度上跨越技术领域，进而激发企业的创新意愿和创新能力，最终提升创新速度，增加创新成果。

（3）市场竞争。竞争是市场经济的主要特征之一，也是构成市场经济的基础。市场竞争必然推动企业创新的理论不难理解。首先，是因为在出于争夺消费者的考虑之下，企业必然为满足各类不同消费者的需求而最大程度地开动脑筋，加速产品更新迭代，因为这是争取消费者、赢得消费者的必然举措；其次，当创新带来的企业优势逐渐放大，企业内部的创新氛围也会更加浓郁、全面增强，进一步推动企业不断加快创新速度，以实现更大更好的发展，占领更多的潜在市场。

综上，总体上看，产业集聚对于企业创新、经济发展的正向推动作用是十分明显的、有力的、客观存在的。事实上，相较于大型企业，对于小微企业而言，集聚合力、抱团发展更具有重要意义和十足的必要性。当众多处于特定产业领域的相关企业等，由于发展共性和互补性、共存性等显著特征，组合形成相互支撑、联系的产业群或产业带，这从本质上讲就将更加有利于每一家小微企业自身加快成长、加速发展。对于产业集聚发展的利好效应，国内外众多经济界权威学者从区位、创新、优势等多方面曾对其发展历程和形成机制加以研究，并形成了大体相仿的总体观点❶。产业集聚促进企业发展的内在逻辑究竟何在？首先在于集聚后的同行企业或者是关联企业之间，必然将会通过接触学习、有效交流、互通有无，促进理论思维、技术能力、经营方式的综合提升，形成放大创新产出的综合效应；其次在于由于企业竞争加剧，必然使出浑身解数加快科技研发、创新发展，加快产品质量与服务品质的协同升级；再次则在于当今时代，集聚企业本身

---

❶ 张洪潮，雒国彧.科技型小微企业集聚式发展研究［J］.企业经济，2014（06）：86-90.

就等同于间接集聚了人才、信息、上下游配套产业，甚至带动交通、物流、劳务等各方面生产要素的同步发展，全方位集聚效应带来的是成本降低、发展提速，从而不仅有利于加快企业自身持续做大做强，对于区域经济长期高质量发展也大有裨益。

然而，应当注意到，集聚模式与创新产出效果之间存在着一定的产业差异性。比如，生产规模通常相对较小的医药行业相关企业，关注创新产出相对来讲不是很多、意愿不强，一般通过价格因素提高竞争力，争取更大市场份额，集聚模式对于创新产出的影响相对较小。企业数量受到一定程度限制与保护的航空航天器制造业，集聚模式也并没有非常明显地推动创新成果集中释放。在集聚模式最为有效促进创新产出的行业中，电子及通信设备制造业是颇为值得关注的行业之一。应当明确的是，这一行业本身就是独立创新性较强，创新对企业发展较为重要的行业，却又与其他行业的关联性不强。在行业内部的相关交流对创新起到更明显推动作用的情况下，显而易见，专业化集聚必然有力促进集聚区域内电子及通信设备制造业企业的创新产出。反之，多样化聚集则不具备此种明显优势。依综合研究可以得出的一个结论是，一般情况下，产业聚集的模式和主要原因是专业化集聚、多样化集聚及市场竞争，而对不同行业企业集聚后的创新影响、创新收益所形成的综合影响并不相同，存在明显差异，据此可为产业聚集发展提供借鉴。

5.1 小微企业产业集聚模式理论分析

5.1.1 马歇尔的产业区理论

剑桥大学是世界闻名的大学，而作为剑桥学派这一世界闻名学派的创始人，

第五章 小微企业的产业集聚的架构模式分析

阿尔弗雷德·马歇尔是人类历史上最为著名的经济学家之一，也是一位在世界经济学发展进程中写下光彩一笔的大师级人物。他运用生物学和演化渐变的概念对经济动态和长期发展开展的理论探索，对人与经济学诸多深层关系的深刻洞见，都让他获得了当之无愧的国际经济学领域一代宗师地位。一直到今天，开展小微企业产业集聚的相关研究，由马歇尔的经济理论着眼入手，才可算是成功寻得了木本水源。回溯历史，马歇尔建立在已被自己深刻领悟的新古典经济学理论框架基础上的产业区理论，可被视作当之无愧的产业集聚研究的开篇巨制与鸿篇大作[1]。他在自己的《经济学原理》一书中阐明了这样的观点：在某个区域以内，之所以有不止一家企业选择集聚于此，根本目的是获得外部规模经济提供发展支撑。与此同时，外部规模经济的效能释放，也将必然会不断吸引更多企业前来集聚。

身为经济学名家，马歇尔凭借着非凡的学养支撑、敏锐的观察视角、高超的思想内涵，深入、深刻、深邃研究产业集聚，认为产业集聚外部规模经济所产生的原因由技术外溢、劳动力市场共享、中间投入品共享三个方面形成。具体而言，从地理因素上来讲形成的企业集中，必然带动并促进知识和技术的扩散，这就会必然导致技术外溢。由于企业寻找劳动力综合成本的减少，使之获取劳动力分工收益，所以说，产业集聚的每一家企业都从劳动力市场共享中获取了极大益处。同样道理，依托产业集聚还可实现中间投入品共享，实现规模效益与总体报酬的充分递增，从而构成促成集聚经济的核心基础，成为产业持续集聚的巨大动力。

马歇尔对产业集聚的研究用力极深、持续多年，形成了一系列重大理论成

---

[1] 李仙娥，刘光星.国内外产业集聚理论研究现状评述[J].生产力研究，2010（05）：249-251.DOI: 10.19374/j.cnki.14-1145/f.2010.05.095.

果。在他早期的产业集聚相关分析中，重点涉猎的是同一个产业集聚所能产生的综合收益。换言之，也可称为本地化经济，着重强调专业化在产业集聚发展过程当中的突出作用。不仅如此，马歇尔同时深入探索了由多样化集聚所产生的外部性，敏锐提出这种集聚将可以在推动创新、学习和全新思想的出现方面起到巨大的推动力，为互补性技术等有效溢出提供了必要的客观条件，创造了前提基础，这就是符合现代城市生产模式的城市化经济。这些观点，在当时无异于醍醐灌顶。

经济社会发展，是现在常被融合在一起的习惯说法。经济发展确实不是孤立地存在，而总是与社会的方方面面休戚相关、紧密相连，并直接带动社会发展。对此，在马歇尔所处的时代，他就结合自己的产业集聚研究加以全面深入探讨。按照马歇尔的经济学观点，产业集聚不仅产生了较大的外部经济优势，他还认为产业集聚区域与所在地方社会发展具有程度相当高的直接关联，而这主要体现在有助于促进社会规范的形成、社会价值的提升等，还可以在切实激励创新和有效调节经济等方面起到重要影响作用。俗话说："远亲不如近邻。"在同样一个产业集聚区内，各家企业相聚在一起，在以诚信为本的氛围中，共有认知和相互信任将自然形成，经济依存度、社会熟悉性，以及企业间多层面、经常性、高效率的交往交流等，都将在一定程度上切实降低地方生产系统中的各类交易成本，汇成生产要素、专业知识、生产技术、管理方法、外界信息等方面的有序流动往来，维持产业集聚区域内各家企业在合作、竞争、发展中的长期平衡，形成稳定的良性循环。

物质有价，精神无价。相关产业企业在产业集聚区内抱团发展，不仅将直接助力企业创新超越、持续发展，还将有效引领生成一种独属于这一地区特色浓郁、特质鲜明的产业氛围，这是一笔更加难能宝贵、值得加倍珍视的巨大财富。

通常来讲，创业气魄、创业精神、主人翁意识、职业荣誉感与归属感等聚合而成的产业氛围，虽然好像看不见摸不着，却在有形与无形之中推动了基本劳动技艺、行业知识信息等诸多方面的创造与传播，有效助力联合、发展、开拓的持续推进，使产业集聚区的发展动能得以进一步放大。显然，就像研究经济就着力研究经济与人的关系一样，关注产业集聚与地方社会发展之间的连接、互动、共赢关系，也是马歇尔十分鲜明的研究特点。单就这点来讲，他的研究就无疑是很深刻的。

5.1.2 胡佛的产业集聚最佳规模理论

马歇尔之后，来自美国的埃德加•M•胡佛对于产业集聚展开了进一步研究，他也因此成为一位区域经济学家，并且是其中的先行者。早在20世纪30年代，他就发表了以区位理论为基础的产业经济发展方面的大部头专著。胡佛通过一个相当长的时间的深入研究认为，产业集聚经济的根本基础、发展原点及动力源泉主要包括规模经济、本地化经济、城市化经济这三点，即产业集聚三大要素。从这一点上来看，胡佛的研究站在了马歇尔这位国际经济学泰斗的肩膀上。但他的研究又有进一步深入，并提出了相当多的具有自身属性的具体观点。在他看来，任何一个产业依托集聚发展模式都能带来规模经济效应，与单个经济主体、单个企业集团这两者形成的规模经济相比，产业集聚所产生的规模效益更大、更广、更持久[1]。不过，胡佛还提出了一个观点，即根据他的研究得出的结论是，产业集聚规模如果过大或者过小，都有可能影响规模经济成色。

5.1.3 熊彼特的创新产业集聚论

同样是世界经济学领域的大师级人物，约瑟夫•熊彼特经过深入研究后敏锐

---

[1] 王洁.产业集聚理论与应用的研究［D］.同济大学，2007.

指出，创新和创业是经济增长和发展的最终驱动力。应该说，这一观点闪烁着的智慧与理性的光芒，直到今天仍然在照亮人类发展的光明道路。熊彼特坚持认为，人类一切的创新活动从来都离不开经济主体间频繁的竞争与协作，也正因如此，这种创新活动又从来不会随机、无规律地分布在经济运行系统中，而是自然而然地在产业集聚程度较高的区域相对集中❶。持续拓展、延伸前行经济学家的研究脚步，熊彼特在自己的理论体系中认为，不同劳动者之间沟通、交流、研讨的机会与时间将会得到极大增加，升腾起思想产生的火花，从而实现知识、技术、经验等方面的溢出效应。总结一下，可以清晰发现，创新效应固然是产业集聚的巨大成果，但产业集聚同样也为创新提供了营养丰足、水量充沛的沃土。

5.1.4 波特的竞争优势理论

翻开经济学史册就会发现，真谛总是在一代又一代经济学家们的持续探究下逐渐清晰，理论总是在一批又一批经济学家们的不断丰富中得以完善。

当关于产业集聚深入研究的接力棒交到波特手中时，这位同样永远彪炳史册的经济学家担负起了历史大任，取得了一系列重大成果。他从整体上将产业集聚论题推向深层次、新高度的一大标志，就是在自己的学术专著里极富创造性地第一次提出了产业集群概念，这无疑是具有划时代重大意义的。在这一点上，他还特别提出产业集群内部企业等之间相互合作与竞争所能迸发出的巨大利好因素，认为产业集群在产业竞争中能够不断实现发展的一项最基础的保障，就是投身产业集聚的相关企业抱团取暖所生成的整体竞争方面的优势。按照波特的研究所见，举凡世界各国各地，具有竞争优势的产业大多具有在地理区位上高度集聚的特点。在波特看来，产业聚集发展有着一系列的较为突出的巨大利好，有利于推

---

❶ 向世聪.产业集聚理论研究综述［J］.湖南社会科学，2006（01）：92-98.

动企业在尽可能短的时间之内快速茁壮成长、壮大，同时有助于进一步提高产业集聚区域的经济发展水平和综合竞争能力等。作为经济学大师，波特一向十分注重对比研究和整体研究，并且取得了一系列扎实成果，得到学术界的广泛认可❶。他高超、精妙、非常具有前瞻性地提出由生产要素、需求条件、相关与支持性产业等4个基本要素，以及另外两个较为重要的附加要素构成的竞争力有关模型。他继而根据这一模型深入研究，最终得出的一个结论是，以产业的地理区位聚集为关键基础，再加上这一模型中的每一个要素积极参与、共同发力，就能够创造企业发展所需的创新环境与条件，有效提升企业的综合竞争实力。在他看来，产业集聚可有效促进这些要素协同发力，而这又是形成竞争力、竞争优势的必要基础。

在以后的漫长岁月里，随着波特理论与实践经验的不断丰富，他在经济领域研究的层次也在不断深入，外延同样不断扩大，他继续对世界上更多国家的产业，特别是具有绝对国际竞争力的产业展开了系统的研究，充分关照历史与现实，最终得出的更进一步的结论同样印证了他的前期观点。那就是世界各国具有特殊竞争力的产业，基本上全部体现出产业集聚的共性特点。波特的相关研究进入更深层次的另一个标志是，他对于产业集聚的认知范围同样提升了高度。他认为，一个相对范围内的地理区域内相关产业领域企业，以及与之相关的配套服务企业和机构等大量集聚，而企业之间形成一个既有合作又有竞争，还存在互通有无、合作共荣等关系的有机整体，就是他所认为的真正科学意义上的产业集聚。这种产业集群整体囊括了相应产业产供销、上中下游产业及与它们相关的配套机构组成的完整产业体系，而这种整体架构又从整体上全面提升产业集群企业的效

---

❶ 黄曼慧，黄燕.产业集聚理论研究述评［J］.汕头大学学报，2003（01）：49-53.

率、效益、效果,并释放出持续性、稳定性、长期性的竞争优势。

应该说,波特的这种理论观点不仅为经济学人,也为世人打开了一片有关于产业集聚认知的全新而宏大的视野,甚至也为世界各国产业集聚发展推开了一扇科学大门。

5.1.5 罗森菲尔德理论

由表及里、由浅入深,现代经济学理论正是沿着这样的一条道路不断进步、升级,为现实的经济活动提供坚实的理论指导。在先行经济学家取得成果的基础上,经济学家罗森菲尔德针对产业集聚进行了长期深入分析研究,最终形成自身关于产业集聚标准的具体定义。他所构建的产业集聚标准体系总计由集聚规模、集聚对经济发展的战略层面有关影响、集聚生产与所需的配套服务机构等多方面系统构建。

在罗森菲尔德的十分具有个人特色的产业集聚研究中,他以自己的研究理论全新定义并构建了产业集聚,因为相较于大型产业,为数众多的中小型产业呈现出契合度高、组合灵活、活力旺盛等显著特点,而这些产业由于体量所限,本身又并不需要大量用工来体现这一产业的集聚程度。在他的科学研究思维中,始终认为只要在地理区域分布上有一定界限,并且是相对集中具有相似或是关联业务,在某些环节互为补充、互为依存、互为促进,为了共享各方面的有利资源,成为一个共同体,共同面对无限机遇与无限挑战,基于此建立起的一种有利于信息沟通、商业交易的渠道的模式,就是产业集聚的较为客观定义[1]。应该说,站在产业集聚过程中生成区域内交流沟通机制与企业间互动共进机制的角度考量,以罗森菲尔德的论述为出发点,无疑将是更加有助于产业集聚效果最大化的。

---

[1] 李仙娥,刘光星.国内外产业集聚理论研究现状评述[J].生产力研究,2010(05):249-251.

综上，总结五位不同时代对于产业集聚曾有过深入研究的经济学家的理论，可以得出的一个基本结论是：只要发生了产业聚集，就能够毫无悬念地随之产生一个区域性的创新体系。总体上审视这个创新体系，相关企业、机构及各类组织结成互为补充、互为依存、互为促进的纽带关系，从而形成一套精密的创新机制，并按照一定模式具体运作。而在这样一套创新机制当中，企业等通过各种台前或幕后、显性或隐性的各种方式，促进知识、技能、经验等在这一产业集聚区内的创造、升级、推广应用。从具体研究中来审视，应当认为三个关键部分，即核心价值体系、支持价值体系、环境价值体系共同构成了一个相对来说较为完整的、具备较强能力的产业集聚创新体系。在这个体系当中，产业集聚区范围内的业务企业是这一核心价值体系的中心，是这一体系中的最为关键的主导要素，并有效有力地促进体系内的各要素之间的互促互进、融合共进；支持价值体系则是由这一集聚区内的基础设施等方面共同组成，它们提供周到的服务，增进企业间的联结，对于发展起到基本支撑作用；地方政府政策、相关法律制度等组成环境价值体系，作为产业集聚创新体系运行的外因与环境基础，同样对于产业集聚区的整体发展程度起到重要关键作用。

理论总是与实践相结合，也总是靠实践来检验。纵观国内各地的情况，依托产业集聚形成的城市不胜枚举、比比皆是，这也就充分佐证了产业集聚对于城市化进程与发展的巨大推动作用。这种局面的形成源于多个方面：首先，大量相同产业企业集聚，势必提供大量优质就业岗位，从而带来相关产业技能人才的空前集聚，这对于用工企业和求职个人来说是一种双赢的情况；其次，站在有需求就需要有供给的角度来看，随产业集聚而集聚的人口对于生活方方面面均有着大量需求，因此住房、商业、交通、教育、医疗、公园等社会有关配套设施也将一体加快配置，这些基础产业的迅猛发展，基础配套的逐步完善，恰恰推动了城市化进程与发展，因产业打造出一座座美丽、温馨、幸福的宜居宜业宜游城市。中国大地上，一座又一座因产业集聚而兴而美的希望之城，装点着大美中国，共同讲述着一业兴、百姓乐的中国故事。

5.2 国外产业集聚架构模式实证分析——美国硅谷模式

纵观人类经济学发展史，众多高瞻远瞩、高屋建瓴的经济学家以非同凡响的洞察力、研究力、持久力，对经济学原理给予了从理论到实践的多方向深入研究与阐释，而关于产业集聚的相关研究作为其中的方向之一，也为人类产业经济的持续发展打开了一扇窗。从国外到国内，产业集聚发展所带来的企业创新提速、整体共赢共进、区域崛起加快的成功典范早已有之，不仅印证了产业集聚发展的优势之大，也昭示了产业集聚发展的道路可行。总结国内外产业集聚的先进实例所取得的探索经验，有助于后来者同样走上通往先进之路。

在这个世界上，有许多流金淌银、流光溢彩的地名，只要说起当中的哪一个名字，人们就会立刻联想到希望、财富、发达。

在这许多足以让人心生无限感慨、无限遐思、无限向往的地名里，大概没有哪一个能比硅谷更加具有吸引力了。就单看知名度这一点吧，提起硅谷，身边的男女老幼几乎是无人不知、无人不晓。这也难怪，权威统计表明，从世界范围看，如果以相同单位的土地面积来做衡量、比较，硅谷创造出了最多最大的财富总量，无疑是世界最为成功的区域经济体。成功的先行者背后，总是会有无数的追随者。就在硅谷不断发展壮大直至蜚声世界的过程中，世界上不少国家与地区已经开始竞相学习、借鉴、效仿，试图依照硅谷的成功模式建立自身的不同门类的产业集聚区，意在打造出成功的硅谷"复制品"❶❷。但令人遗憾的是，迄今为止，这样的复制罕有成功先例，有些倒在了起步路上，有些则只是勉力维持。为什么成功的只有硅谷？为什么硅谷模式难以复制？究竟有无希望沿着硅谷的路走向成功？针对世界上许多人共同而又难寻答案的疑问，透过硅谷发展的先天基础、各类条件及总体路径加以细致分析、解读，或许可以寻找到一些初步答案，在为人们答疑解惑的同时，也为后续产业集聚发展提供可行方案，至少是有益借鉴。

准确来说，硅谷的具体位置是在美国加利福尼亚州北部，旧金山湾区以内。今天，提及这一地理区位，除了硅谷，还有NBA球队金州勇士队这张格外闪亮的名片。在过去几个赛季中，这支球队已经数次夺得总冠军，一众球星书写下一段历史传奇。尤其引人注目的是，金州勇士队与硅谷之间还有着诸多微妙联系，这不仅是因为硅谷的强大资本优势是造就这支总冠军球队的硬件基础之一，还因为这支球队中的伊戈达拉等明星球员本身也是硅谷企业的投资者。伊戈达拉就曾坦言，他在与硅谷企业老板名流交往中受益良多，得以叩开了财富增长之门。他被交易到其他球队后又迫切要求返回勇士队，当中显然也有硅谷这块"磁石"发散出特别吸引力的缘故。在勇士队夺冠之前，硅谷可以为投资者创造极大机遇、给予极大回报之前，它的发展历程早已迈出了第一步。与中国香港曾是一个小渔村较相似的是，硅谷原本同样与繁华不贴边。早在大约100年前，这里不是小渔村，而是一片水果园。

1930年代，具备一定地理特质的硅谷，被美国海军选为一处工作站点，其飞行研究基地在此安营扎寨。后来，一些与之相关的科技行业企业也在基地周边陆

---

❶ 王丁宏."硅谷模式"及对建立我国科技创新体制的启迪[J].科学·经济·社会，2002（03）：47-50.

❷ 钟坚.美国硅谷模式成功的经济与制度分析[J].学术界，2002（03）：224-242.

续落户，期待着背靠基地取得良好的企业发展。尽管此后的岁月里，根据总体布局需要，军队将包括硅谷在内的西海岸项目转移到其他地区后，硅谷发展面临着一定的不确定性，但由于美国国家航空航天局转而接受了这些项目中的大部分，相关科技公司也随之得以保留下来，其华丽转身成为航空航天企业的产业集聚区。由于旧金山及周边向来是美国高等学校、科研院所的集中地，"近水楼台先得月，"大量毕业生、科技人才等也自然而然地涌向了这些新兴企业，为其注入人才动力。历史的车轮行进至20世纪70年代，硅谷企业的科技优势已经在美国家喻户晓，多家以硅为基础材料、以研究和生产为主要业务的半导体芯片企业陆续汇聚到了这一地区，硅谷的名字也就此诞生、一路叫响。而后的岁月里，高新产业集聚与科技创新同步推进、加速，比地理意义上的硅谷扩张更快的，是硅谷科技企业创新的速度与力度。现如今，硅谷已经发展成为一个由多达40个小镇组成、科技公司总数超过1500家的产业区域经济体，不仅成为美国最重要的电子工业生产加工基地，也是世界范围内最负盛名的电子工业集中区域，赢得了世界上众多产业、企业家、各国人民的广泛关注。一大批科技实力、科研能力领跑美国甚至世界的高等学府，如斯坦福大学、加州理工大学伯克利分校等汇聚在硅谷，可以说是与硅谷相辅相成、相得益彰的。作为硅谷科技企业创新取之不尽、用之不竭的动力源泉，这些高校为硅谷发展输入了永续不竭的源头活水。显而易见，高校所汇集的各领域专门人才，为硅谷科技企业研发、生产、管理、商业模式、市场营销等全体系创新奠定了坚实基础和根本保障，并推动这种创新永无止境、永无终点。

国内外研究表明，创新能力不是单一方面的单一表现，而是综合因素催生的最终成果。就这一点来说，硅谷的先天创新能力决定了自身的发展水平，也决定了其他国家和地区无从效仿的主要原因。请想一下，世界范围内，除了硅谷外，从取之不尽、用之不竭的管理、技术、研发人才的质量和数量上看，从汇聚了世界著名的一流大学和科研机构的质量和数量上看，再从硅谷自身创造又循环反哺的巨量资金的质量和数量上看，在全世界，恐怕还真难找出一个可以与之媲美的区域，所以也就不难理解效仿硅谷发展模式的十足难度。更加难以学到的真谛是，即便是已经具备了相较世界其他地区诸多优势的硅谷，还早已建立了提倡发明、鼓励创新、褒扬创造的发展机制，形成了科技至上、创新至上、超越至上的兴业氛围，营造了企业、高校、政府之间高效交流互动的助力模式，这就更加足以让世界其他国家和地区只能遥望"硅谷"兴叹了。综合近些年来可查询、可统计的相关数据来看，从企业并购、企业上市、企业新增到吸引风险投资等体现区域经济发展的完全核心指标数据说明，硅谷仍然具有并将继续具有全世界领先的非一般的创新能力。统计数据有时显得枯燥，但在很多时候又是最有说服力的。在相关机构近年所做的涵盖全球纳入统计的百余个国家和地区中，从应用于创新方向的风险投资总额和由之产生的经济增量这两个角度、双重指标来看，硅谷均高居世界第一的翘楚地位。而且此种地位稳固、稳定，无疑尤其难能可贵。

  大众创业，万众创新。这是当今中国耳熟能详的语句，召唤着人们共同踏上创新创业的征途，争取人生出彩，助推国家发展。单从企业新增数量上，就可以一眼看出硅谷一地，不只创新风起云涌，创业同样风云激荡。尽管产业集聚效应已经具备企业、人才、知识技能等创业要素的充分汇聚，硅谷仍然从初创企业较关注的政策、法规、资金、制度环境、基础设施配套等多方面建立了鼓励创业、服务创业体制与机制。应该说，硅谷从对勇敢无畏创业精神的宣扬到全方位积极打造区域支柱产业，再到整体布局企业发展所需的基础设施、服务行业等，全都下了一番真功夫、苦功夫、硬功夫，营造了创业企业茁壮成长的沃土。先行者的经验很宝贵，值得学习。近些年来，我国各地都在加强营商环境建设，政府做好服务，支持企业发展，以此作为推动经济发展的有力举措，这不正是与硅谷先进做法异曲同工吗？学习硅谷，要从多个方面学，走出第一步就是可喜的。

先行者的领先，是在很多方面具体体现的。再比如，企业发展离不开资金的获取渠道。天使投资、风险投资等是近年来才在国内被越来越多的人知晓的概念，可在硅谷，风险投资不仅早已起步、规则完备，而且现已构建起了世界上最顶尖的风险投资机制，整个区域仅风投公司就逾千家，而与之相关的中介服务机构则更是多达数千家以上。风投资本坚实助力科技成果转化为生产力，创造效益，也促进企业由小到大、由弱到强的量变发展，驱动硅谷区域经济持续加速度迈上更高层级。对企业而言，硅谷等于金融谷，这里具备完善的融资渠道，除风险投资及与之构成融资主要渠道的天使投资外，企业上市、企业并购、场外交易等资本市场产权交易平台均已完善构建，为企业经营提供坚实的资金支撑。此外，转化知识产权、助力新企业进入国际市场等也是加快创造经济效益的有效招法。站在这个角度来看，硅谷长期保持产业集聚发展的世界领先地位，保持明显区别于世界其他区域的竞争优势，保持自身全球独有的成长进步速度的最为关键方面，不应忽视吸引、汇聚资本这点。

5.3 国内产业集聚架构模式实证分析——特色小镇模式

硅谷是国外产业集聚的典范，国内产业集聚方面其实也不缺乏这样的范例。这当中既有因缘际会的巧合，更有运筹帷幄的设计。相较于硅谷，国内产业集聚区起步晚些，但成果层出不穷，经验值得推广，发展潜力巨大，让人耳目一新。对于国内产业集聚区的相关研究，可以看出在中华民族百年复兴历史进程与世界百年未有之大变局交融之中，中国产业发展的生动图景与最新态势，也更有利于国内其他志在产业集聚发展地区加以充分学习和按需借鉴。

从20世纪以来多位经济学家的理论，到硅谷近百年来的探索实践，都能够得出这样的结论：产业集聚的本质是对人才、技术、各类资源、创新能力的集聚，是多数产业实现纵深发展、跨越发展、越级发展的根本基础之一，也是提升区域竞争力和产业影响力的重要保障。在将观察与研究的视线转回国内的时候，基于创新模式出现的特色小镇，第一个闯进了有关产业集聚研究的视野。这是因为，从全国产业集聚发展的总体模式来看，特色小镇本身就具有鲜明的中国特色、中国风格、中国气韵，从现实角度、全局高度思考，对其自身发展基础、条件、路径及至相关政策、服务、硬件配套等多方面加以深入研究，既具有重要的标本价值，也具有深刻的现实意义。当然，作为一种专业、客观的研究，不仅要关注特色小镇的创建、运行，更应关注其发展远景与存在问题。唯如此，方能就人们所普遍关注的问题，给出尽可能接近真相、经得起细致推敲的答案。

应该说，在我国经济发展由高速增长阶段进入高质量发展阶段的经济新常态的历史背景下，特色小镇这一概念开始为人们所熟知。特色小镇从外在到内在、从内涵到外延的整体创新性，本身所展现出的也正是新常态下创新驱动发展的新风貌。一般而言，经济发展的先进地区，基于资本、技术、产业配套等方面的综合优势，在相当长的一段历史时期内能够保持发展优势。所以，当如今国内各地的特色小镇实际上已经如雨后春笋般层出不穷，让人目不暇接的时候，观察与研究还是从经济大省浙江起步。自从改革开放以来，浙江一直以敢为人先的实力与气魄走在全国经济发展前列，扮演着经济发展的急先锋、排头兵、探路者的角色，是中国特色社会主义市场经济发展的一面光辉旗帜。新常态下，浙江的经济发展同样勇往直前、不甘人后，特色小镇于浙江省抢先而生、蓬勃而兴就是一个极具说服力的例证[1][2][3]。近年来，浙江坚持腾笼换鸟、创新发展，高起点规划、大手笔建设了一大批产业集聚程度高、创新创业氛围浓、持续发展后劲足的特色小镇，为经济发展注入了现实动能和长远势能。在这当中，具备某些方面先天优势的省会杭州市，在特色小镇这一全新发展领域奋力实践、一路领先，超过20个省级特色小镇创建项目布局于此，占比达到全省的1/5。特色小镇，如今已经成为驱动杭州科技园快速、稳健、高质量且可持续发展的重要引擎，成为杭州新常态下经济发展的全新亮点。

"上有天堂，下有苏杭"，杭州的自然风光、人文底蕴等自古以来就具有极大魅力、让人趋之若鹜，单是苏东坡的诗句就让这座城市身价倍增。而更为难能可贵之处在于，自然、历史、人文、地理等多重优势，在杭州这片土地上，又与经济发展优势聚合在了一起。在打造特色小镇、构建产业集聚区全新模式的具体实践中，杭州将原有的经济产业基础、山水自然禀赋、历史人文特色等全面融合，同时对接同样具有巨大先行发展优势的信息产业，营造出了一种符合现代产业集聚发展鲜明特征的特色小镇发展模式，额外又具备巨大的环境优势等。特色小镇通过产业集聚得以创造规模效应、发展规模经济，依托现代分工模式，有效节约了企业生产、运营等方面的综合成本，全面提高了整个产业集聚区企业的经济效益、市场效应和综合竞争力。这种产业集聚区企业和产业集聚区共同的发展、提升，反过来还将对经济增长和产业结构产生更为深层次的影响。所以，正如20世纪以来的诸多经济学家的观点，产业集聚发展的综合效应十分巨大。换言之，

---

[1] 吴一洲，陈前虎，郑晓虹.特色小镇发展水平指标体系与评估方法［J］.规划师，2016，32（07）：123-127.

[2] 卫龙宝，史新杰.浙江特色小镇建设的若干思考与建议［J］.浙江社会科学，2016（03）：28-32.

[3] 盛世豪，张伟明.特色小镇：一种产业空间组织形式［J］.浙江社会科学，2016（03）：36-38

在中国经济高质量发展的历史演进过程中，产业集聚区在各地持续出现、加速发展既是高质量发展的客观需要，也是企业自我突破发展的一种主观需要。

就以杭州特色小镇创建以来的总体历程来看，就已经充分证明了作为一种较特别的、新模式的生产组织形式，更高效率、更多优势、更快发展都是产业集聚所带来的突出利好，因此才会有更多企业参与集聚，也佐证了为何世界各国当下纷纷实施产业集聚发展战略，并不断将其向纵深推进。在已有的理论观点基础上，杭州特色小镇的实践更进一步地显示出这样的道理：产业集聚是区域经济竞争力的基础，也是一种具体体现，相关政策、资源、服务、环境等又为促进产业集聚注入强劲推动力。具备一切优势要素，杭州特色小镇的快速发展也就顺理成章了。

超过20个杭州特色小镇中，具有代表性的为数不少，值得仔细观察、研究的也有不少。选择云栖小镇，是因为它的创建、运营等方面都有着更多自身特色。21世纪的第二个十年开篇，网络购物开始深刻影响中国社会和每一个中国人的生活。到今天，从未有过网购经历的人怕是已经不多。说起网购，淘宝是绕不过去的话题，太多国人通过它有了网购初体验。它的运营企业就坐落在云栖小镇。这里还能不再让你心驰神往？云栖小镇并不是刻意建设的小镇，它本身就坐落在杭州市西湖区转塘科技经济园，周围湖光山色，毗邻绕城高速，核心区面积近9平方公里。站在全国范围看，中国第一个富有科技人文特色的云计算产业生态小镇是这里最明显有别于他处的特色招牌、闪亮名片。自创建第一天开始，云栖小镇就定下了政府主导、名企引领、创业者为主体的科学合理建设模式，在阿里云公司这一龙头的强力牵引带动下，依托云计算这一产业基础，不断集聚更多的云上创新创业企业到此完成产业集聚，共同专注于云计算、大数据、智能化等特色产业生态，打造一个具有朝气的产业、具有魅力的环境、具有安逸的生活、具有美好的远景的产业特色小镇，让整个世界刮目相看。

　　特色小镇重在特色，可以说，其生机、活力、发展、未来无一不依靠特色。惊艳眼球的是，杭州云栖小镇正是将这些优秀特质集于一身的完美代表。历经近年来快速发展，要以信息经济、智慧应用、云计算产业等关键词进行检索，云栖小镇恰是杭州的最佳代言、闪亮地标、真正先导。云栖小镇的另外一个先进之处则在于，早在规划之初，就已充分考虑到生产与生活的兼顾、互促，在功能分区中，仅仅一个综合服务区就达到2万平方米，将吃、住、行及游、购、娱等常见的旅游业全产业链融于一身、纳入一体，不仅赋予小镇齐备功能，也为小镇开展旅游观光等延展业务打下基础。近年来，云栖小镇的产业集聚优势持续放大、成效显著，先导企业带动发展的作用十分明显。截至2016年一季度，这方创业、兴业沃土的产值、税收双双攀上10亿元高位，不仅让国人，也让世界刮目相看。现阶段，阿里云、富士康等一大批国内外行业领军企业进驻云栖小镇，总量超过300家，从金融、数据到游戏等多个互联网产业企业均在其中，几乎覆盖互联网产业的全产业链。云栖小镇的"云"不仅是个名字，也点明了产业主旨，在一大批在技术上具有超前优势的领军企业的牵头引领下，国内众多"云"上初创企业及研发团队逐梦而来、齐聚于此，创造了更大效益，也取得了更快发展。权威统计数据清晰显示，此类企业安家在云栖小镇，依托于便捷、高效、可靠的公共云平台，仅在计算成本这一项上即可缩减大半，而创新效率随之呈现几何式增长。更难能可贵的是，这种依托于云平台的创新还表现出巨大的溢出效应，对于推动整个国内的传统产业升级都起到了明显的推动、促进作用，并且这种作用仍然在不断放大之中。相关统计显示，目前在阿里云平台上布局扎根的各类企业已经达到百万家之巨，其中产业范围包含硬件的传统制造业企业占到1/5左右。云栖小镇的飞速发展，不仅吸引了世界关注，也获得了国家政策支持。2015年，国务院下发的有关文件中对此给予支持，浙江省、杭州市两级对特色小镇发展作出新的重大战略部署和发展指引。行百里者半九十，志在百年大业的云栖小镇从未停步。按照既定计划，云栖小镇仍将紧密结合赖以腾飞的特色小镇建设，持续加大产业集聚区的吸引力、承载力、驱动力，既专注于服务能力、创新能力的大幅提升，也专注于基础设施、相关保障的持续健全，抢抓当前工业化与信息化相互融合的历史机遇，在实现集聚企业发展的同时，为杭州乃至浙江的经济转型、提质增效当标兵、做表率，继续引领产业之先、风气之先。美国有硅谷，中国有云栖小镇。任何人都有理由相信，未来的云栖小镇将迎来更大发展，继续追赶前行者的脚步。

犹如男女结合组建家庭，从本质上讲是为了更好分工、各司其职，达成更好生活质量的例子，特色小镇之所以能够在产业集聚的基础上，成功驱动产业企业加速高质量发展，这本身也是一种共生、共荣、共进逻辑的清晰显影。同样也与生物学的理论似有关联，资源互补的物种只有建立在稳定、持续合作关系的基础上，才能够在某一个群体的竞争中占据优势、立于不败，最终实现不断地演化、进化。特色小镇作为一种新生事物，也可以被视为一种新物种，其本身足以形成的共生关系，推动了企业发展，也让产业、城市得以交融、共生。除了云栖小镇以外，杭州还有一些顶级特色小镇，它们所表现出的发展特性具有相当的共性。

（1）特色小镇推动生产力优化。与美国硅谷类似，杭州特色小镇虽然在起步上相对较晚，但在对人才、资金、技术、服务乃至政策等优质要素的集聚上却是一致的。同样类似于硅谷的实例，优质资源的涌入必然为产业集聚提供更充足的支撑。在这方面，比如杭州玉皇山南基金小镇，就凭借数千家金融机构的集聚而提供了巨大的资金资源，形成了良好的金融服务能力。国内众多科技园所面临的资金难题，在这里早已不再是个难题，而是可以轻松解决的问题。同时，在特色小镇，各类高端人才集中一处，交流互动随时发生，思想火花随时碰撞，这就为知识、技术、管理等各方面创新升级塑造了无限可能的空间，有力推动了科技园的发展。

（2）特色小镇推动科技园影响力扩大。从规划建设之初开始，特色小镇就已明确，特色小镇绝不只是产业小镇，而是融合生产、生活、生态的高端发展先行示范区，商业、医疗、教育、交通、休闲娱乐等配套设施竞相汇聚，不仅让小镇的人们生活更舒服，也让小镇更有吸引力。科技与青年总是离得更近。特色小镇聚集的更多是青年才俊，为满足他们的各种生产、生活需求，特色小镇往往格外加大互联网、物联网等基础设施配套兴建，从而架构新兴城市生活方式，并有力助推城市发展。城市让生活更美好，特色小镇对此给予了最好诠释。

（3）特色小镇推动科技园竞争力、发展力、创新力升级。发展必须依靠科技，而人才是经济社会发展过程中的第一资源。在特色小镇的创建发展上，这些科学论断得到了充分的验证。以云栖小镇为代表的特色小镇，大多围绕新产业、创造新成果、开辟新未来，这就必然使它们在全球相应产业链领域处于高端、先行的位置，也就有了类似硅谷那种对于特定人才的巨大吸引力。在这方面，与云栖小镇相仿，杭州着力打造的之江实验室等一批高端研究机构，也同样是为了将全球互联网、大数据，以及人工智能领域的高端人才、科技精英等吸引到此，共同推动创新，共创一番事业。而在另一方面，特色小镇的沟通交流功能还在另一个层面进行，比如举办各类全球性的论坛、展会、讲演活动等，其吸引关注与人流的效应不可小觑。在云栖小镇举办的云栖大会等全球性盛大活动，已经成为互联网领域的国际盛事，有数十个国家的十数万嘉宾与会畅谈，产生了极大影响力、辐射力、品牌提升力。要看到，这类活动不仅有效拓展了中国相关产业的开放程度，有力推动了产业集聚区企业的快速发展，也为这些企业打通了参与全球资源配置、产业竞争的全新通道。

应当看到的是，随着经济社会的不断发展，企业开展的经济活动逐渐复杂，所需的技术、资金等方面的需求要素越来越多、越来越大、越来越广，而单靠一家企业来解决这些全部问题已经绝无可能。在传统的产业园区，由于其中的企业属于简单集聚，相互之间关联不足、合作困难，导致生产全过程其实仍是单打独斗模式，需要依靠一家企业自身解决内外部、上下游各类配套问题，而由于在这方面耗费精力过大，往往影响了企业的快速生产与发展，打乱了自身节奏，容易自乱阵脚。特色小镇与此完全不同。由于这是同业企业在此集聚，同业高端人才在此集合，使得原本的资源壁垒被彻底打破。另外，在政府及相关部门的主导下，企业发展所需各类相关资源均将配备到位，从而就保证了产业集聚区内企业的各取所需、高效运行。单就云栖小镇而言，互联网为主体的先进产业优势，加之创新创业的良好氛围和价值导向，吸引了一大批胸怀壮志的创新创业人才及身怀绝技的相关产业高端人才竞相汇聚。同时，这里还大力建设包含天使投资、风险投资、股权投资等多种融资类型的强大金融服务体系，构建创业者的乐园，从而就在技术和金融这两个方面完美结合、形成优势，构建了创新创业的最佳土壤。更为关键的一点是，在云栖小镇，这种结合显得十分完美。这是因为，在这里由高端人才所具有的创业项目和金融孵化器之间是双向选择关系，犹如相亲、择偶，这会形成内生资源的互补和推动发展的动力。在这里，创业项目可以结合自身具体特点、有关需求、发展目标选择合适的融资渠道，而金融机构之所以乐于扎根，则因为朝气蓬勃的发展空间必然涌现层出不穷的创业项目，市场机遇随时都可出手把握。必须要说的是，这种双向选择是最好的方式，创业项目依照市场规律、自然法则的优胜劣汰，适者生存，让最终落地小镇的创业项目经得起推敲、经得住考验，实现了包括园区管理者在内的各方共赢、长远发展。这当然是更好的园区发展模式，也是更好的产业集聚方式。

类似于硅谷，诞生并绽放在中国大地上的杭州特色小镇取得了成功，从创建到运行再到远景预期都给人以满怀惊喜与信心的理由。世人更想知道的是，特色小镇究竟是以怎样的内在运行机制催化出了怎样的物理、化学反应，最终汇合成巨大的内生动力，驱动了其自身的全面发展、全方位发展。

（1）全要素集聚。杭州特色小镇不仅是同类产业企业的简单集聚，还因这种看似简单，实则并不简单的企业集聚本身，对于知识、技术、资本、人才及专业劳动力等产生了无比巨大的吸引力、号召力、集聚力，带动了新一轮的生产要素的全面集聚，促进了知识、技术、信息的交融和应用，进而在生产、技术、管理等多个方面全面实现加速发展、升级、赶超，最终成功实现经济增长力、竞争力的整体提升，带来经济水平的几何式增长，引来世人刮目相看。单就这一点来看可以发现，杭州特色小镇的发展构想、原理与成果，全都与大洋彼岸的硅谷有着异曲同工之妙。虽然无法断言杭州特色小镇未来一定会追上同样处于高科技领域产业集聚先行方阵的硅谷，但毫无疑问的是，巨大的发展成果、光明的发展前景、潜在的发展潜力已经清晰彰显出这一希望之地的可期未来。

（2）生产力进步。特色小镇的产业集聚呈现出明显的专门、专业特点，这也就是说在特色小镇相关配套完善的情况下，企业可以将全部力量用在产品研发、生产上，而这对于生产力水平的促进与提高几乎是必然的。客观环境决定了专门、专业企业之间必然有大量的合作与互动交流，促成一个建立在产业链基础之上的上下游密切关联的生产网络形成，才能达到使每家企业正常生产、持续发展的目的。立足于特色小镇来看，脱离整体产业链的可能并不存在，任何企业都只能在其中才能获得更好的生存与发展空间。接下来的研究结果所揭示的道理，仍然与硅谷格外相似。加入垂直配套网络、参与专业化分工的产业集聚区的不同类别企业，自然成为完整产业链条上不可或缺的一环。同一产业集聚区内进驻的众多企业中，只要是类型相似企业，都面临着竞争，也就要求了必须在生产技术、产品革新、科技含量等方面加以创新才能掌握竞争主动权，最终赢得竞争。这种良性竞争，促进了企业不断加大研发投入、专注科技创新，客观上推动了生产力水平提升。对比硅谷，杭州特色小镇的发展动力源与之何其相似，这正是成功的基础原因。

（3）创新力跃升。21世纪，最宝贵的是人才，最大的发展动力源自创新。企业专注于生产推动生产力进步的同时，也必然关注到创新，因为这是现代企业的核心竞争能力，也是脱离低级阶段，实现专业化生产、高质量发展的必然要求。同样类似硅谷，特色小镇为创新构建了良好生态，搭建了最佳平台。这里，似乎就是专为创新而生。来到特色小镇的企业就会发现，由于各类学习、沟通、交流机会的无限化，这里的企业可以凭借着资源共享原则获取诸多发展优势，从生产要素到市场信息再到创新金点子等不一而足，而这些都将直接提升企业创新力，以此为起点突破创新，拿出新产品独领风骚。从一方面看，特色小镇规模经济、外部市场这两方面的巨大优势，已经足以保证这里的技术研发与创新成果从开始就占据主导地位、领先地位，结果就是质量过硬、独占鳌头的新产品能够经受住市场考验和消费者检验，在激烈的市场竞争中取得胜利。此外，另一方面的助力，也为特色小镇创新能力提升起到了积极推动作用。这就是特色小镇通过搭建区域内产业企业及相关配套企业信息平台的方式，有效促进了各类创新信息的流动、交互，形成一定创新信息流动机制、配置方式，加快了发展脚步。加以更进一步地深入分析，就会发现这种原理的内在逻辑。这是因为当各类相关信息在小镇内汇集后，进驻企业与相关机构必然会加以总结、提炼、融合，并在区域内进一步交流、探讨，最终再被有需求的企业得到，继而转化为研发、创新、生产。

而当这种信息量因企业数量、高层次人才数量等汇聚增长达到一定规模时，企业信息搜寻方面成本就会极大下降，信息转化为生产力的过程就将大幅缩短、效率就将大幅提高，有力推动企业和区域的加速度发展、竞争力提升。在这种数量巨大、持续不断的信息交流中，产业集聚将进一步形成，生产力提升也将有不断加速的过程。当这种效应持续放大的时候，在如今信息化的时代，更多同一产业企业也势必会因成本优势、发展潜力而被吸引而来，促成更大程度上的产业集聚发展及小镇整体区域创新能力的持续提升。其实，这一点也与硅谷企业的技术发展路径有着诸多的相似之处，为国内其他产业集聚区的创建提供了宝贵经验和有益借鉴。

相较于硅谷，杭州特色小镇的发展路径与其既有相同之处，也有不同之处。从产业集聚到创新集聚再到生产力提升、由企业及区域整体发展提速当然全都是相同之处，而鉴于二者地理区位、产业形态、发展理念等方面的必有差异，二者同时也会有许多的不同。结合特色小镇实际，研讨特色小镇未来，将更有利于从个性角度来给出具有中国特色、中国风格、中国气派的中国特色小镇要如何走好脚下的道路，如何奔赴未来的前程的可能答案。接下来，就将试图对此问题加以深入探讨，努力探寻特色小镇更可能的努力方向、前行方针、加速方略。

（1）以精准定位与合理规划保证特色小镇定位一以贯之。这里所说的定位并不是要给特色小镇贴标签，实际上，特色小镇因本身的内涵和外延所具有的无限延展性、发散性，已经决定其不一定要具有太过狭隘的定位。然而，仍然必须要明确的一点是，特色小镇不是单纯的乡镇一般的行政规划，也不是二十世纪八九十年代开始兴起、众人早已耳熟能详的开发区、高新区、产业园区，其本质上实为一种以产业聚集为先导、以创新驱动为内涵、以快速发展为特征的特殊的区域。固然杭州特色小镇因其地理上所具备的自然禀赋而具有了山水灵气，但这并不是什么世外桃源，如果说是，也只能理解为是产业发展、创新创业层面上的另一种世外桃源。正因如此，从第一天起步开始，杭州特色小镇的规划就不是寻常意义上的一般性区域规划，而是充分考虑到了产业、配套等各方面因素的区域综合性规划。这样的规划是正确的，正确的规划则应当不动摇、干到底。今后特色小镇的总体规划，仍然要把融合、融汇放在第一位，充分立足小镇面积上相对有限的实际情况，在主业辅业、主体功能与配套功能上继续坚持有机融合、和谐共生，遵循规划的科学性、协调性、可持续性，将企业、人口、国土利用、生态环境的保护等一系列问题一并加以考虑、组合、排布，做到既继承历史，又面向未来，以具有先导性的规划为特色小镇发展提供坚实基础与强劲动能。特色小镇的"特"，正体现在独特的外在上。因此，特色小镇建设应当秉持因地制宜、修旧如旧一类的基本原则，避免大拆大建、大改格局，并充分兼顾以人为本、产城融合，切实体现出特色小镇的非凡魅力。规划为先、规划为纲的另一个巨大好处本身，就是可以在最大程度上避免重复投入，这也是从根本上体现了以节约集约为本的特色小镇创建基本原则。

（2）以政策扶持与正向激励推动特色小镇加速创新发展。从硅谷到杭州特色小镇，尽管产业集聚本身符合市场经济产业发展的原则，同时是相关企业的主动选择，但应当看到，政策扶持和正向激励是加速产业集聚先导区发展的重大因素和重要推力。大力发展具有中国特色的特色小镇，扶持与激励必不可少。首先，在财政支持方面，应该面向产业集聚优势大、创新驱动成效好、持续发展后劲足的特色小镇，采取以期权方式为主、多种方式并存的奖励方式，并重点转向项目落地达产后的奖励。有条件的地区完全可以实行更大的财政支持政策，比如对于正式命名的小镇，可将其新增财政收入上缴政府财政的部分实行一定期限以内的全额返还等措施，给予企业更大的资金周转空间，助力企业加速度、高质量发展。其次，在用地保障扶持方面，相关土地规划应当尽可能优先保证创造效益、带动就业、促进经济社会发展的特色小镇建设用地需求，并充分盘活相关区域的土地资源，巧妙利用存量土地及一切可用地块，全力支持特色小镇的持续发展。再次，在融资模式方面，鉴于资金是企业发展血脉的实际，以及特色小镇企业的特点，应当尽可能创新融资模式，充分发挥各类融资方式协同配合作用，持续探索众筹、债券、产业发展基金等多种新型融资渠道，利用社会资本，拓展融资渠道，持续扩充可用资金总量，助力企业持续加速发展。一旦有了这些有力有效的政策支持和正向激励，特色小镇一定会有更加光辉灿烂的未来。

（3）以运营创新和机制创新构建特色小镇发展全新格局。社会主义市场经济体制下，资源配置理应通过市场方式进行。回眸杭州特色小镇的发展来路也可以看到，实质上走的就是一条以企业为主体、市场化运作的道路，完全脱离多年来全国各地常见的以政府为主导的开发区、高新区、产业园区建设模式，把建设、管理、运行的主导权和主动权全面彻底交给市场和市场主体。或许，这也就正是特色小镇较众多开发区更富生机、更有活力、更见效益的直接原因，生动解释了产业集聚成功范例为何会在杭州诞生，并以这样一种方式精彩呈现的根本缘由。未来的特色小镇发展，身为引导者的政府依然要扮演好自己的角色，而把高大上的经济大舞台交给企业这个主角，由其施展投资、建设、运行的身手，生成提速发展的强劲动力，演出一幕精彩的产业集聚发展精彩大戏。特色小镇的建设资金也可以是多元的，在企业"主演"的基础上，也可探索建立一支专门用途的发展基金，引导更多企业、组织、机构参与到建设与共享当中来。当今社会已经处于互联网时代，在构建特色小镇发展新格局的过程中，理当考虑到以网上办事营造更完美的营商环境这一点。推进工商、税务等全程电子化登记，让便捷服务惠及每一个市场主体，让创新之花不仅开在企业，也开在营商环境服务的全过程。

（4）以完善机制与加强管理助力特色小镇发展持续规范。知识很宝贵，创新价更高。当今世界，从国外到国内都在愈加注重对知识产权的保护，并将其作为营造一流营商环境、提升区域吸引能力的具体落点之一。应当说，杭州特色小镇在知识产权保护上已经有一番较为成功的尝试与探索，并取得了较好效果，得到了各方好评。今后的特色小镇，有必要进一步完善机制、出台政策、采取措施，有针对性地提高对于知识产权的创造、应用、保护等方面的综合能力，同时推动提高其利用效率与速度，推动企业创新能力不断提高。有保护，还必须有惩戒。为了维护公平、公正、公开的整体市场环境，特色小镇应当对侵犯知识产权一类违法行为实施惩戒，从而有效保护企业创新发展、奋力腾飞的积极性、创造性、专注性。显而易见，一个良好的创业发展环境，必然离不开对于知识产权的强有力保护，这样方能让企业心无旁骛、一心一意地更好发展，从而不断完成产品升级、自我超越，一步步登上产业高峰，成为国内乃至国际的尖端企业。综合以上研究观察，针对目前这一阶段特色小镇在发展过程中所面临的较为普遍的实际情况，从助力特色小镇更好地长远发展的角度出发，完全可以从以下几个方面进一步加强对于进驻企业的有力保护，为发展蓄力。在商标保护方面，站在当今时代品牌就是生产力、竞争力、号召力、创收力的高度上，在商标注册制度构建、划定保护对象范围、支持企业培育商标并持续放大商标效应等多个方面出台较为细致的规则，给予企业综合发展的大力支持。在这方面，还要鼓励企业敢于对侵权者说不，勇于运用法律手段维护自身的合法权益。在专利保护方面，要积极完善相关法律法规，制定和完善有关行业标准，全方位推进特色小镇的信息化建设与一体化管理，做到管得了、管得好、管得到位、管得满意，让进驻小镇的各类企业、机构等多多受益，持续获益。在著作权保护方面，可以将其与专利保护摆在同等重要的位置，建立相应的管理机制，形成相应的管理章法，取得相应的管理成果；不断增强对于相关违法行为的查处力度，让著作权所有者免除后顾之忧，同时对侵犯著作权及各类知识产权的违法行为持续保持高压态势。对知识产权保护的意识上的提高、方式上的升级、效果上的保证等，都将有助于特色小镇进驻企业更好地进步发展，从而反向推动特色小镇不断迈上新的更高台阶，掀开崭新发展篇章。

（5）以擦亮品牌与扩大声望带动特色小镇发展不断升级。想要企业做大做强，在这个时代没有品牌是不可能的。从这个角度来讲，打造特色小镇也是同样道理，必须注重发挥品牌价值。品牌价值是无限的，是可以被无限放大的。毋庸置疑，推动产业发展、带动经济腾飞是打造特色小镇的根本目标，但打造品牌本身就应包含其中，其也将直接促进根本目的实现，所以这一点不但不应被忽略，反而还应当被重视。像硅谷一样，打造品牌要注意其识别度，较高的识别度才是具有更大价值的，也才是具有更大意义的，更是有助于强劲推动企业发展的。同时，特色小镇的品牌还应是一个极富创意的特色品牌，这样才能从本质上契合特色小镇的根本定位与发展愿景，形成发展推动力。一旦确立了特色小镇品牌，就必须努力通过多种方式、多个渠道、多样点位，全面加强与之相关的宣传，让所有走进特色小镇的人们都有机会与之相逢相识直到相知，让所有尚未走进特色小镇的人们心生无限向往。如今，酒香也怕巷子深。在当今国内各类产业园区数量庞大的情况下，还要注重加强对本身具备特异性、多种优势的特色小镇的大力宣传，让更多人知晓、走进、了解特色小镇，进而喜欢这里、爱上这里、留在这里，最终来这里投资兴业或参与发展。在当前宣传手段升级换代的背景下，除了做好报纸、电视、广播一类传统媒体的宣传外，还应当善于借助直播、短视频、公众号等互联网时代全新手段全面加强宣传推广的广度、深度、契合度，让男女老少、城市乡村都能获得特色小镇信息，持续扩大知名度、美誉度，切实增强感召力、吸引力，让特色小镇最终形成磁石一般的聚客引流、聚才引智、聚商引资巨大效应，促进小镇发展，推动小镇前进。

（6）以多彩活动与情感连接添加特色小镇温暖人心底色。作诗讲究功夫在诗外，说的是优秀诗人写就的优秀诗篇，往往体现出从立意到行文的底蕴超出诗歌本身，源于方方面面的丰富知识储备与良好的人生修为。在建设特色小镇这一庞大而复杂的系统性工程中，也应当跳出小镇审视小镇，跳出小镇打造小镇，来一些功夫在小镇外的用心用情用力，反而能够对于促进小镇发展起到更大的推动作用。我们都知道，特色小镇首先是一个产业集聚区，但产业集聚带来人的集聚，所以其当然也是人的集聚区，而且人也同样是特色小镇发展的十分关键的主要因素和无穷无尽的强劲动力。在特色小镇内部，如果能够常态化举行丰富多彩的联谊、演出、展会等各类活动，对于小镇居民来说，借助这一个又一个交流互动的平台，能够结交朋友、交流思想、增强动力，在很大程度上激发凝聚力、增强归属感、唱响幸福歌，进而发挥出更大程度上的主观能动性，释放出百倍的热情与智慧，促进创新迸发、产业速跑，更好更快地推动特色小镇发展，直至最终成为享誉全国、蜚声世界的特色小镇，成为特色独具、光芒四射的中国名片。毫无疑问，在产业成色基础上添加一层温暖底色，以人为本的特色小镇前路更好走，前途更美好。

未来更进一步打造特色小镇，还有一点尤其重要，那就是要尽可能努力搭建特色小镇内部各个要素之间的有机整合、全面联动、形成合力，包括资源、生态、生产等各方面。这种关联应当是一种自发的关联，有助于发挥不同要素对于打造特色小镇的重要价值，但这些要素只有在整合完毕、相互协同的作用下，才更有可能对特色小镇建设发挥出最大的作用，促成特色小镇引领经济发展的新常态，从而推动区域产业大量集聚、创新持续升级、经济快速崛起。

当今时代，从整个世界的范围来审视，毫无疑问，硅谷已经成为当之无愧、成为翘楚的国际产业集聚区建设与发展的成功典范，引发全世界关注。在全方位发力、进一步调整、加速度发展之后，国内的特色小镇也有望成为产业集聚发展的闪亮典范，让国内外的人们刮目相看、由衷鼓掌，共同推动并分享特色小镇的发展红利。目前来看，以杭州特色小镇为代表的浙江特色小镇已经走出一条成功之路，但更美好的未来一定还在前方。如果能够矢志不渝持续发力、全心全力补齐短板，更好的特色小镇必将在明日绽放。特色小镇，总是能给我们更多期待的理由。

5.4 国内产业集聚架构模式实证分析——小微企业园模式

小微企业尽管已成为国内产业经济的主要构成部分，在承载就业、发展经济、活跃市场等多个方面发挥着重要作用，但一个不争的事实是，正因为其自身具有的小的特点，也导致其船小经不起大风浪，在市场经济大潮中独立应对挑战的能力相对较差。所以，抱团取暖、集聚发展是小微企业的内在需求。从总体上来看，目前在国内，小微企业园是各地常见的一种小微企业集聚发展的基本模式。进入小微企业园的小微企业可以享受园区提供的土地一类基本的要素保障，以及市政道路、水电气暖、生产生活设施等基本配套设施，从而得以放开手脚、专心致志做好企业生产、管理、研发等各方面工作，实现企业更好出发、更好发展。综合国内从南到北、从东到西各地的情况来看，建设小微企业园已成为各地政府促进小微企业快速发展的一种共同选择、普遍举措，而且已经取得了较好成效。首先需要明确一点，在经济发展新常态下，走过多年发展历程的身为工业园区的一种的小微企业园已经暴露出了一些不能适应当前发展情况的新问题，亟待努力探索出一条转型升级、实现嬗变的全新路径。通过对小微企业内在运行机制与模式的整体性研究与分析，揭示出小微企业园内在运行问题的产生原理，必将很大程度上助力小微企业园全面加快发展，助力进驻小微企业园的各类企业加速腾飞，为国民经济的持续快速高质量发展作出新的更大贡献。

尽管放在历史长河当中来看，国内小微企业园的发展过程不长，但是也不能算短。研究分析小微企业园，有必要先廓清其一路走来的大体发展历程和脉络。从最为主要的关键性特点上来看，我国走过了一定发展历程的小微企业园经过下面几个不同的阶段。

（1）起步探索阶段。一首《春天的故事》总是能够勾起每一个中国人的太多遐想。确实，中国人的幸福生活正是从改革开放起步，这首歌的优美旋律饱含着国人关于美好的太多记忆。百姓幸福生活的起点，同样是小微企业出发的起点。随着改革开放的春风吹遍神州大地，全国各地的小微企业数量开始出现明显增长，尤其是在珠三角、长三角等沿海经济先行地区，不要说城区，就连乡镇、村屯也大量诞生了小微企业，少的三五家，多的甚至达到上百家及至上千家之巨。一般而言，这些小微企业往往是在当地规模稍大的企业带动之下发展起来的，而前者从事的行业如日杂五金、学习用品、小家电、玩具等也大都与后者相同或相似。在此情况下，出于原料、配件、人员配置齐全及生产方便等因素考虑，这些小微企业自然而然就会集聚到一起，形成了一定地理范围内的园区。当然，当时没有小微企业园的概念，而这确实是小微企业园的雏形，即其发展的初始阶段。

（2）蓬勃发展阶段。迎着新世纪的朝阳，从人类社会迈入 21 世纪开始，我国小微企业进入整体高速发展阶段，但其自身存在用地、环保等方面的问题也日趋受到关注。为了解决这些突出问题，各地政府开始推动小微企业园建设，以用来更好吸引、承载小微企业集聚发展。在这方面，经济大省浙江仍然走在全国前列，一批小微企业园相继在宁波、温州、义乌等地落地生根，并产生了良好的产业集聚效应，带动了产业集体发展❶❷。进入新世纪第二个十年，国家出台的相关文件则又进一步明确要求地方政府为小微企业集聚发展安排用地计划指标，这无疑对小微企业园的发展起到了进一步的推动作用。此后，上海、天津等直辖市及沿海地区经济发达城市相继开工建设各类小微企业园，标志着小微企业园的建设进入高峰期，一大批知名度较高、影响力较大的小微企业园相继诞生、叫响全国。

（3）创新升级阶段。近年来，随着经济发展进入新常态，随着小微企业园的建设理念逐步完善，其已经从简单的产业集中区，变身为各类配套设施、服务、管理比较完善的园区，整体表现出规范化、科学化的特点。例如，最近几年间，在浙江等一些沿海省份，对新建小微企业园的配套设施标准、公共服务门类等各方面都提前做好全面规定，一大批面貌更新、质量更高、功能更全、服务更优的小微企业园在浙江大地上惊艳亮相，奏响小微企业发展的最强音。可以想见，以创新为基础，全面升级的小微企业园，今后将为更多小微企业提供加速成长的大平台。

目前，国内各地的小微产业园已开始进入新的发展阶段，从投资建设及后期运营的方式看，小微企业园主要有3种模式。其中的一部分是政府投资并运营，此种模式的小微企业园由政府主导实施建设，由国有企业完成开发建设，而后由国企或政府派出的相关机构直接实施运营管理。从全国各地的实际情况看，相较于北方，南方地区的此类园区数量相对要更多，并且均取得了比较好的发展，相

---

❶ 施楚凡，李碧雯.浙江省小微企业园建设现状、问题及对策研究［J］.现代管理科学，2019（09）：66-67+74.

❷ 陈一新.建设小微企业园 打造民营经济"升级版"［J］.浙江经济，2013（22）：20-21.

对来说让企业得到了实惠。第二部分仍然是由政府投资，但是建成后是交由企业来实行运营，具有自身的一些特点。从专业的事由专业的人和机构来干的角度考虑，这种方式必然提高小微企业园的运行效率、管理水平、发展速度，而这样的先例同样在广东、浙江等地的多个城市早已经出现。第三部分则是由企业自行投资并开展运营，但其中又有一家大型企业独自开发、多家企业联合开发、工业地产运营企业专门开发等不同类型等。各种类型的小微工业园的特点、优势均不尽相同，管理上各有差异，运营商各具特色，需要有意进驻发展的相关企业结合所处产业、自身规模、发展远景等作出科学、认真的选择。

历经多年探索发展，国内小微企业园取得了长足进步、十足发展，其中许多小微企业园集聚了大量具有相当体量和创新能力的小微企业，具有相当高的行业知名度和美誉度，成为相应产业的发展标杆地区。小微企业园的发展成效显著，主要表现在以下几个方面。一是促进资源利用。大量小微企业集聚在小微企业园当中，这种地理空间分布上的突出特点，本身就为厂房、设备、仓储、原材料、物流运输等各方面生产资源的集中利用、集约利用、科学合理利用提供了平台与机会，为资源合理分配与使用、企业各取所需创造了便利条件。从浙江、江苏、广东等省小微企业园创建与运行的实践经验和统计数据来看，小微企业园的建设对土地资源等各种生产要素的盘活起到了积极推动作用，并有效提高了各类资源的使用效率，达到了多赢共赢的效果。二是加强企业协作。这点与硅谷十分相似。由于小微企业园内的小微企业具有产业上融通、空间上接近等方面的特点，企业之间的知识、技术、信息等各方面交流必然快速有效，对于生产、管理、销售等各方面交流必然产生便利效果，使产业链上下游企业协同运作更加高效，生产效率则会由此得到大幅提升，推动企业与园区双方的发展共赢。同时，小微企业园的模式也使得各类信息在企业间更加清晰、透明、公平，从而有助于持续降低各类成本，促进企业持续发展。三是推动创新实践。市场经济的本质就是竞争。身处同一小微企业园的小微企业本身存在着更为密切的竞争关系，企业想要分得一杯羹，抢占更多市场空间，就必须依靠产品创新、管理创新、销售创新等方面持续用力，以此来争取更大的市场、更好的发展。同时，也与杭州特色小镇相似，园区内企业员工、高级人才之间的交流互动，本身也在另一个层面上刺激着知识、技术等方面升级，不断释放企业发展必需的创新力，以创新促进企业发展。四是增益社会治理。这是容易忽视的一个小微企业园带来的好处，但也是十分重要的。如前所述，在小微企业分散发展时期，由于缺少监督，污染环境、随意占地等情况时有出现。当小微企业进入小微企业园后，在相关管理制度的约束和相关部门严格的管理之下，小微企业以往存在污染环境、违章建设、生产低劣产品等弊病被统一根治，环保、安全生产等各方面的社会治理难题也被破解，生成一派和谐共生、加速发展的新局面。各地的一些权威统计数据也已经充分表明，进入小微企业园后，与分散存在的小微企业相比，同样数量小微企业的废水废气排放、工业增加值能耗、用水用电量等各方面数据均有了明显下降，表现出明显的减排增效、提质增效的特点，集聚优势相当明显，受到各界普遍关注。

很多道理是相通的。就像人类发展史上的任何新生事物一样，小微企业园在走过的发展过程当中也暴露出了一些问题。尽管这当中大部分是发展中难以避免的问题，但是及早发现、及时调整和解决，无疑将有助于小微企业园少走弯路、快速发展，打造高质量发展的企业和园区，加快抢占经济发展制高点。综合来看，可在以下几方面加以注意与努力。一是要继续坚持统筹规划先行。在这一方面，要尤其关注产业与其所在区域之间的相互融合发展，并且要考虑小微企业特点，尽可能在已有开发区、工业区、产业园区内建设小微企业园，既发挥大中企业的产业带动、资源配置、上下游配套方面的优势，又兼顾到小微企业体量小的特点，便于形成合力、集体发展。以特色小镇为例，可以结合老旧厂区改造、老旧产能去除等机遇，优先考虑建设适配的小微企业园，营造一镇多园的产业格局。同时，尽可能区别产业分类，形成一个小微企业园一个产业特色，以形成集聚效应，有力促进发展，强劲推动小微企业园走出一条特色化、集群化、小型化的特色发展道路。二是要努力突破传统建设模式。企业是市场经济活动的主体。在小微企业园创建过程中，要跳出政府投入的传统思维与模式，充分建立以企业开发为主、政府引导为辅，多元开发建设并存的创建新模式。从全国范围来看，在沿海经济发达地区，龙头企业、行业协会、企业联合体，甚至有一些村集体经济组织等均已成为小微企业园的建设开发主体，成功开辟了小微企业集聚发展的全新模式，并逐步取得了成功。在产权风格方面，各开发主体考虑到小微企业的资金、规模、生产需求等各方面的实际情况，也在缩小产房产权分割单元方面作出新的尝试，努力为小微企业创造符合实际的基础发展条件。三是要建设产城融合发展模式。小微企业正因为规模较小、实力有限，因此对外部配套环境的各种要求要比大中型企业更高，这就需要小微企业园在交通物流、水电暖气、通信网络、环保处置等方面给予小微企业更多服务与保障。而在这方面，其实也不乏成功先例。在国内一些规模成型、发展较好的小微企业园，已经有大型专业企业为之专门解决小微企业污水处理等环保问题。在一些小微企业园，小微企业自身无力解决或解决吃力的职工就餐、住宿、休闲等多方面生活配套问题，随着专业化运营的职工宿舍、公共食堂、公园景区等方式加以解决。甚至是企业夜间安防、停车管理等方面问题，也有专门企业提供服务予以解决，不仅推动了小微企业心无旁骛加速发展，也为园区招引更多小微企业构成了强大的吸引力。小微企业园如果想要获得持续发展、更大发展，实行产城融合是一种必须实践的模式。四是要持续规范园区运营主体。市场化的小微企业园，完全可以创新模式，引进专业管理公司作为运营主体，提供各方面服务，助力产业园发展。除了实行统一的物业服务基础服务外，还可大力建设公共服务平台，并以此为依托开展服务，提供包括政策咨询、人才招聘、厂房租赁、融资担保等各方面服务，真正成为小微企业园的服务综合体。这样做的话，不仅可以进一步提升进驻其中的企业发展力、创新力、竞争力，还可以全方位提升园区对于小微企业的吸引力、号召力、凝聚力。此外，为了推进小微企业园建设、发展，各地还可对小微企业园实行评级定星，以政策撬动助推小微企业园在管理、服务、产业集聚方面增强内生动力，全面提升运营规范水平，确保实现自身快速发展。

5.5 国内产业集聚架构模式实证分析——产业创新服务综合体模式

在中国实行改革开放这一利国惠民政策以来，尤其是中国特色社会主义进入新时代、经济发展进入新常态历史阶段以来，我国经济取得了历史性、全局性、系统性的长足进步与发展。与此同时，国内产业集聚，特别是小微企业产业集聚也逐渐形成气候，而这是通过多种方面加以具体展现的，包括总量的增长，同样包括小微企业集聚模式的创新、增多。

政府引导，企业、高校、科研院所、各类专业机构和组织等共同参与组建的产业创新服务综合体，就是整合科技创新服务平台，集合技术、人才、金融等各方面要素形成的小微企业新型创新创业平台，旨在全方位推动小微企业加快速度发展。在浙江等经济发达省份，产业创新服务综合体已是风生水起。

应当说，精细打造产业创新服务综合体是符合历史大势的必然，有着深刻的历史与现实意义，也必将在小微企业发展史上留下光辉灿烂的一笔。当今时代，人才是第一资源，创新是第一动力。企业发展、经济前行的根本基础是创新，而创新的源头在于产学研用一体化、全链条推进。纵观各地的产业创新服务综合体，本质上是高度整合了从企业到高校再到科研院所等各方面的创新资源，同时形成了互促共进的体制机制，让各类主体各司其职、各显其能、各尽其用，进而又在这一基础上形成合力、形成规模、形成优势，形成推动并助力各类企业创新创业的强大动力。当今时代，创新是最大的主题词。建设产业创新服务综合体可以在很大程度上加快科技创新，推动经济社会的全面创新、全面跨越。技术、管理、服务等各方面都在创新的产业创新服务综合体，以科技创新为基础驱动一切创新工作的开展，解决难题、跨越关隘、跳出藩篱。同时，也把所有事关创新速度、力度、质量的各方面要素聚集到一起，推动各方面创新的齐头并进、协同共进。比如，一个产业创新服务综合体内，还广泛存在社会管理创新、配套建设创新、公共服务创新几乎是必然的。再换一个角度来看，产业转型升级也有可能依托建设产业创新服务综合体更好地实现。试想一下，将技术水平较低、品牌影响较小、创新能力较弱的小微企业聚集在这里后，通过创业驱动作用，必然会推动小微企业的大力发展。产业创新服务综合体更像一个推动小微企业发展的暖棚，通过融资、科技等方面的大力扶持，必然将会有助于小微企业的技术创新、加速发展。不可否认，长期以来，我国的产学研之间存在一定壁垒，不利于科技成果转化，创造经济效益。产业创新服务综合体的横空出世，将畅通产学研机制，畅通科技成果转化创效。在这里，高校、科研院所等，与企业、地方产业等方面无缝对接，紧密相连，也就等同于搭建了科技创新与金融资本之间的桥梁，有助于大幅提高创新创业的质量、绩效，必将推动企业与园区的双向互动、共同发展。应该说，这不仅对小微企业、园区有益，对于高校、科研院所等同样大大有益，是一种双向促进、双方共荣、双方成就。

在产业创新服务综合体创建方面，一向敢为人先、勇于创新的浙江，再一次义无反顾地走在了全国各地前列，成为排头兵、探路者、追梦人。纵观浙江在这方面的探索脚步，一系列已取得的经验值得借鉴❶❷。一是坚持以市场为主体。浙江是民营经济大省，也是小微企业大省。通过政府引导并提供服务，市场为主导因素构建起产业创新服务综合体，就在最大程度上解决了创新这一制约小微企业发展的瓶颈问题，形成了发展合力。二是立足产业做文章。浙江的产业创新服务综合体全面坚持以产业链布局创新链，将发展要素和创新资源融合到了一处，从而形成了突破关键核心技术、实现企业加速发展的强大力量。一条清晰的结论显示，越是围绕当地具备一定基础与规模的主导产业打造产业创新服务综合体，越能吸引更多同类企业趋之若鹜、纷至沓来，从而形成更好的发展效应。三是发挥创新合力。创新从来不是单一企业的事，在产业创新服务综合体，跳出单一企业的狭隘范围，整合创新要素、形成创新规模、打造创新优势将更有利于从根本上推动形成合力、共同创新，营造更好的创新生态。

综合来看，各地建设产业创新服务综合体，基本还是按照以下几种可行方式加以实施，从而取得了较好的效果，也经受住了时间与市场的检验。

一是政府主导模式。在这种成型模式下，相关地区政府高瞻远瞩、积极推进，通过整合辖区内各类型的创新资源，集聚企业、高校、科研院所等共同打造产业创新服务综合体，最终形成创新的高质量、多层次，推动企业进步、园区发展。例如，浙江省乐清市紧盯电气产业这一个千亿级安身立命大产业，着力强化该领域的全体系创新，积极构建电力产业创新服务综合体，打下了构建世界级产

---

❶ 王留军，段姗.浙江省产业创新服务综合体建设成效、困境与对策研究[J].情报工程，2020，6（05）：109-116.

❷ 王翀.产业创新服务综合体：浙江又一个"大招"[J].决策，2019（08）：50-53.

业集群的坚实基础。虽然时间不长，但已经显示出丰富的发展成果和巨大的发展潜力。

二是企业支撑模式。龙头企业具有非同凡响的影响力、号召力，以及配套产业链汇聚与吸引能力，国内部分产业创新服务综合体就是依靠企业支撑得以形成的。这种模式不仅促进了龙头企业自身创新能力的提升，也带动了区域同业小微企业的整体发展，形成了良好的经济效益和社会效益。

三是多元主体模式。一个篱笆三个桩，一个好汉三个帮。这种模式将政府与市场二者紧密结合，采取优势互补、资源共享、协调创新、共同发展的现代模式探索持续推进产业创新服务综合体建设，同样取得了较好成果，得到各界广泛好评。

四是公共平台模式。现代社会，共享理念众人皆知，已经成为一大标志。在这种模式下，产业创新服务综合体更像是一个服务于各家企业的科技创新服务大平台，结合自身行业特点、入驻企业特点、要素需求特点等，建立研发、设计、交易等方面的全体系平台，为企业高质量发展提供强有力的创新力综合驱动。

从产业经济长远发展的角度来看，若想进一步发挥建设产业创新服务综合体的综合利好作用，进一步助力大量小微企业全方位加速发展，仍有必要在规划、管理、服务、配套、基础设施建设等多方面通盘考虑并细致设计，方能进一步发挥其服务功能、放大其服务效能，推动小微企业更好地奔赴未来。

此次，对小微企业产业集聚的这一番研究，从经济学的历史与实践出发，从国外硅谷到国内特色小镇透视，最终所得出的一个结论是：无论是大中型企业，还是小微企业，产业集聚发展都会带来巨大利好；相对而言，鉴于技术、规模、创新能力等多方面因素，小微企业抱团取暖、集聚发展更加必要，也更易见效。告别散兵游勇，走向聚沙成塔，给每一家小微企业创造出了做大做强做优的绝佳机遇和发展方略。需要着重强调的是，小微企业无论是以哪一种方式聚到一起来，都有更大可能获取前沿技术信息、实现技术创新升级、享受优质配套服务、减少各项成本支出、收获可期发展前景、开创事业全新辉煌。这些，应该是小微企业不会拒绝集聚发展的原因所在，也是小微企业通过集聚发展必然走向成功的进步动力，更是小微企业借助集聚发展必定走向进一步更大成功的雄厚基础。

第六章 传统产业中小微企业集聚及创新生态系统耦合机制分析

6.1 小微企业的创新生态系统分析

产业是经济的根本,创新是发展的动力。当下,创新驱动发展上升为国家战略并深入实施,供给侧结构性改革如火如荼地推进,持续加快产业创新步伐变得十分重要。可以说,坚持以创新为引领驱动产业转型升级,关乎我国当下乃至中长期发展目标的顺利实现。进入新时代,推进产业创新必须着力营造良好的创新生态。

大至一个国家,小到一座城市,创新能力的彰显,不仅体现在创新活动的开展和创新体系的建设,构建良好的创新生态已成最关键变量。这意味着,激发创新活力的关键在于培育创新主体、统筹创新要素、创设创新活动、壮大创新产业、优化创新环境,诸要素协同配合以形成优良创新生态。

一份研究报告发出如下观点:美国经济何以繁荣,美国全球经济的领导地位何以形成,与其精心构筑一个系统完备的创新生态密切相关。谈到硅谷神话,一些专家学者直言不讳,认为奇迹的出现得益于其在多种异质性组织基础上建构了多条价值链,推动形成了一个"雨林式"创新生态系统。

当要素驱动动力下行、创新驱动动力上升时，我们国家迈入重要的战略机遇期，在这样一个发展关键期，必须打破区域界限、突破行业之间分割，持续打造多层次合作、多要素联动的产业创新生态，通过创新驱动产业转型升级❶❷。观察各地实践，企业创新主体之间的衔接、创新链条之间的耦合、产业链条与创新链条之间的联系，诸多方面存在不足，折射出我国创新生态建设起步期的阶段性特征❸。客观来看，亟待提高整体创新效率。正因如此，实现创新驱动发展，不仅在于企业主体的积极作为，更在于一个富有开放、合作、互利、共享等特质的创新生态体系的着力打造。

进入以互联网技术为依托的信息时代，区域联系愈发紧密、传统产业边界划分愈发趋同，以突破知识技术边界、跨越政策选择的产业跨界融合渐成趋势。基于此，催生了层出不穷的新产业、新模式、新业态。与此同时，新能源、新材料等新兴技术快速发展，融合和共享成为新经济的明显特征。直面当前产业创新的显著特点，推进跨界，突出耦合，在多个产业交叉渗透、深度融合中打造产业共生创新网络。

汇总梳理目前的产业创新生态体系，不外乎以下几种模式。其一，在企业层面上突出企业主体，坚持以大型企业为主导组建产业创新网络。通过产业联盟构建，大企业与网络外组织之间产生关联性，推动实现联盟企业的发展与技术创新网络的进步，从而形成有助于创新的联盟网络。其二，在产业层面依托产业集群，并且以此为主导，构建集群式创新网络。在以小微企业为代表的聚合创新模

---

❶ 易朝辉，周思思，任胜钢.资源整合能力与科技型小微企业创业绩效研究［J］.科学学研究，2018，36（01）：123-130+139.

❷ 李大庆，李庆满，单丽娟.产业集群中科技型小微企业协同创新模式选择研究［J］.科技进步与对策，2013，30（24）：117-122.

❸ 蔡娇丽，赵宏中.我国科技型小微企业发展存在的问题和对策研究［J］.特区经济，2013（04）：129-130.

式下，当产业集聚到一定程度时，单个企业在产业链上的创新行为，会关联呈现出技术创新的集群现象。各产业集群通过联动发展产生创新合作，呈现出多层次的有机连接，推动构建密切结合的集群创新体系，建构形成产业集群创新网络。其三，在区域层面立足区域联动，构建共生共荣、联动发展的区域产业创新生态网络，以此机制为基础打造协同创新的系统环境。

推动产业跨界耦合、加快创新驱动发展，既需要充分发挥市场机制作用，还需要政府部门全力支持。这当中，无论是强化产业创新共享交流平台建设，还是大力培育创新中介服务机构，抑或是实施财税政策优惠；无论是在耦合创新方面放松管制，还是依托异质性主体性质特点通过耦合效应构建区域创新集群，凡此种种，皆可争取。突出生态理念融入，彻底转变传统观念，在注重企业个体创新行为的基础上，更加关注创新主体之间的衔接与创新链条的联动，加快推进产业链与创新链的相互融合，以及与外部环境之间的彼此依存；不只培育创新主体，重在建设共生包容、开放多元的创新文化，以体制机制之完善推动创新资源跨界流动。

党的十九大报告着重落墨，进一步强调了创新在引领经济社会发展中的核心地位，指出以创新驱动发展战略为支撑、推动建设现代经济和产业体系。推动实现这一目标，离不开企业创新主体。结合我国实际，在现有的4000多万企业中，九成以上是小微企业，它们数量众多、覆盖面广，是推动经济发展的重要力量。推进小微企业构建产业创新生态系统，在实现全产业链高效聚集、形成全社会高度协同过程中起着至关重要的作用。在此情形下，以顶层设计为根本遵循，落实落细技术创新路线，纵深推进创新驱动发展，大力培育科技型小微企业加快成长、创新发展，是我国推进经济结构调整、转变经济发展方式的不二法门。

6.2 小微企业科技转型政策分析

细数10年来，在促进科技型小微企业创新发展上，国家多措并举、多策并用，既有财政和税务方面的工具应用，也有鼓励创新方面的政策引导，更有基于创新环境方面的专门营造，通过多方面发力，予以持续支持和一贯激励。但也要看到，无论是资金保障，还是人才队伍建设，抑或是创新平台构造，诸多因素影响，小微企业科技转型发展仍然任重而道远，对此需要有针对性地采取措施以进一步优化有助于其发展的创新生态❶❷。

从概念着眼，结合创新理论体系解读，对于"创新"内涵的理解是一个循序渐进又深入发展的过程。加以梳理，有代表性的观点如下：创新就是新的组合，是各种资源要素的重新排列组合；技术创新侧重生产环节，强调在生产实践中进行技术开发，企业在生产时倡导新技术与新发明的应用；科技创新侧重将知识创新、技术创新和创新成果转化等环节整合联动，以提高科技成果转移转化成效；高等院校、科研院所和市场主体则聚焦科技创新的过程及其阶段，密切开展产学研协作，着力构建三方协同衔接互动的创新机制；政府在此过程中履行的角色，起到了公共服务供给和政策支持者的作用，将着力点放在扩大科技创新成果的溢出效应上。

结合学界研究，科技创新可划分为3个阶段，其中科学新发现和新知识处于起始阶段即上游环节，接下来的阶段是运用新发现和新知识开发新技术的环节，

---

❶ 廉勇.科技型小微企业集聚、知识溢出和创新策略选择：新经济地理学和博弈理论解释[J].北京交通大学学报（社会科学版），2017, 16（02）：41-49.

❷ 宋春华.科技金融助推科技型小微企业发展策略研究[J].现代商业，2017（28）：89-90.

最后一阶段指的是应用新技术转移转化科技成果从而实现产业化。逻辑上分析全过程，环节环环相扣，步骤步步深入，与之相对应，形成了前端驱动、中端驱动和后端驱动的创新"路线图"。

纵观每个阶段，从创新主体到创新的投入来源再到创新驱动的重点，各自有所不同。分别说来，上游阶段源于基础性、原始性科学研究和新知识积累，此环节开展创新活动具有风险大、成果易外溢等特征，因此政府在这一阶段应当保障创新投入来源，各类单位的科技人员作为创新主体应当发挥积极作用。中游阶段的关键在于促进科技成果转移转化，此环节应通过政府资金的支持和引导，吸引社会资本进行研发投入，共同推动新发明、新技术的加速孵化。在此过程中，政府部门、高校院所、企业等从事技术研发人员及专业从事科技信息服务中介机构，在四方协同框架下密切协作，形成紧密配合的创新机制。下游阶段的重点是推广应用新技术、新发明，促进规模化产业化。此环节企业作为主体，围绕产品创新入手，一体推进管理制度、商业模式、服务能力等创新，以此来适应市场变化和激烈竞争。

具体实践中，基于市场经济的竞争性，企业开展科技创新更加积极主动，以此增强核心竞争力，但过度竞争也随之出现。由于企业间存在信息不对称等状况，政府公共供给存在配套不足等情形，进行创新的投资收益回报存在不确定等因素，造成市场机制迟滞失灵，反过来对企业创新资金投入、创新意愿等方面产生不利影响，企业技术创新动力因此减弱。

直面瓶颈问题，政府积极作为，可在知识产权保护上下功夫，通过强化产权保护制度建设，保障市场主体创新行为、激发企业创新动力；可在完善政策体系上下力气，加大财政、税收、人才等政策的调节力度，优化科技政策服务，切实推动企业技术创新。此外，结合科技进步贡献率予以衡量一个地方的研发投入强度。一般来说，当研发费用占地区生产总值的 2% 以上、科技企业达到本地区企业数量的 6% 以上时，这个地区的经济发展正在由要素驱动向创新驱动转型。对标此标准，应持续深化创新确保取得实效。

6.3 小微企业科技转型理念分析

依托技术，实现进阶，小微企业应秉持科技进步与生产经营紧密结合、技术创新与产业发展深度融合理念，以创新促发展，发展中谋创新，应用五大经营理念，走好转型升级之路。

1. 创新驱动发展理念

创新驱动之于企业，犹如骨骼之于身体。对小微企业而言，提高自主创新能力，是其生存和发展的重要基础，是其兴旺发达的不竭动力。千方百计施策，不遗余力营造，加快形成有助于小微企业创业创新发展的动力机制，激励引导一批成长性好、创业能力强、科技含量高、市场前景广阔的中小微企业迅速崛起、不断进步。

2. 专精特新优理念

专是指持续专注某领域，运用专有技术，采用专业工艺，专项生产某项新产品；精是指在经营管理中建立了精细高效的制度、流程和体系，实现生产、管理、服务精细化；特是指产品或服务的独特性与特色化；新是指自主创新与模式创新；优是指在产品技术含量、设备工艺、管理模式等方面具有相对优势。中小微企业要掌握核心技术、专注细分市场、迈向"隐形冠军"，坚定不移以"专、精、特、新、优"为引领，走可持续发展之路。

3. 内涵发展理念

中小微企业必须围绕主营业务，紧紧依靠自主创新驱动，实现内生动力引领的跨越式发展。增科技含量、创特色品牌、优产业结构，以此为主攻方向，加快科研与生产"两位一体"进程，加速中小微企业科技成果应用转化，通过高、精、尖产品和持续技术创新赢得市场竞争优势，集中精力形成独特的产品、技术、服务等优势，从而变成行业的技术领先者。

4. 绿色发展理念

强化绿色引领，促进低碳转型，科技型小微企业需要树立生态文明理念，重构产业发展模式，加速生产制造换代升级，积极推行低碳化、可循环、集约化、见效率，在绿色可持续发展中持续增强竞争力。

5. 集聚发展理念

坚持规划引领，优化产业集群科学合理布局，促进科技型小微企业实现集群式发展，形成"磁场"效应，发挥"龙头"作用。发挥大企业引领带动作用，加强大中小型企业分工协作，充分释放协同效应，加快培育新的经济增长点。

6.4 小微企业科技转型的发展机遇分析

立足新时代，创新成为新发展趋势。中小微企业必须抢抓黄金机遇期，乘势而上发展创新型经济。与此同时，全球经济技术领域的产业竞争日趋激烈，国内外市场竞争日益加剧，区域经济一体化进程不断加快，通过产业结构深度调整，沿海地区跨越式发展势头强劲，由此形成地区间新一轮竞相发展、奋力赶超的态势。

1. 迎来小微企业创新发展机遇

随着科技创新发展、推动环境改善等经济活动增多，特别是在新一轮产业结构调整步伐持续加快的背景下，使得中小微企业融入全球产业链新的发展空间不断拓展，从而在客观上为中小微企业创造了良好的外部发展环境。伴随着"一带一路"倡议的深入实施，来自世界各国的企业与我国中小企业合作的意愿进一步增强，这对我国中小微企业加快全球化进程、实施国际化发展战略极其有利。

2. 具备有利于小微企业发展的扶持政策

目前各地设立的经济开发区和产业园区，针对小微企业缺少抵押物之困，通过提供担保、构建贷款风险补偿制度及机制，吸引银行机构增加授信、加大投入，助解小微企业融资难题。与此同时推进"互联网+"服务，促进云计算、大数据、物联网等信息技术与生产制造相互融合，助力小微企业对接创新资源实现快速发展，在此基础上打造多点支撑、特色鲜明、要素集聚的区域发展格局。

3. 拥有小微企业发展的直接利好

从资本投入要素最低、产出就业岗位最高、最经济合理等方面来衡量，大力发展中小微企业是有利于促进经济增长方式转变的最优选择。从进一步提升区域经济实力来说，发展小微企业是投入最低、就业岗位产出最高、最合理有效的方式。从投入产出比具体分析来看，大型工业和高技术产业企业的投资力度和技术密度显著高于中小微企业，而小微企业具有投入产出性价比高的优势。举例来看，一个注册资金10万元的微型企业，加上政府补助、银行贷款和税收优惠，它可以达到50万元的投资效应，能够提供7—8个工作岗位。这一特质在美国更有代表性。美国人一直以来梦寐以求的目标就是创办成功的家族企业。数据显示，小微型企业在美国的总业务额占到了99.7%，占所有企业收入的四成以上，小型和微型企业的就业数量占到了总就业人数的60%。

6.5 小微企业科技转型过程中面临的问题分析

（1）从外部支持看，鼓励企业创新的政策体系、法规体系、体制机制尚不完善。由于创新投入机制尚不健全，导致扶持创新的部分政策落实不到位，在知识产权保护方面也出现力度不够的问题❶❷。除此之外，人口资源环境之间矛盾日益突出，处于高耗能行业中的部分小微企业环境污染问题严重，存在较大安全隐患。

（2）从企业自身看，主动创新意识不强。由于创新型企业数量不多，导致区域整体创新水平不高。客观来看，初创期科技型小微企业在创新、创意加持下起步较快，但受制于研发力量缺乏、研发费用不足、公共创新平台借力不足等因素，从事技术创新难度较大，这对小微企业依靠创新实现可持续健康发展十分不利。

（3）从人力资源看，中小微企业科技创新人才短缺。总的来看，小微企业普遍不掌握关键核心技术，开展的创新活动水平较低，产业层次处于产业链、价值链低端。反过来看，创新型人才对大企业呈现供不应求态势，而对于小微企业来说，创新型人才陷入了"引不进、用不起、管不好、留不住"的尴尬局面。

（4）从贷款融资看，融资难，融资贵，成本高。由于小微企业财务管理不够科学、规范，更多使用现金支付，缺乏专业人员处理银行相关账户，导致银行对

---

❶ 吴松强，沈馨怡，石崑然，贾良定.转型升级背景下科技型小微企业协同创新策略研究［J］.科技管理研究，2015，35（05）：6-10+34.
❷ 张亚明，刘海鸥.科技型中小微企业自主创新能力梯度培育策略［J］.科技进步与对策，2014,31（15）：114-118.

账率较低，银行不愿意为其开设对公账户。除此之外，小微企业开户难，以及部分银行变相收取开户费、手续费、年度管理费等情形还存在。

6.6 小微企业科技创新转型对策分析

（1）量身定制优惠政策。优化政策分析，财政资金带动，通过引导投入、要素供给等方式，在龙头企业培育、新兴产业发展、创新平台建设、深化完善创业风险投资政策等方面进一步加深研究，引领中小微企业以创新促发展、发展中谋创新。从发达国家到发展中国家，多个地区陆续出台一系列政策措施，通过金融信贷服务、税收优惠、开展培训等，增强鼓励和充分支持中小微企业发展。在优惠政策引导下，结构调整得以加快，扶持培育一批专门从事新产品、新技术项目开发与应用的小微科技企业。进一步看，无论是融资层面的税收优惠、财政补贴，还是服务层面的政府服务及融资优惠，在促进企业创新水平提升上，上述方式均能起到扶持作用。与此同时，四种方式促进创新效用又有显著差异。一方面，直接资本性扶持的融资作用比间接资本性扶持的创新效用更大，而直接资本性扶持细分为两种方式，一种是直接、提前资金补助方式，一种是间接、滞后资金补助方式，前者优于后者。从融资层面比较，在促进中小微企业创新上，扶持效用从高到低依次是财政补贴、税收优惠、融资优惠。另一方面，由于政府层面财政补贴的非平衡性，相当匮乏的外源债务性及权益性融资，导致政府扶持的普惠性融资政策缺失，使得中小微企业融资存在较大困难。客观来看，政府服务的创新效用和财政补贴作用基本相当，以建设协同创新合作平台、提供优质公正的行政服务及完善的人才政策等为导向的政府扶持成为越来越多中小微企业的创新诉求。

（2）持续优化"双创"环境。此项，可从鼓励金融机构设立科技信贷服务专属部门入手，以政府为引导，吸引社会参与，探索建立科技风险投资基金服务中心，以支持科技型企业发展。抢抓国家自主创新的机遇，进一步深化产业分工，不断扩大创新成果交流渠道，持续开拓新的市场领域，以此加大对企业创新成果推广应用和市场拓展的扶持。以摸清企业需求、提供精准帮扶为目标，以广泛联系、结对纾困为抓手，打造适宜创新创造的一流营商环境，深入走访调研，提供指导服务，助力企业发展。

（3）以财税扶持为引导，以小微企业服务体系建设、创新创业发展、技术革新、节能减排为重点，切实加大对小微企业的支持力度，有以下几方面：①设立专项资金，对优势产业和新兴产业技术进步予以精准扶持。企业被列入重点技术改造专项计划，可按项目的生产性设备、测试设备和技术等实际投入额，给予一定额度的补助；健全完善政府采购支持小微企业的有关制度和具体办法，密切跟进项目实施，确保国家对中小微企业后续税收优惠政策落实落细。②加强普惠性融资政策供给，破解中小微企业创新资本之困，进一步加大结构性减税力度。一方面，通过税赋调节，减轻企业运营负担，改善现金流量，增加研发投入；另一方面，针对创新环节的税收减免设计予以完善，进一步提高对"三新"研发费用的加计扣除比例，同时在创新成果转化过渡环节提供优惠配套政策。③优化财政补贴分配制度。立足现有经济体制，与时俱进持续优化财政补贴资金的分配制度，尤其是对配给企业的考评机制设计，应当建立起科学合理、公开透明的专门针对研发创新部分的评估体系。例如，在财政补贴的分配时，并不是越多越好，创新定位是"精品工程"而非"加量堆砌工程"，应当合理判断，补贴的资金是帮助企业"做大"还是"做强"。对企业实施补贴后，对后续阶段应当加强考核监察，以防骗补带来道德风险继而增加"挤出"效应。④加强债务性与权益性普惠融资的金融制度创新。在征信数据成为企业社会融资"通行证"的现实情形下,政府首先需要完善企业征信系统建设,在良好的征信体系基础上,进一步引导针对中小微企业的金融创新。一方面,政府需要保持当下的融资优惠政策,同时可以通过金融创新,如设立发行中小微企业集合债、提供政府采购贷款等,来开启小微企业的借贷融资闸口;另一方面,通过设置政府引导的中小微企业创新基金、完善风险投资的相关制度保障等,以此鼓励民间的权益性资本积极参与中小企业创新。

(4)招才引智,人才为本。积极实施人才引进战略,着力加快人才队伍建设,重点做好小微企业复合型人才、高层管理人才、创新创业人才的引进和培育,大力吸引国内外高端人才,以人才带项目、带资金进行创业。以地域特点、产业特色、企业需求为导向,引进专业化技术人才队伍,同时在业务方面加强培训和考核,全力提升队伍整体专业素质。持续做好小微企业人才队伍培育和建设,以"送培训、送智力、送服务"为抓手深入开展"三送"活动。坚持分类施策,对"初创期""成长期",特别是成长性强的小微企业做好分类指导,以传统管理型向发展战略主导型和优秀企业文化导向型转型为目标,推动中小企业吸引集聚人才要素实现升级发展。

(5)市场导向、质量为先。发挥市场力量,坚持市场导向,以市场化、信息化和消费升级为牵引,整合资源,形成合力,做好品牌形象的塑造和推广。强化企业市场主体地位,注重市场机制作用发挥,适应市场和消费升级需求之变,夯实质量基础,升级品牌质量,提升品牌价值。推动品牌战略、人才战略、科技战略和诚信战略深入实施,加强技术创新,强化人才支撑,以品牌化、绿色化、科技化为目标,推进小微企业集群发展。打造优良市场环境,放宽市场准入政策,缩减市场准入负面清单相关内容,打破不合理的门槛和限制,为中小企业发展创造更多的机遇、营造公平竞争的市场氛围。

（6）大力营造创新创业的浓厚社会氛围。牢固树立"敢于追求、坚韧不拔、诚实守信，自我超越"创新文化特色品牌，努力营造"零障碍、低成本、高效率"的"舒适、舒心、舒畅"发展软环境。大力倡导"鼓励创新、宽容失败"创新氛围，探索建立一系列有利于保护失败者的权益机制，引导小微企业诚信经营，调整优化结构，坚持创新驱动，提升技术创新和科学管理创新水平，促进小微企业持续健康发展。

（7）优化服务供给，破除"创新陷阱"，推进政府职能向服务型转型。针对企业在创新时面临着市场后发劣势、互补性技术缺乏、转化效率低等"创新陷阱"，发挥政府服务对资金扶持的互补作用，政府以服务者的身份参与其中，降低企业从事创新风险。在国内部分地区智能制造产业领域，形成"政府平台、企业唱戏"的创新服务模式，沟通、合作等配套一体化服务得以搭建，促成各自比较优势的发挥，着力解决企业创新的成果转化、市场开拓等问题。

（8）提供帮扶指导，扶持拓展市场。面向国际市场，地方政府在出口退税、产品认证等方面给予更多扶持、予以优质服务，助力企业顺畅"出海"。兼顾国内市场，引导中小企业提升产品质量，践行品牌战略，借力电商营销，扩大市场份额。

（9）集聚集群发展，提升创新能力。纵观国内，很多地区都有商会、协会或企业组织举办的各种企业互助平台，以"论坛"或"沙龙"的形式，让企业管理专家与企业主面对面交流，现场解答疑惑，精准指点迷津。通过"企业家沙龙"，促进中小企业之间强强联合，推动"抱团取暖"发展，实现真正意义上的资源整合、优势互补、信息共享、互帮互助。依托创新发展路径，基于集聚集群方式，大大降低小微企业风险，快速增强企业业务能力，全面降低综合成本，切实增益中小企业。

6.7 浙江省传统产业中小微企业集聚及创新生态耦合机制分析

于企业而言，持续创新是提高产品竞争力的不二选择。只有不断创新，不断进行产品的更新换代，方能适应日益激烈的市场竞争，如此，浙江省小微企业才能在竞争中不断彰显其实力。在美国，特别鼓励中小微企业开展团队合作创新。以此为参考，浙江省中小微企业既要不遗余力地进行自主创新，也要积极主动地开展合作创新。在互惠互利、合作共赢的前提下，浙江省中小微企业应该积极参与合作创新，以此推进实现多方面的进步和发展，进一步提高中小微企业的创新能力，从而提升企业的国际竞争力。企业创新不能一蹴而就，贵在长期坚持，需要有足够的耐心和忍耐力，唯其如此，才能不断突破，最终实现创新，进而提升企业在国际市场上的竞争力。

高素质人才是促进区域经济发展的决定性因素，是提升国际竞争力的根本保证。要提高国际竞争力，必须首先关注企业人才队伍的建设和培养，加强高素质人才的培育和应用，以此提高企业经营管理水平，应是浙江省中小微企业开展技术创新的前提。

浙江早已形成产业集群式发展的成熟模式。集聚效应，集群布局，推动小微企业实现转型升级特色尽显。以小微企业集聚，动态构建创新网络体系，促进成员之间的协同创新，从而形成创新生态机制[1][2]。通过创新网络的构建，为企业开

---

❶ 黄海蓉，陈静，Adolf K Y Ng. 新常态下浙江专业市场推动传统产业集群转型升级的对策探讨[J]. 商业经济研究，2016（18）：213-214.

❷ 金晶. 产业融合的产业结构优化效应研究——基于浙江传统优势产业的实证分析[J]. 经济视角，2016（01）：54-61.

展创新活动获取外部知识提供方便快捷平台，还为对接合作组织和进行知识整合提供有效的保障机制。下面对传统产业中，科技型小微企业进行发展机制和创新生态耦合机制进行分析。

6.7.1 浙江省传统产业中科技型小微企业发展机制分析

提到科技型小微企业，目前属于习惯性叫法，从全国范围来看，尚无统一的认定标准。根据浙江省有关科技型中小企业的认定规定，凡是在该省注册成立满一年，并且满足自主知识产权、专有生产技术或较为先进知识同时拥有等必要条件，再加上内部从事研发及技术工作的人员占比不低于企业现有职工总数的1/10，具有相应专用经费及能力的一、二、三产业等企业，均可自主提出申请，经审核确认即可获得科技型企业认定，拿到这张闪亮名片。从这种概念上来看，科技型小微企业的共性特点包含拥有高新技术、研发人员、知识产权等。近年来，小微企业越来越体现出在市场经济活动中不可取代的特殊地位，其在推动技术创新、扩大安置就业、带动产业升级、助力企业发展等方面均发挥着无可取代的重要作用。但是从长期看，推动小微企业创新驱动发展、持续提质升级，还是面对一些现实因素的影响。

聚焦浙江，在2017年首次提出小微企业综合创新指数和研究开发创新指数评价，研究结果显示，小微企业综合创新能力处于较好的水平。进一步观察，全省11个设区市小微企业综合创新指数和研究开发创新指数及排名，可以分析小微企业的创新能力。

针对新设小微企业的经营状况，浙江曾于2017年发布有关报告，相关数据是很值得研究的。其中显示，不含个体工商户，此前的短短两年时间内，浙江全省总计新增接近60万家小微企业。而在经营数据方面，仅以2015年为例，浙江规模以上工业小微企业增加值足足超过6000亿元，利润超过1400亿元。另外，浙江全省小微企业从业人员多达1096.3万人，吸纳全省90%的新增就业人员。尤其值得注意的是，在涉及门类众多、产业分布广泛的数量颇大的小微企业中，科技、信息、金融等门类的新兴企业一枝独秀，共同呈现出高速发展总趋势、携手发展新特点。从微观角度看，浙江规模以上高新技术企业现已达到2000家，另有微型企业近60家，占全省高新技术企业总数的近八成，这实在不能不说是个相当高的比例；R&D经费内部支出超过4.6亿元，已占到高新技术产业R&D经费中的相当份额；从申请发明专利的角度观察，中小微企业总量也已接近1700件，占整个同一行业申请总数的接近三成，放在同业企业众多的背景下加以考量，这同样是一个相当高的数据。虽然科技型小微企业在经过短期快速发展后已经取得了相当高的成绩、积累了相当多的经验，但是也应该注意到，科技型小微企业持续走上一条创新驱动发展的新征程，在投入与产出、科研与生产之间，还仍然存在着短板、瓶颈与显而易见的制约因素。以下就是有关于此的总体分析。

（1）科技型小微企业创新发展与融资需求存在矛盾。

科技创新成果的转化必然经历一个过程，简单说就是产学研用，具体而言则是先以科学发现的方式掌握具备转化可行性的高新技术，再通过孵化全面掌握这种高新技术，最后才是将其转化为生产力，形成经济价值与社会价值，服务公众，造福社会。这就是科技创新成果转化的整个过程与完整路线❶。有关于科技型小微企业承接高等院校和科研院所的研究发现，通过产业化将其孵化为新发明、新技术，是其开展创新活动的首要任务。此阶段过程，主要资源需求是资金和人力资本。一方面是研发高新技术产品需要大量的资金支持，另一方面是小微企业普遍资产经营规模较小、可作为抵押物的资产较少、致使很难从银行渠道获得发

---

❶ 周娟.传统产业转型升级的制约因素与对策——基于浙江温州等地的调查研究[J].广西经济，2013（10）：47-48.

展所需资金。在政府资金支持方面，高等院校、科研院所相对而言更容易直接获得这种支持，并主要将其用于基础性科研及创新活动当中。虽然也同步设立创业投资引导基金，以补助、跟投、保障等资金运作方式可以支持科技型小微企业开展各式各样的创新活动，但由于总额不足、规模有限，有幸能够获得财政资金直接扶持的科技型小微企业实际上仍然是很少的，吃不上、吃不饱、吃不好的现象是一种普遍存在的窘迫状况。至于风险投资，尽管从事创新技术孵化的可期待回报、受益极高，但前期的投入、中期的风险同样极高，投资失败的担忧，信息不畅的现状，导致风险资本对科技型小微企业往往也是敬而远之、退避三舍，使之无法获得资金支持。显然，科技型小微企业专注从事创新活动，走创新驱动发展这条阳光大道的选择没错，但种种现状造成的融资困境、渠道不畅导致其创新活动受到影响，为如愿通过创新步入发展快车道增加了难度。

（2）科技型小微企业聚才能力弱，人员流动大，对开展创新活动形成了一定障碍。

对科技型小微企业来说，提高企业核心竞争力、影响力、发展力，最离不开的就是创新。一般而言，无论国内外，任何一家企业集聚专业技术人才、企业管理人才、配套支持人才等开展以创新为主导的活动，研发新技术、新发明、新创造并将其转化为生产当中，从而创造出提档升级、质量俱佳的具有更高价值的新产品的整个过程中，都需要得到资金、人才两个方面的充分保障。本文前述科技型小微企业认定标准中，专门提到内部从事研发及技术工作的人员占比不低于企业现有职工总数的 1/10，就着重显示了人才资源对于创新活动的重要价值、驱动企业发展的非凡意义。一方面，尽管科技型小微企业对创新人才的需求巨大、求贤若渴，但限于自身的规模、财力、技术水平、生活服务等，往往导致其对高学历、高技术、高能力人才的吸引力偏小，很难打动人心，因此也不会成为主要选择对象，集聚人才的难度较大。另一方面，与大型企业相比，科技型小微企业在生活配套、工资福利、社会保障等方面往往既欠缺优越感，也缺乏稳定性，因此集聚管理、营销、公关人才也较为困难，进而就制约了创新成果市场化的总体进程和效益创造。本身就因为集聚人才困难而导致人才基数小，而又因为人员流动大而无法留住所需人才，所以，聚才难、留人难、用工成本上升带来的资金难成为困扰科技型小微企业的"三难"问题，成为制约其发展的突出瓶颈。需要指出的是，这一共性问题占到受调查企业的比例接近85%。由于创新人才资源严重不足、匮乏，严重阻碍了科技型小微企业各类创新活动的开展或实施进度，由于人才流失造成一些正在研发项目被迫搁置或搁浅，让科技研发成果转化为生产力的周期被无限期延长，从而抑制了企业生产力、经济效益的提升，反过来又间接拖累了企业的创新能力与效率，形成循环往复拖累。

（3）限于科技服务市场配套体系的明显不足，科技型小微企业难以融入产学研协同创新的大格局，影响创新能力提升和企业发展提速。

在现代经济学理论中，协同创新往往会具有效率更高、成果更大、速度更快的明显优势，在实施创新驱动发展的战略当中，其更是可行之策、发展之基、动力之源。试想一下，如果成功建立一套从上游的来自大学、院所的，可供生产、具备价值的各类科研成果到中游孵化阶段的科学孵化，再到下游生产企业将孵化成果转化为标准化、规模化生产的成型产品的产学研一体化创新实践体系，将实现科技成果转化的效率、效益最大化和最优化。而如果下游企业在中游阶段就提前融入，一面掌握先进技术信息，一面传递终端市场需求，从而促进更好孵化，则将为这一体系进一步提高效率、效益，更好实现各方受益。这样一种完美体系，成功打通了创新与市场之间的通道，确保科技创新成果转化的速度更快、比例更高、效果更好。小微企业创业创新服务券在政府主导下推出后，一定程度上密切了这一体系内上中下游各主体之间的联系，为企业构建起产学研合作研发这样一条高效、便捷、低成本获取创新技术的通衢大道，并将其持续延伸、拓宽。不过，相较于大型企业，科技型小微企业参与这一产学研合作创新体系仍然存在不小的障碍，显得心有余而力不足。一方面还是因为上面提到的研发创新人才少，且企业能力弱、产品水准低，加之对知识产权保护的能力也有不足，存在对先期投入创新成本与后期收益不相匹配的深层担忧，致使动力不足、畏首畏尾。在另一个方面，由于目前国内科技信息服务市场、创新创业公共服务平台、相关服务体系等方面存在的建设及运营问题，导致涉及生产、管理、财务、法律、信息等多方面，与创新活动密切相关的咨询、服务方面功能普遍缺位，存在不足，也与科技型小微企业的需求无法匹配或无法很好完成匹配。还应该看到，这些机构过于侧重对大型企业提供支持服务，反倒忽略了实际对此更为依赖的科技型小微企业获得同等普惠服务的机会，同样给此类企业参与科技创新、实现成果转化制造了壁垒。

（4）财税优惠政策不完备、难落实，不利于科技型小微企业实施创新驱动发展。

应该说，尽管大型科技企业地位重要、产值巨大，但总量大、特色足的科技型小微企业也已成为科技创新的主要载体、核心力量、时代先锋。鉴于任何类型企业从事科技研发均所要面临的较大风险性与成果外溢性，要求政府需要采取财税政策工具对此给予强力支持、扎实推动，方可起到较好的科技创新市场调节作用，有效促进企业增加创新研发投入，不断提升创新能力，建立市场优势地位。我国有关于此的财税政策方面，扶持基金、税收优惠、信用担保及政府定向采购等都是已有方法，不仅通过实践证明可行，而且也已取得一定成效。仅在政府基金这一个方面，就有"国家中小企业发展基金"等多项财政项目基金相继推出、渐次落地，给予相应企业开展创新活动有效激励；税收政策上，国家出台了税收减免、税收扣减、投资减免、加速折旧等直接性和间接性优惠政策；在融资担保方面，国家制定了贴息补助、支持科技金融等政策；在政府采购方面，要求政府部门在每年专门面向中小企业采购的占到年度采购项目预算总额达到三成以上的整体份额中，要拿出不低于六成也就是一大半的比例面向小微企业预留，确保小微企业充分参与到政府采购中，并且从中稳定获益。然而，具体实践当中，限于自身生产、管理、经营的整体状况，针对科技型小微企业的优惠政策常常是难以落地落实。举例说，国家鼓励创新，陆续出台研发费用加计扣除、高新技术企业所得税优惠税率等政策，但由于适用门槛较高，导致为数更多、需求更大的小微企业却是可望而不可即。具体分析，税法规定的有关硬性标准，让科技型小微企业较难享受税收优惠。就以企业所得税优惠政策这一项为例，享受优惠的必备前置条件是要同时满足资产总额、从业人员、年度应纳税所得额这3个条件；而在增值税小规模纳税人方面，又明确提出了每月销售额不超过3万元，即按照季度纳税额则为9万元的标准，方可享受暂免征收优惠政策。所以可见，较为常见的实际情况是，受限于政策变动性因素较大、减征或免征的标准高、小微企业遭遇瓶颈多等因素，不可避免影响到了税收优惠政策的最大程度释放，导致科技型小微企业货真价实、足额足量享受税收优惠政策的可能性减小，并未获得很充分的发展助力。

6.7.2 浙江省传统产业中科技型小微企业创新发展及产业集聚耦合分析

（1）建设多元化、多层次融资体系，稳步开展并切实依托信用评级，形成更加优质的融资土壤，让科技型小微企业创新投资风险得以有效降低。开展技术创新活动并研发新产品，是科技型小微企业保持高成长性、提升竞争力的核心任务，同时这一过程也形成较大的资金需求。由于商业银行、风投企业，甚至是小贷公司等小型民营金融企业基于自身经营安全的角度考虑，提供贷款的审批门槛较高，而自身体量小、资产规模低、抵抗风险能力弱、相关财务制度不够完善健全的科技型小微企业往往够不着、跨不过这道门槛，从而导致依靠正规渠道开展的融资难以完成，仅能依靠企业自身原始积累、经营效益等"滚雪球式"投入资金发展，其自身创新能力不足、发展速度缓慢也就是必然的结果了。面对现实情况，要想解决问题，在企业开展信用评级这一基础上，建设多元化、多层次融资体系，让财政资金、金融贷款、风投资金三股力量各自发挥优势、长处、针对性，共同突破固有瓶颈、提供融资支持，是针对科技型小微企业融资比较可行的探索与突围路径，有助于企业发展、各方获益。

在国家不断加大财政科技投入力度的背景下，地方政府必须抢抓机遇，全力争取中央财政资金，积极支持科技型小微企业开展技术创新和产品研发；地方政府通过设立科技银行等举措，以"政银保"三方联合运作模式，充分发挥科技金融的扶持作用，推出基准利率优惠贷款向科技型小微企业倾斜。为了促使省、市一级不断扩大本级中小企业创业投资引导基金的整体规模，为更多中小企业加速创新发展提供强有力的助推，还应注重发挥财政资金的杠杆作用，使其尽可能形成较为突出、明显的资金撬动效能，并在相应基金的投资方式合理优化方面持续发挥导向作用；进一步加强政府与金融机构之间的密切合作关系，试点开展第三方专业机构小微企业信用评级工作，并在经过实践检验、取得成熟经验以后，将这一信用评级机制加以复制推广，建立起存储区域内每一家小微企业信用档案的资料库，打消商业银行、风投企业等发放贷款或进行投资的风险顾虑，打造对称、公开、透明的信息获取渠道，倡导金融机构优先向信用等级高的小微企业授信贷款，有效降低投资风险，促进转型升级发展。

（2）以创新管理政策为主要抓手，畅通科技人才引进通道，让人才在小微企业集聚，打造小微企业人才高地。创新为动力，人才最重要。任何一家企业想要开展技术升级、产品迭代，都离不开科技人才这一最为关键、核心、重要的支撑要素。毫无疑问，企业对人才的依赖度很高，没有创新的人才，开展科技创新活动就缺乏根基，成为无源之水、无本之木。近年来，在创新驱动发展这一理念的推动下，国内各地大打人才争夺战，无不竭尽全力出台五花八门的优惠政策，甚至不惜下血本、放大招、出天价抛出诱人的橄榄枝，积极招引各种各样的可称为"金凤凰"的科技人才前来栖息自家这棵"梧桐树"。要看到，一些科技人才创办的小微企业，定位就是走科技型创新发展之路，三五个人即可承担起企业的技术研发、产品开发任务。相较而言，如果一家科技型小微企业尚且处于初创成长阶段，对高层次科技人才、高级管理人才等各类专门高端人才无疑有着更旺盛的需求，这一客观态势不仅有助于这类企业提高创新能力、奔向产业高峰，实际上本身也将同步有力促进企业完成由初期松散管理向完备规范管理的迈进，积淀坚实的管理基础，形成丰厚的运营底蕴，最终实现从企业规模到产品质量的协同升级、整体进步，成为真正意义上的名实相副的现代企业。因此说，地方政府应该有针对性地制定出台优惠政策，灵活性地降低人才引进门槛，有力增强本地区对人才的吸引力，切实加大对符合小微企业需求的科技人才、管理人才的引进和培养力度。同时结合自身实际，制定实施具有地方特色的英才引进计划等，发挥项目资助、创业扶持、信贷支持、配套服务等政策待遇激励作用，积极吸引海外高层次人才携带技术、投资项目，创办企业。还要做好优秀企业文化建设，以舒适的环境引进人、留住人、用好人。

（3）以建设小微企业创业园为平台，打造企业孵化技术和信息服务的优质支撑载体。产学研用是一个整体过程，也是从研发到生产的一个完整流程。高等院校、科研院所的科学发现或实用发明等转化为可用于企业标准化、规模化、机械化生产的应用技术，当中必然有一个孵化高新技术的中间环节或中间过程，这点对专注于科技创新领域的科技型小微企业自然同样需要面对。遗憾的是，鉴于这一环节的资金投入较大、孵化风险较高，存在一定不确定性，因此相较于体量大、实力强、资本足的大型科技企业，科技型小微企业，特别是此类初创企业的客观环境、人员能力、设施设备等多方面的明显劣势均导致其处于下风，实力、能力、动力均存在不足，不可避免地拖住了科技高质量创新、企业可持续发展的后腿。面对此种情况，必求解题之法。事实上，解决这个问题的善法之一，就是针对科技型小微企业的自身特点、发展瓶颈、远期目标建设专门的创业园，同步打造为其提供多种综合性服务的公共服务平台，在技术孵化、信息服务这两个方面一并补齐短板、奉送服务、助力发展。应该看到，在经济发展居于国内第一方阵的浙江，就已经明确将小微企业创业园视为推动小微企业发展的不可或缺的支撑平台与成长舞台，将有效助力创业创新项目尽早形成产业化发展态势，带动区域经济整体快速蹿升。同时，以优质建设与运营为基本前提，浙江将此类创业园对"专精特新"小微企业的进驻集聚视作必然，由此更进一步坚决依照此类企业的需求打造基础设施、完善配套功能，使之孵化能力更为强大，培育能力更为显著，吸引能力更加强劲。同时，立足于全方位服务此类企业，涵盖查询、辅导、咨询、应用等多种功能于一体的中小企业公共服务示范平台的成功打造，全面解决了小微企业的信息服务精准支撑问题，让其成长更为迅猛。

从全球范围看，持续激励科技型小微企业创新发展，引导激励中小企业开展技术创新是世界各国的通用做法。从国内地方支撑此类企业发展的专门平台来看，在各地建成并运行的小微企业创业园范围内，一系列财政税收优惠政策的落地落实、稳步执行，以真金白银实打实的方式让财税政策红利普惠众多此类企业，产生了强大的发展驱动能量。应该看到，近些年来，中央政府已经制定出台了成体系、见实效的一揽子财税优惠政策，激发小微企业自主创新动能，助力中国经济巨轮行稳致远。在激励企业创新上，财和税的作用方式有所不同。财政政策具体包括了政府采购、财政补贴、基金扶持等方式，偏向于使用财政资金直接支持企业进行创新；作为一种目标导向、结果导向的正向激励机制，税收政策的优惠、利好作用主要体现在企业的创新行为及其产出方面。由于政府资金支出同样需要注重安全，因此考虑到风险因素更小等优势，政府部门相对来讲更加愿意选择以税收优惠政策的较稳妥方式给予企业支持，让企业得到实惠。就目前看，为了更好地支持小微企业的发展，在财税优惠政策这一方面，首先是不妨对照我国有关企业所得税相关法规，将其中关于中小型微利企业的认定标准与工信部对接，最终形成一个全国各地统一的认定标准，从而确保更多企业被纳入享受政策范围，及时拿到政策红利，享受切实发展助力。其次是将直接关系到小微企业税收优惠的有关政策体系进一步加以健全、完善，在政策的连贯性、科学性、稳定性方面下足气力。近年来，仅是所得税减免政策中有关年度应纳税所得额的规定这一项，就已经有了多次变化，从最初的3万元一路直线上升到了100万元，变化幅度较大。在这种有关政策的变动较大，而且一直持续发生的背景下，建议对于高新技术企业的认定标准做以适当放宽、适度扩展，并在一定的程度上降低企业所得税率，对小微企业加强创新研发、应用创新技术、实现创新发展起到加油鼓劲的激励作用；如果可行，还可以在增值税征缴方式上加以适当细微调整，比如将小规模纳税人月免征额调整为起征点，看似不大的变化却可以发挥巨大的作用，因为这就可以实现超过临界值的小微企业在税收方面更加公平、合理，确保公平的财税支持。

（4）以行业龙头企业带动示范为基本路径，让技术创新的引领支撑作用进一步凸显。推进大中小企业融通创新协同发展，是实现经济转型升级和高质量发展的关键。在此过程中，由于大型龙头企业具有体量规模大、基础条件好等优势，起主导和统领作用。其一，由于在所处的产业领域、发展阶段等方面的不同，从事技术创新的研发投入力度和强度也就必然会有所不同。与之相对应，龙头企业带动能力强、辐射范围广，具备开展高强度技术创新投资的实力。其二，大企业由于本身即已具备技术能力、资金规模、生产管理、购货订单等众多方面的显著优势，如果与为数众多的中小企业集聚一处、相融共进，不仅将会在自身各优势方面给予中小企业相应支持、综合助益，还必然通过促进中小企业技术能力升级的方式提升所处产业链的核心竞争力与发展驱动力。无论是技术水平和管理能力，还是与其他企业开展合作的广度和深度，龙头企业全都具有得天独厚的竞争优势。在全新构建的融合创新、携手发展、共进共赢的完美模式中，大企业作为产业领军的"龙头"、先锋，将直接向作为自己上游供应商的中小企业输出更为科学、先进、管用的技术、生产、管理、营销、培训等方面的理念、经验与做法，并不断推动其实现综合升级，进而以降低成本为主要途径，最终实现竞争力、发展力的稳步提升。小而精，小而美，小而优。企业是否掌握关键核心技术与自身规模不一定具有直接关系，有些小微企业基于深入研究、深度创新，同样具备了非凡能力与核心技术。龙头企业与之开展深度合作，对于提高自身的技术水平也将大有益处，从中受益匪浅，进而推动其自身的技术创新、产品研发、实力跃升。其三，龙头企业对科技型中小微企业的发展助力还体现在其他方面，就比如将会创造一个更为优质的发展环境、奋进沃土。当今时代，以自动化、智能化、规模化的生产技术蓬勃发展与普遍应用为前提基础，各类型企业的生产能力和水平由此得到空前提升。依托技术、品牌、质量、售后服务等方面具有的领先优势，企业产能得以大幅扩张，并且因此稀释了研发投入、广告宣传、原材料等成本。受益于此，行业领域的产能快速向优势大企业集中，竞争优势加速向大企业集聚。于是在市场上，龙头企业通常成为创新型产品的购买者，而中小微企业成为产品的出售者。通过购销关系，龙头企业与中小微企业紧密联系。在利益联结机制的作用下，中小微企业加入以龙头企业为主导的产业链，因而能够长期稳定获得订单，反过来为中小微企业深耕专业领域进行持续投资提供有效助力，有助于让自己跻身"专精特新"类型企业阵营里，从而助推产业链整体水平不断提升。

（5）关注创新型中小微企业的成长与进步，用心用力铸就创新源头。显然，科技型中小微企业极具创新活力。与大企业相比，一方面，它们的投入和产出指标清晰，效果易衡量，因此在开发新技术、探索新商业模式方面具有成本方面的优势。而另一方面，在现代信息技术、生产工艺、管理方式的持续嬗变与进步，以及社会化大生产形成规模，社会分工形成体系的大背景下，小微规模生产、小微创新实践正在越来越受到广泛关注，对于它们的普遍需求与综合利用持续增长。在中小微企业创新发展愈发受到关注的情形下，世界上的主要国家纷纷制定出台相应政策，对中小微企业创新予以加码扶持。

耳熟能详、尽人皆知的我国基本经济制度是，公有制为主体、多种所有制经济共同发展。在此框架下，企业生态丰富多元，产业形态优质良好，大中小企业融通发展顺畅高效。应该看到，我国稳居世界第二位置的超大规模经济总量，人口众多、需求庞大的超大规模市场，数不胜数、举不胜举的企业集聚发展聚落，为举国经济在发展探索方面打开了一扇扇新大门，包括开发应用新技术、开辟丰富新业态、开展美好新服务等。自改革开放以来，我国中小微企业在国民经济当中的重要位置日趋凸显、引人关注，在安置就业、增加收入、加快工业化进步与城镇化建设等多个方面均起到了十分重要的作用，成为驱动经济社会发展的可靠重大力量。党的十八大以来，在持续优化营商环境、不断深化商事制度改革等措施激励下，中小微企业数量实现大幅增长，截至2021年底，我国中小企业户数已达到近4800万。中小微企业量多面广、有活力有韧性，在开发创新技术、促进成果转化等方面极具潜力。当前阶段，从我国民营经济的发展全局来看，中小微企业在全国民营企业中占比高达99%以上，而中小微企业的技术创新成果则占到了民营企业的70%以上，足见中小微企业的创新贡献价值堪称巨大、不容小觑。因此说，推进大中小企业融通创新、协同发展，是提升我国产业链竞争力的重要引擎。

（6）强化通用公共服务技术平台建设，构建融通创新发展全新态势。企业运行过程中面临着一些突出的共性问题，表现为企业内部存在的技术、工艺、管理等，以及企业外部面对的市场规模、融资环境、环保政策、原材料价格等。不管哪方面的共性问题，对各行业领域相关企业的发展，无论是质的提升还是量的增长，都有着决定性的影响。所以，从宏观的视角加以深度分析，不同产业门类的任何企业如果想要获得持续健康高质量发展，都必须以针对共性问题探寻解题之法作为基本路径，唯此才能走上加速发展、加快成功之路。而全面实现并持续促进大中小企业融通创新发展的根本策略，同样也要以集中力量、全力以赴成功攻克共性技术问题为基础落点，这样才能形成创意多多、创新多多、创举多多的生动局面。一般而言，跨学科、跨产业、跨区域是共性技术的一个突出特点，这也使其能在同一个产业或不同门类产业中得到大范围推广与一体化应用。不过，从全世界范围来看，受产业基础、结构、规模及发展阶段的不尽相同等多种因素影响，导致共性技术所指的范围在不同的国家不一而足、多有不同。我国具有经济规模越来越大、企业数量不断增多、产业链条完整齐全的优势和特色，在这一背景下，发展共性技术既有广泛的需求，也不乏迫切需要，更可以对推进大中小企业和各类市场主体融通创新产生巨大的促进作用、利好效能。

属于专业化平台范畴的共性技术平台，在成功建成、良好运营的基础上，除了共性技术研究开发以外，还能在成果转化、技术升级、生产配套、市场推广等方面提供全方位服务，在产学研用全流程中发挥重要作用，进而成为技术开发机构与各类企业用户之间的关键节点和连接纽带，成为产学研用整体创新体系当中不可或缺的重要一环。构建共性技术平台，将有助于不同行业企业应用共性技术，对尚不具备相关领域完整研发能力的企业来说，可以此为载体，突破共性技术瓶颈，解决技术难题困扰，实现持续技术创新，推广更多个性化产品。

需要注意的是，作为关键环节，如果想要有效强化共性技术平台打造，提前构建多元化、多层次、多渠道的共性技术提供体系十分必要。梳理分类，我国的共性技术平台一般包括政府部门投资建立的，从科研院所转制而来，由拥有核心技术的大型企业独立出来的技术研发部门等几个方面。这当中，政府作为公共服务的提供者，"国字号"共性技术平台须占多数并起主导作用。在此基础上，对科研院所设立和大型企业自主建设的共性技术平台并向社会开放的，政府应依据其业务水平和服务效率进行评估，据此给予政策扶持、给予相应补助，从而健全共性技术供给平台，持续提供技术服务，促进融通创新发展，完善国家创新体系，形成强大创新合力。

相较于大型企业，基于自身客观条件，中小微企业对于共性技术的需求更大，因此建设共性技术平台，应当积极面向对此有着更大、更多、更广泛需求的中小微企业。可想而知，企业实施各类技术创新活动，离不开人才、技术、资金、设施设备等系列条件作为基础支撑。客观来看，我国数量众多的科技型中小微企业虽然在技术应用方面有一定的积累，但受自身规模限制，在建立完整研发部门、形成相应的研发能力等方面还存在差距。特别一提的是，不少中小微企业主对现代科学技术认知不足，对科学的研发流程、工艺和体系理解不够，这也成为阻碍中小微企业转型升级的一大制约因素。因此，通过共性技术平台的建立，有助于帮扶中小微企业渡过转型升级难关，促进此类企业加快速度补齐人才、技术、设备等多方面的短板，从而全面提升产品迭代升级、工艺流程研发、生产质量控制、科学管理体系构建等综合实力，最终形成强大的产品竞争力、市场影响力、企业发展力，走上一条高质量、跨越式发展之路，同时还将促进地区和国家经济加速发展。

纵观当今世界，正处于科学技术创新的活跃期，无论创新的广度、深度，还是创新的速度、精度，都在持续拓展提升。包括中国这个今日世界第二大经济体在内的各主要经济体之间的竞争日趋激烈，并有逐步走向白热化的趋势，而这种竞争又突出表现在产品质量、技术标准及产业发展方向等方面。新的国际产业竞争格局之下，具体产业发展方向尚不能完全确定的情况下，为我国大中小企业融通创新、协同发展创造了新的历史性机遇，同时带来了新的障碍性挑战。面对新的机遇、新的需求，决定了这项工作需要在两个方面同时下一番深功夫、苦功夫，才能收到良好效果。一方面，具备人才、技术、资金等方面显著优势的大企业可以不断加大技术创新投入力度，并推动、带动中小微企业走上共同发力创新的道路，从而形成更大的产业竞争优势；另一方面，中小微企业应当树立"借船出海"意识，积极主动地融入大型企业所搭建的产业链、供应链、服务链当中，在产品质量、管理能力、服务意识上实现全面提升，坚守"专精特新"定位，实现加油加速发展。沿着这条实践道路，依托以大带小，做好以小促大，大中小微各类企业共同创新、协同发展的大道必将越走越宽广。

促进大中小企业融通创新，需要发挥市场和政府的积极性，形成有效市场和有为政府统筹结合、协同发力的良好局面。营造创新生态系统，特别是一个良好的创新生态系统，那是复杂而庞杂的，离不开人才、资金、环境等各类相关因素的共同汇聚、密切合作，同样需要引导不同市场主体形成共识与合作意愿，进而形成攻坚克难、闯关夺隘的强大信念与合力。在现代经济体系中，资源要素由市场配置。对于不同创新主体的积极性、创造性、利益诉求等方面起到平衡、协调等综合作用，是市场机制在创新体系中的主要作用。这种作用有助于各类创新资源要素源源不断地大量聚集到优秀龙头企业周围，助力创新发展态势形成、能量积聚、速度加快，补齐各类企业融通创新的短板，突破各类企业融通创新的瓶颈；政府需要不断优化市场环境、持续降低营商成本，切实提高公共服务供给的效率和质量，引导激励市场主体创新。政府还应发挥新型举国体制优势，构筑创新平台，汇聚创新力量，动态调整完善科学合理的创新政策，弥补市场机制"失灵"，合力打造大中小企业融通创新崭新格局。

显而易见，根据现代经济理论与企业理论的观点，同时结合近年来不断深入的研究可以发现，包括科技型小微企业在内的小微企业自身实际上是具有生命力的完整生态体系，同样是社会经济运行活动中的基本组成单元。与生物学理论较为接近的是，任何生命体的存续、成长、发展都离不开与自身所处外部空间开展永续不断的物质、能量、知识信息等的往来交互，并且这一过程必然要贯穿任何生命体存在的整个周期。按照辩证理论的认知，尽管外因对于事物变化发展也能起到相应推动作用，但究其根本，推动事物变化发展的根本原因或者主要作用还是内因。所以，将生物学理论带入经济学理论观察，仍然可以得出这样一个结论：包括科技型小微企业在内的小微企业进步、发展的根本动力是来自自身内部的内因，内生动力显然才是推动其持续高效、高速、高质量成长与发展的主引擎、原动力、强能量。

人类从事任何一件事情都有行为动机，其实，动机也是企业组织产生与存在的必要基础。科技型小微企业产生与存在的动机，往往与主导创办这家企业的企业家密切相关，或者说，这位企业家创办企业的动机与这家企业经营发展的动机是相统一、相协调的，每一位企业家都等于是一家科技型小微企业的大脑。在竞争激烈的市场大潮中，不同企业成长速度、发展质量、竞争能力不尽相同，表现出明显的高低优劣之分。在这当中，作为企业大脑的企业家当然是决定企业发展状况的因素之一，但是也应看到，企业关键技术、人才储备、资金能力、营销网络等各类资源占有情况对企业发展状况其实有着更为直接、重大的影响。

如此看来，显而易见的是，科技型小微企业不断进步与发展的根本动因及主要动力是内生因素，但外部因素或者说外生因素对其发展的直接影响同样不容小觑，也可以视为比较重要的一个方面。将经济学理论与生物学理论结合来看，如果将科技型小微企业看成是一个生命体一般的存在，那么这种存在就不可能是孤立的、单一的，而是要与外部空间持续不断、永续进行物质、能量、知识信息等的往来、沟通、交互的，这样才能形成更好的互利共赢、各方受益的相对较为完善、完美、完备的经济生态圈系统或企业生命体系统。在科技型小微企业的成长历程里，"融资难、融资贵"是困扰科技型小微企业发展的一个"老问题"，而创建优良的金融生态环境对于破解融资难题十分关键。创造和培育一个公平、透明、合理的竞争环境，对小微企业的发展异常重要，这有赖于良好的政策法律环境来保驾护航、守护发展。显而易见，在足以影响科技型小微企业稳健发展的各类因素中，政策法律、金融生态这两个方面的整体环境因素均为十分重要的因素，应当持之以恒地沿着问题导向、目标导向、结果导向的路径，辨证施治，对症下药，通过营造更为适宜外部环境的有效做法，不断地进一步推动科技型小微企业做大做优做强，提升区域经济整体发展质量。

6.8 浙江省印刷包装行业创新生态分析

从最初的手工作坊，发展到如今的印刷大市场，浙江印刷业享誉国内外。统计数据显示，2017年，浙江印刷企业户数在全国各省排第二，共有各类印刷企业15254家，其中出版物印刷企业480家，包装装潢企业9790家，其他印刷品企业4523家。这些企业的年产值可以达到1816亿元以上，从业人员合计达到43万人❶。

在浙江历史、区域、经济及产业结构等条件共同作用下，依托浙东北环杭州湾、浙东南沿海、浙中及西南内陆这三个主要区域，浙江印刷产业形成了富有地方特色的产业集群。本文即以此为研究对象，基于钻石模型分析其竞争力，明确其现阶段的竞争力，并为浙江印刷产业集群的发展提出针对性建议。

6.8.1 浙江省印刷包装产业集群创新竞争力分析

纵观国内外，产业组织方式有不同的类型，以地理空间集聚作为突出特征的产业集群是其中具有显著特点的一种。根据相关研究及实例观察发现，其对产业竞争优势的形成与放大，可以形成全方位影响和多层面利好。具体来说，在提升产业竞争力上，印刷产业集群在以下三个方面均有较强大的促进作用。其一，有利于印刷资源实现优化配置。产业集群的出现，促进集约化经营，区块产业塑造"区位品牌"，从而增加对人才、资金、技术等资源的吸引力。各成员企业在集群内密切分工协作，广泛资源共享，相互沟通信息，实现资源互补。其二，有利于印刷企业提升核心竞争力。各成员企业在集群内实现专业化生产，进行专业

---

❶ 嵇俊.浙江印刷业70年发展辉煌成就［J］.印刷杂志，2019（04）：13-20.

化分工，从而提高整个产业的劳动生产率。受益于此，能使企业获得生产成本优势，交易成本也随之降低。其三，有利于打造完整的印刷产业链。只要存在市场需求，产业集群内的各要素就会以利益联结机制为纽带，沿着产业链的上下游不断延伸、不断拓展，自发形成一条新的产业链条，不断撑起产业丰厚度。

浙江省印刷包装产业集群蔚为大观，成为全省印刷产业新的经济增长点。历经数十年来，特别是最近二十余年来的接续发展、持续进步，浙江重要产业的版图上已有了属于印刷业的一席之地，而在宁波、温州、义乌等城市，其更是已成为当之无愧的主导产业、支柱产业、先行产业。当前，把握难得历史机遇，融合各种有利因素，浙江印刷产业集群的发展步伐在持续加快，处于并将长期处于快速优质发展阶段，产业竞争力、影响力、号召力均持续放大，成为中国同业中的一朵奇葩。企业数量增长率稳定，相关企业配套协作形成企业群。沿着印刷产业这条主线，相关产业、辅助产业、培训机构、服务咨询机构等组成了浙江的印刷产业集群，而这些企业之间的分工与密切联系、竞争与协作融合，形成了交错的产业价值体系，构成了浙江印刷产业集群的独特竞争优势。

6.8.2 浙江省印刷包装产业创新要素分析

针对浙江印刷产业集群的特点，结合影响创新竞争力的要素，对其创新竞争力进行如下分析。

（1）人力资源丰富。浙江地处东南沿海，位于"长三角"南翼，一直是全国吸收用工数量较多的省份之一，同样为印刷业提供了丰富的劳动力资源。在浙江印刷产业集群内，技术成熟的人力资源"底座"厚实。一些地区的品牌，如温州龙港"中国印刷城"不乏吸引其他地区优秀人才的加盟。另外，上海理工大学、杭州电子科技大学等院校都开设了包装印刷类专业，并且与各企业建立了长期稳定的合作关系。

（2）资金相对充裕。由于自身一直以来便是我国沿海经济发达省份，依托于雄厚的资金基础和深邃的文化底蕴，在经济快速发展和文化大省建设的双重利好条件共同作用下，浙江印刷产业得到了快速、稳定、持久的发展壮大，让人刮目相看。在建立具有特色的印刷产业集群，打造优质区块品牌，建设规范的印刷工业园区方面，浙江则一直在这个方面给予政策资金大力扶持。

（3）基础设施完善。位于杭州的"亚洲包装中心"、金华的"国际包装城"、温州龙港的"中国印刷城"等为印刷产业集群的发展提供了良好的基础设施和资源。这些产业中心，集科技、教育、信息、金融、文化、服务、总部、贸易、建设于一体，为印刷产业集群的发展提供了丰富的物质资源和技术资源。

浙江印刷产品以质取胜，国内外市场需求旺盛。如以杭州为中心的出版物印刷和以苍南为中心的包装装潢印刷产业集群，承接了大量出版印刷业务和众多著名企业的包装、商标等印刷业务。比如，在龙港印刷厂，国酒茅台、山西汾酒等一大批具有国内外影响力的食品、鞋帽、化妆品等包装每天源源不断地完成印刷、运送出厂、发往全国。岂止这一个突出代表，近年落成投用的总投资额度高达200亿元的亚洲包装中心，从规模、效益、生产模式等多个方面整体刷新了人们对于印刷企业的传统认知，作为各类国际组织在我国设立的第一个世界性、规模化、顶级型生产中心，目前已经成为承载全球包装产业多边合作、经贸交流、行业盛会等多种复合功能于一体的超级平台、超大舞台、响亮品牌，将会为浙江印刷包装产品创造良好的国内外销售环境和需求环境。其他如"中国印刷城""义乌印刷包装产业园"等印刷工业园区同样为浙江印刷品的需求和营销提供了多边渠道。

印刷工业涉及的产业部门众多，产业链条长而复杂。中间产品如纸张等需求和中间投入率很高，相关及辅助产业的发展对印刷产业的竞争优势具有重要影响。围绕浙江印刷产业的印刷机制造企业、油墨企业和造纸企业等在全国竞争优势明显：浙江富阳有着1900年造纸史，是全国著名产纸基地，获"造纸之乡"美称；据不完全统计，2021年浙江省造纸和纸制品行业共有规模以上企业996家，与印刷机械相关企业数量6206家，仅次于广东。另外，浙江大型印刷企业与海德堡中国有限公司等国际著名印刷机械品牌都建立了合作关系。此外，浙江印刷企业十分重视发展战略的制定。例如，浙江印刷集团有限公司的未来战略就是面向未来，坚持以市场为导向，以改革创新为动力，以技术进步和强化管理手段，不遗余力地为客户提供优质产品和满意的服务。还有就是，良性竞争有助于提高竞争力。例如，温州、义乌等地的支柱产业，相互之间为降低产品成本、增加产品附加值而竞争，这在一定程度上促进了印刷产业集群竞争力的提升。

6.9 浙江省印刷产业集群创新生态发展及耦合机制分析

历经近些年来的持续快速发展，浙江印刷产业及产业集群均取得了巨大发展成果，并且成功站上了新的历史发展起点。但从以上综合分析也可较为清晰地发现，所谓"行百里者半九十"，相较于更加美好的发展愿景与目标，这一产业集群目前仍然存在明显不足的点位、亟待补齐的短板、必须放大的优势。为此，从具有针对性的角度出发，提出一些进一步增强浙江印刷产业集群竞争力、影响力、发展力的建议，对创新耦合生态机制进行分析，提出对应的战略规划。

（1）加强专业人才培养，提升从业人员素质。

人才是企业发展的第一生产力，与其他地区相比，人力资源也是浙江印刷产业具有竞争力的因素之一。但客观分析，就浙江而言，基于印刷专门人才的培养体系还不够完善，有很大潜力可挖。依托开设印刷专业的职业学校，加强印刷职业技能培训，同时完善职业技能鉴定体系，建立科学合理的人才资源管理、开发、流动机制，逐步提高从业人员素质。

（2）调整印刷集群产业结构，优化产业布局。

研究浙江印刷产业集群形成过程发现，集群内存在低水平重复建设和资源浪费。以苍南为例，集群内工艺落后、规模小、档次低的印刷企业众多，而且生产的产品只是重复和简单的模仿，这类企业对集群未来的长远发展毫无益处。相关部门应引导中小企业走"抱团"道路，淘汰一批浪费资源的小企业，明确集群内各企业目标产品及市场定位，力避重复建设和重复制造；加大对一些优势企业的支持力度，鼓励其通过吸收外资、合并、兼并等方式对资产进行重组，形成更多的印刷骨干企业，带动全行业可持续发展。

（3）加大 R&D 投入，推进技术创新。

任何产业都有由低端到高端、由粗放到集约的发展过程，根据产业升级进步的总体趋势判断，科技化、网络化、光机电一体化等应当是印刷业长期、远期发展的总体趋势方向，而随着技术融合、设备升级、人才集聚，这一产业还将进一步成为资本密集型、资源密集型的高新技术产业。为了紧跟产业发展步伐，不被历史车轮落下，实施创新驱动战略，持续开展技术创新，不断以实用新技术、迭代新产品争夺市场的企业，才更有希望在未来市场竞争中占据有利位置，建立绝对优势。依托现代技术与理念完成信息化改造，同样也是传统印刷业提质升级的必由之路，以及在未来竞争中获胜的不二法门。从现阶段来看，仍具有规模小、资金弱、技术水平低、创新能力差等较多共性特点的浙江印刷企业，有必要加强与高等院校、科研院所的深度合作，持续扎实推进技术平台建设，提供研发、生产、营销等综合性支持，这将是促进其加快创新发展、建立竞争优势、立于不败之地的关键所在。

（4）构建环保体系，引导产业绿色转型。

当今世界，节能减排成为主题，降耗、绿色、安全等也成为世界多数国家的产业要求，印刷行业自然同样不能例外。未来的世界印刷业的主流发展方向，必然将以节能环保的绿色印刷为引领。处于发展新时代的中国，同样高度重视环境保护，绿色印刷显然是对这一传统产业的新要求，也应当成为行业发展的新方向。污染问题一直是印刷业及相关产业如油墨和造纸业的主要问题。立足于新时代，浙江印刷业应当把握机遇、统筹谋划，确定明晰目标与科学战略，采取有力措施与综合方法，以绿色印刷为根本战略，全力加快转变印刷产业落后的生产模式与传统发展方式，推动全省印刷产业尽早尽快提质增效、转型升级。

（5）规范市场秩序，提升管理服务。

政府层面应严格依据《印刷业管理条例》及有关规章，增加年度核验、准入门槛、退出机制、质量监管和数字印刷经营活动监管的内容；建立和完善印刷行政执法报告制度，坚持部门联动，加强对印刷企业的监管，探索和总结印刷监管长效机制；加强印刷管理网络信息系统建设，实现产业数据网上统计和汇总，改进管理手段。

（6）加强协调指导，发挥协会作用。

在任何一个产业领域，协会对于加强企业自律、调节企业关系、促进企业发展都发挥着重要作用与综合功能。就浙江印刷产业集群而言，想要进一步提升竞争力、影响力、发展力，除了企业自身发力以外，也有赖于印刷协会进一步发挥自身作用，形成积极助力。与此同时，有关部门也需要对印刷协会等各类组织持续加强切实指导与有效引领，使其能够在严格遵照法律法规、自身章程的基础上，把协调、监督、服务、维权等工作做得更好，使功能发挥得更好，从而在产业整体发展、行业企业自律、行业标准制定、人力资源培训、相关竞赛开展及诚信体系建设等多个方面发挥协会本身应当具有的重要作用。印刷协会还应主动加强自身与上下游产业协会之间的有效联系、沟通与协调，营造区域产业链整体共进的生动发展画卷。协会自身也要在建章立制的基础上，不断加强内部建设，持续强化内部管理，促进行业整体自律，进一步发挥好自身的桥梁和纽带良好作用，成为产业发展的稳定器、服务器、助推器。

第七章 浙江省产业创新服务综合体背景下的小微企业集聚及创新生态实证分析

7.1 浙江省产业创新服务综合体建设基础分析

浙江，居东部沿海，占发展先机，既享有传统经贸发达的历史恩泽，又有迎接现代经济发展的新派风潮。改革开放以来，以小微企业为代表的浙江民营经济从具有传统优势地位的轻工业手中接过接力棒，继续扮演着中国经济发展赛道上的先行者角色。

发展总有一个过程，总是从低级走向高级、低端走向高端、低档走向高档，这是自我完善、补强、跨越的必然过程。在一定的历史时期内，产业范围较窄、企业分布较散、生产规模较小、产品标准较低曾经是浙江小微企业的共性特点与突出问题，较为常见的企业家族治理模式在一定程度上导致了这些问题，而又在相当程度上加重了这些问题。先进的必然战胜落后的，发展的意愿总会超越思维的桎梏。随着历史的车轮驶入新千年，一系列改天换地的新变化已经在浙江小微企业发生，引发了一场新变革。在浙江小微企业中，家族化治理渐行渐远，产品、管理、服务创新成为共识，甚至技术引进的二次加工创新与集成创新等也已不再停留在新概念的认知层面。同时，摆脱低端加工阶段，走上品牌发展之路，形成一批具有一定知名度、号召力、导向性的品牌。近年来，国家环保政策稳步落地，"绿水青山就是金山银山"的理念也已深入人心，搞环保生产、多节能减排、做百年企业、兴世纪伟业成为小微企业共同追逐的远大奋斗梦想，切实促进企业管理、生产、服务的全面全方位升级，实现企业加速度、高质量、跨越式强劲发展。

风从海上来，潮从浙江起。领风气之先、引发展潮流的浙江，为以小微企业为主导的民营经济生根发芽打造沃土，也为它们的茁壮生长直至长成参天大树而矢志不渝、日夜不停、始终不变用心用情用力，具备首创性、前瞻性、战略性的产业创新服务综合体由浙江率先提出并成功缔造，就是最佳例证。这一全面聚焦小微企业在发展过程中已经显现并将持续暴露的产业集聚与创新发展突出问题而谋划、布局、落地的综合性优质服务平台，对浙江来说，既是对小微企业迫切渴望突破自身发展瓶颈的回应，也是构建全省种类齐全、体系完备的现代产业综合体的补充，使之具备更丰富、更完善的功能。在我国经济发展进入新常态，全面实施创新驱动战略的新时代，产业创新服务综合体的诞生将在较大程度上为小微企业补齐科技创新短板，提升综合竞争力，形成发展新优势。这种充分关注产业链条、创新驱动、生产性服务、生活性服务的具备公共创新属性的过硬服务平台，将产业、创新、服务完美融为有机整体，为小微企业插上了一对坚强的腾飞翅膀。

从丝绸之路到茶马古道，从诚信天下的徽商到富甲一方的晋商，中国的传统商业与中华文明一样，曾经在世界历史上写下辉煌灿烂的篇章。但是必须承认，在近代商业特别是经济学研究领域，大概与西方资本主义经济的兴起有关，一些经济发达国家的确走在了前头。就比如，当产业综合体这一概念于1959年出现在美国区域科学家艾萨德的研究笔记当中，由他领先全球第一个提出之际，我国尚处在社会主义初级阶段经济恢复与起步的艰辛探索阶段。这位科学家的最杰出贡献之处，在于他为产业综合体作出的意义界定与深入阐释。在他的认识之中，相互之间存在技术、生产和分配等多方面联系的经济活动发生在特定区域内，则这样的一种组合模式即可称为产业综合体。共享外部规模经济，并在很大程度上形成节约、集约的利好效应，是这种形成内在联系的经济活动模式的突出优势。历史总是在不断发展变化中演进向前，在经济学领域，也必然同样表现出这样的特点。当世界经济进入全球化时代，早期传统产业综合体的区域性与内部性都自然而然被突破，在具备更为宽泛的内涵和外延的现代产业综合体模式下，更为动态、开放、包容成为其新的特征，大区域离散、小区域集聚成为较为常见形态。

　　理论与实践的距离，在浙江总是被最大程度缩短。改革开放以来，多样面貌、多样模式、多样架构的产业综合体在浙江被成功建设、运营、火爆，一个又一个、一波又一波，不仅成为浙江经济发展的基础承载与动力，也已成为浙江经济发展的闪光名片与乐章。历史总在孕育新的契机，时代总会发出新的召唤。新时代、新常态、新梦想，浙江又一次从现实出发、从需求出发、从市场出发，决定打造面向小微企业的产业创新服务综合体，以实际举措为小微企业全方位加速发展加一把力、添一把火。且将视线回转至2017年盛夏，浙江有关产业创新服务综合体建设导则经省有关部门正式印发出台，这是永久载入浙江产业创新服务综合体发展史册的大事，引来社会各界热切关注。以产业集聚为先导，以产业创新公共服务平台为基础，充分发挥企业主体作用，融入高校、科研院所、行业协会及专业机构等各方面的综合力量，以科技创新为手段达成新动能的培育和传统动能的修复与升级，自此明确为浙江举全省之力打造产业创新服务综合体的基本概念、明晰方向、恒定目标。这种服务于小微企业的新型产业载体的一个最突出优势，就是集聚各类全要素创新资源，为总量大、体量小、底子薄、发展慢的小微企业提供创新发展全方位支撑与全链条服务，助力加快腾飞速度，尽早成为行业明星。

7.1.1 浙江省产业创新服务综合体的内涵与特点

无创新不立，无创新不强。当创新成为经济社会发展的第一引擎，当创新在世界各地风起云涌，创新就已经成为全球主题、时代主题，全人类的共同主题。必须认识到的是，以企业，特别是小微企业单打独斗方式开展的各类创新活动，颇为类似本质上也属于创新范畴的小学生的小发明、小制作，属于初级阶段，在质量、层次、规模上总归有限，对于企业本身的利好效能也必然有限，并不足以从根本上带动并牵引企业走上一条光明的发展道路。创新发展唯有跳出企业内部挖潜、转圈的初级阶段，定位于体系、生态两个方面做大做强做优，创新发展的竞争优势才能从根本上加以释放，也才能在日趋激烈的市场竞争中抢占充足先机。

产业创新服务综合体内涵其实非常明确、明了、明晰，那就是建立在包含了基础产业、创新资源、服务配套的综合集成集群模式基础之上的，全面实现产学研用一体化，并以龙头企业与高校、科研院所等组建成立创新联合体为典型代表的一种综合应用型创新服务平台❶❷。产业创新服务综合体面向具有专门属性的产业经济，全面培育新动能，并持续推动传统动能修复与升级，依靠政府引导与扶持及企业、高校、科研院所等共同形成合力，将科技创新、人才基础、金融服务等各类资源要素全面整合，扎实提升创新能力，最终实现推动企业个体、产业整体协同发展目标的全新创业平台，全面成功打造出功能强、规格高、优势大的产

---

❶ 王留军，段姗.浙江省产业创新服务综合体建设成效、困境与对策研究［J］.情报工程，2020，6（05）：109-116.

❷ 化祥雨.树立产业创新服务综合体"标杆"［J］.浙江经济，2018（04）：40.

业创新一流环境，以促进小微企业蹄疾步稳扎实走好前行之路❶。作为全面创新强力引领力量的科技创新，依托建设产业创新服务综合体可以获得积极助力与推动，而产学研用协同创新体制机制的探索与构建，同样借助产业创新服务综合体得以实现。放在更宏大的视野当中，这种全新产业综合体还将全方位促进浙江省传统产业的转型升级、换挡加速，推动小微企业跳出思维定式、补齐发展短板、跨越发展障碍，成功铺就一条通往美好阳光的民营经济高质量发展、全方位进步的通衢大道，更好地肩负强力拉动浙江民营经济又好又快上行的时代大任。

浙江产业创新服务综合体起步探索时间不长，但因为谋划于先、定位准确、运行稳健，已经取得了一些显著成果，并形成了自身浓郁风格，具有显著特点。一是具有明显的区域性、行业性、差异性，在深度融合、抱团发展上取得较大成果，对提升创新力、竞争力起到较好成效。在余杭、永康、诸暨等地区的一大批可以称之为浙江代表的不同产业的产业创新服务综合体，在一个不算太长的发展时期内，即发挥出了对区域特色产业的明显带动提升作用，撬动了产业的崛起更加快速、脚步更加平稳、品牌更加响亮。应当说，国内大中型企业的创新历史相对久远、创新基础相对厚实、创新成果相对丰足，内部研发已经具备完整架构和成熟经验，对外部创新服务载体的需求并不迫切，或者说并没有什么需求。相对而言，处于块状经济范畴内的小微企业，限于人才、资金、硬件设施等多个方面的条件制约，就十分需要创新平台提供公共服务支撑，破解自身创新乏力、发展受阻的难题。在这样的情况下，建设产业创新综合服务体可谓是因需而动、按需发力，直面中小企业最直接、最现实、最迫切的问题，通过提供更精准、更快捷、更经济的创新专业化服务，并建立起契合实际的运行架构与模式，既有效降

---

❶ 浙江省人民政府办公厅关于印发浙江省产业创新服务综合体建设行动计划的通知［J］.浙江省人民政府公报，2017（33）：10-14.

低创新成本,又切实催化创新成果,为小微企业加速发展注入源源不竭的动力。二是在全要素集聚、全方位助力上发挥优势,为小微企业带来发展壮大新机遇。产业创新服务综合体以清晰定位、宏大视野,立足于产业创新这一基础,将事关创新的人才、技术、金融、服务等必需要素资源全方位集聚,整体服务于小微企业的技术、产品、管理、营销等全面创新与综合升级,同时兼具创新设计、成果转化、创业孵化及至金融、会展、物流等各项配套服务功能,从而形成高水平、高性能、高标准的创新服务平台。需要强调的一点是,越是具备功能集成并形成对于小微企业发展的推动优势,即对小微企业创新能力的较好提升,甚至形成对于产业链整体升级的积极促进,推动产业链迈向高端化、高附加值化,就越是能够释放出强大的辐射作用,对处于同种产业的小微企业形成强大吸引力,进一步促成更大规模、更高水平、更广范围的产业集聚,带动区域经济发展持续迈上新的高度。二是形成综合效应与附加效应,按下发展"加速键"。产业创新服务综合体对于创新要素的集聚,并非简单的物理组合,而是会激发出深层次的化学反应。其中的必然逻辑在于,当创新要素以综合体的方式融汇、组合,必然形成综合效应与附加效应,形成全新的创新要素配置结构与创新服务配套体系,从而焕发出生机与活力。从浙江建设产业创新服务综合体以来的经验来看,各创新主体之间联合创新、优势互补、成果共享、风险共担的模式与机制已经成功地建立,并且经受过了市场洗礼与检验,受到各方认可,得到各方肯定,引来各方关注,使得这种集聚方式进一步焕发出持久而旺盛的生命力。

7.1.2 浙江省产业创新服务综合体优势分析

应该指出,建设产业创新服务综合体的复合利好优势、发展助推作用同样十分明显,短期与长期意义也巨大。在浙江认知中,这种综合体对于传统产业发扬优势、传统动能弥补劣势均具有十分重要的现实意义和深远的历史意义,既推动

第七章　浙江省产业创新服务综合体背景下的小微企业集聚及创新生态实证分析

存量提质升级,又着眼增量长期发展,大力推动其主体建设、内涵建设,打造一流样板、顶级模式,对浙江全省创新生态构建、发展动能激发、小微企业发展意义非比寻常,作用非同凡响。当今时代,创新是第一生产力,也是企业全面发展最为关键的推动力与抢占市场最为重要的竞争力。进入21世纪以来,浙江小微企业受到多方面的条件限制,创新意识不强、创新能力不足、创新成果不多的整体情况已经成为制约自身良好发展的阻碍,不少小微企业受困其中,却又无力依靠自身脱困。当此之际,小微企业对建立在政府引导基础上的创新公共服务平台的深度渴望愈发增强,并将补齐自身创新资源不足短板的希望寄托在其身上。产业创新服务综合体就很好地回应了小微企业的期待与渴望。从最为直接与基础的方面来看,它解决了小微企业最为关注的创新能力提升问题,同时因为集聚、比较等因素的作用,实现了这种创新服务的更精准、更快捷、更经济。仅仅从降低区域总体创新成本、减轻企业生产经营成本压力与经济负担这一角度看,就在很大程度上回应了小微企业的诉求与需求。从更深层次来看,与传统意义上面向所有或多种产业提供综合性服务的创新平台不同,产业创新服务综合体跳出传统模式、开辟全新渠道,专门面向依据产业性质而聚到一起来的小微企业提供服务,从而更加契合各类现代产业的专业市场、新兴产业等的基本特质与发展特性,进而搭建涵盖创意、孵化、营销、品牌塑造、服务供给的完整产业链、供应链、服务链,最终形成推动这一小微企业集聚区价值链整体提升的巨大作用。再看更深一步的另一个层次。产业创新服务综合体实际上营造了一片良好的创新生态空间,在这个空间以内,各类创新要素得以全面整合,各类创新资源的社会化供给与需求壁垒被打破、通道被畅通,实现充分融合、有效对接,将创新、资金、服务等各方面小微企业发展所需的要素和面临的困难一并解决,符合市场规律、创新导向的要素配置格局得到了切实构建,从而真正打造出一个各方协同发力、利益互通共享、发展良性互动的优质创新生态圈和小微企业俱乐部，促进企业根本发展，助推全省经济提速。

7.1.3 浙江省产业创新服务综合体运行模式

产业创新服务综合体以创新为根本创办主旨，而其本身也就充满着创新元素，彰显出创新力量。产业创新服务综合体从本质上讲，就具有由多样化主体集聚而形成的，因此发挥多样化主体的主观能动性也是支撑其建设与发展合作模式的必要前提和积极助益。在其内部，同样存在着多主体共同参与平台建设、运行与发展的需求和动力，通过多元化开展合作，各主体之间结成了互利共生、互助共存、互促共进的运行与治理关系，获得了更好的发展动能与愿景。此外，各主体在专注于平台建设的同时，也获得了自身发展所需要的更好条件，即获得反哺，产生循环受益效应，不断实现加速发展。从国外到国内的各类别产业集聚模式充分显示出，多边平台有效运行的最为关键要素就是价值创造，建立在这一基础上，互利共生、互助共存、互促共进的平台才能具备更高效助力企业发展的深厚土壤和循环动力，也才能对更多同一产业企业形成吸引力，促进新集聚。

产业创新服务综合体本身是一个公共服务平台，这一平台的自身成长和合作机制的建立，依靠价值创造和价值获取来实现。唯如此，方能解决平台内部运行问题，形成多主体之间的良性互动、长期共生。从一般层面来讲，生产率、竞争力、稳定性等的同步提升是产业集聚所带来的技术创新的显著标志，而产业创新服务综合体的建设，带来的正是这些方面同步提升的加油助力。此外，作为一种多边平台，一方面，其本身就具备多个方面的优势，比如集聚人才、技术、资金等创新资源，淘汰不利于区域技术创新的产品与技术。而在另一方面，由于这种类型平台自身所具有的既有数量庞大的供给与需求双方共同参与到当中，同时又需要通过积极创新来满足供需双方的多样化、个性化、特色化各种需求，所以其本身又具有创新多样性，且不断促进区域技术创新的多样性水平提高，这就更加有利于促进技术创新、企业发展、产业升级。更加让人惊喜的是，以产业创新服务综合体为依托实现的区域技术创新，是在数量庞大、为数众多的各类主体相融共进搭建起区域产业合作有机平台的方式下得以运作并实现的，即由政府、企业、相关组织和机构等多元主体共同营造的这一平台，不仅将有助于小微企业的提升发展，也必然有助于区域产业的提档升级，构建起创新驱动发展制高点与新样板。

7.1.4 浙江省产业创新服务综合体实施方案分析

作为一种创新服务全新载体，产业创新服务综合体在一定的政策引领、措施扶助、机制建立的基础上，将产生更好的服务功能、更优的服务效能，从而对于驱动小微企业创新能力提升、全面综合发展起到更为明显的推动作用。在这方面，走在前列的浙江省遵循经济发展规律和既往实践成果，积极尝试、大胆探索，也已经取得了一些值得总结归纳的主要举措，同时也是可资参考借鉴的有益经验。

（1）创立建设机制，支撑工作推进。浙江坚持全省一盘棋的思维与思想，在产业创新服务综合体建设的起步阶段，就已经明确了其基本建设机制，即后来被证明行之有效的"1+X"建设机制。这一机制的最大特点、突出亮点在于，着重发挥政府主导与引导作用，由地级市、县（市、区）政府作为产业创新服务综合体的申报主体，肩负主要责任。具体而言，在这种机制下，地级市、县（市、区）政府作为"1"，负责把舵定向，在细致构建的一套完整工作机制下，把加强组织领导、顶层设计、统一规划、政策整合等各项工作职责全面扛起来，为统筹产业创新服务综合体打下坚实基础、提供基本依托。具体到"X"，各市、县（市、区）则有无比广阔的思维和实践空间，需要充分关照本地产业发展历史与基础、各类资源有无与多寡、未来发展方向与愿景，明确目标，锁定方向，在着力构建符合本地实际、契合企业需求的产业不同、特色不同、模式不同的产业创新服务综合体上做文章、下功夫。建立在"1+X"的工作机制之上，将地方政府各有关部门即科技、发改、经信、财政、卫健、市场监管等政府部门，以及供电、供水、供暖、金融、电信等地方配套服务相关企业的综合力量全面汇集起来的显著优势，就是实现原本以分散、孤立、庞杂特点存在的各类公共服务资源的有效有力整合，在全力全速推进产业创新服务综合体这个事关经济发展大局的大事上形成合力，在促进小微企业持续发展与加速腾飞方面形成集中力量走大道、办大事、兴大业的巨大利好优势，为它们插上一对永续发展、翱翔蓝天的强劲飞翔翅膀。

（2）出台专门政策，助力工作推进。好的政策，往往是推动工作取得进展的法宝。现在回过头来看，在浙江全力建设产业创新服务综合体的进程中，特别是初始阶段里，一系列好政策的相继出台，有效助力了这项工作的全面推进与加速猛跑。浙江紧密结合本省经济发展、资源禀赋、未来发展愿景等多方面实际因素，同时统筹兼顾、紧密结合国内外产业经济发展大势与大局等，围绕产业创新服务综合体的建设进度与目标、规范与标准、财政激励资金竞争性分配等多方面相继编制出台了一系列既有指导性，又有前瞻性的政策文件。显然，一系列政策指引了产业创新服务综合体建设的总体方向，全面解决了重大事项，系统回应了各方关切。梳理这些政策内容就可以发现，它们对于产业创新服务综合体的建设具有重大的指导性、创造性、方向性作用。比如，探索实行股份制、理事会制、会员制等市场化运行机制及绩效导向，就是相关政策当中对产业创新服务综合体的运行管理体制及考核评价机制标定的主体航线，回答了根本性问题，给出了具有理论价值与实践价值的可行操作方案。人才是创新的主体，也事关创新的成效。关于人才引进，鉴于产业创新服务综合体起步阶段的实际及行业本身的特点等，政策提出的是鼓励通过区别于刚性引进的柔性引进方式实现人才，特别是高端人才的引进，争取吸引一大批领军人才和创新团队加以培育发展。开展任何建设，获得必要的资金保障是必需的，享有必要的资金支持也是应当的。围绕这一方面，浙江出台的相关文件中明确，根据产业创新服务综合体创建速度及发展情况等方面的差异，由省级财政每年给予其所在市、县（市、区）差异化的资金保障与支持，具体金额从2000万元起步，高的达到数千万元不等。真金白银的投入，必然更有希望换来货真价实的收获，进一步推动产业创新服务综合体的建设步伐不断加快，尽早释放出服务优势与超高效能，为创新能力、产业发展提升加油。

（3）加大宣传力度，服务工作推进。酒香也怕巷子深。当今时代是资讯高度发达、信息传播快速的时代，任何产业想要做大做强做优都离不开符合时代潮流与各界受众需求的宣传推介。在这一方面，专注致力于打造产业创新服务综合体的浙江，发挥传统优势，探索全新方式，走出了一条以宣传推广促其建设加速的成功之路，得到了各方关注与好评。浙江发展经济不做表面文章、不打花拳绣腿，最重实效。在推动产业创新服务综合体建设的新的历史征程中，浙江同样注重以实效为出发点、落脚点及进度和成果的衡量标准。站在这个高度上，浙江全方位、多层次、广覆盖持续加大对于产业创新服务综合体先进建设经验的宣传推广力度，依托高规格、高标准、高档次等全省产业创新服务综合体建设现场推进会等多种不同形式，一大批建设成效较好地区所取得的经验得以在全省范围内加速推广、城乡覆盖，杭州、宁波、台州等地的成功经验赢得掌声、引人钦敬，让其他地区意识到不足、学习到先进、查找到短板，进而加快产业创新服务综合体建设速度，并以此为依托加速向发展较快地区不断积极靠拢。在这一过程中，浙江既把展会宣传做好，也把媒体宣传做足。在传统平面媒体、电视媒体等的基础上，进一步发挥新媒体产业发展领跑全国的特色优势，以直播、短视频等方式持续推介产业创新服务综合体，同样得到受众认可，得以收到较好成效。不仅省级层面将更为直观的现场推进会形式搞好，在城市层面，金华、衢州、丽水等地市也陆续借鉴经验，组织举行的一场又一场市域范围内的产业创新服务综合体现场推进会等，助推各地各类产业创新服务综合体声名鹊起、发展红火的画卷徐徐铺展开，不仅充分起到向小微企业宣传推介其建设效果、进驻利好的良好作用，还化作将小微企业吸引而来、参与其中的巨大动力，让产业创新服务综合体不断焕发生机活力。

7.2 浙江省传统产业创新服务综合体的发展现状分析

7.2.1 浙江省产业创新服务综合体的建设进展情况

以促进小微企业创新能力、核心竞争力根本提升，推动区域产业转型升级、提质增效为出发点与落脚点，一向领风气之先、引发展风潮的浙江省着力培育和发展产业创新服务综合体，积极探索构建产业集聚新载体、经济发展新引擎，在短期内已经取得显著成效，一批产业创新服务综合体风生水起，成为浙江经济的新亮点、新标志、新名片。

浙江权威统计数据显示，截至目前，已有多达 168 家产业创新服务综合体在浙江大地上落地扎根、投入运营，占到其中近 40% 的省级产业创新服务综合体则以占据近半壁江山的总量整体居于主导地位，代表着浙江全省在这一全新领域的高水平、高层次、高能级。按照催化释放新动能、提质升级老动能的建设构想，这些省级产业创新服务综合体当中，既有传统产业，也有新兴产业，形成了一派

第七章 浙江省产业创新服务综合体背景下的小微企业集聚及创新生态实证分析

百花齐放、百家争鸣的喜人景象与活跃态势❶。总体来看,一方面以纺织服装、冶金工业、机械制造为主的传统产业的产业创新服务综合体占比约为58%,这表明老动能被唤醒;另一方面,主要囊括新能源、新材料、信息技术等新兴产业的产业创新服务综合体占比也超过了40%,这说明新动能被有效激发,并得到充分释放。整体涵盖由一、二、三组成的国民经济三大产业,进一步说明并印证了产业创新服务综合体的较大服务范围与显著发展优势。正是由于这种本身具备的突出特点,使得产业创新服务综合体的自我增强、持续发展效应不断放大,而通过吸引更多同一产业小微企业进驻其中、协同创新、共谋进步,其总规模又在不停地扩大,由此形成内部良性发展循环。另一项统计数据显示,仅在目前阶段,已经发散出巨大吸引力的产业创新服务综合体的放大发展效应就在逐步显现中,两千余个创新服务中介机构,以及相似数量的高水平人才合作团队集中于全省六十余个省级产业创新服务综合体内,并形成了良好的创新规模效应与示范效应。而另一项数据更为鼓舞人心,在这当中,四成以上的产业集群生产总值已经超过百亿元规模,另有近1/4产业集群生产总值在50亿至100亿元之间。产业创新服务综合体的建设与发展是一种前置条件,随着自身通过内部治理、运作模式的提升,加之以创新为基础实现整个区域的比较优势的强化,必将呈现出质量同步提升、规模持续扩大、经济加速发展的突出特征,为区域创新注入永续不竭的十足动力,引领区域创新能力、效能、成果迈上新的更高台阶。

建设产业创新服务综合体是浙江推动经济高质量的全新实践,也是激发小微企业创新意识与意愿,有力促进小微企业走一条健康有活力发展道路的有益探索。短短的一个历史时期内,产业创新服务综合体建设已经取得了一系列明显成

---

❶ 谢子远.产业创新服务综合体评价指标体系研究[J].宁波经济(三江论坛),2021(01):3-7.

效，成为推动产业升级、经济发展的新平台和新引擎。具体成效方面，一是集聚整合，形成发展合力。在产业创新服务综合体的强大创新力、发展力的吸引下，囊括了创新设计、成果转化、企业孵化、金融服务、知识产权保护等全链条创新资源与要素在此充分汇聚，形成了强大的整合效应、规模效应，让企业迫切需要的技术、产品、管理、营销、服务等方面创新工作得以有的放矢、有效展开，让企业创新主体活力得到全面释放并从中极大获益。在这方面，地处杭州下沙的浙江省生物医药产业创新服务综合体具有一定的标本意义，也是一个较好的例证。这处产业创新服务综合体尽管创办时间不长，但凭借技术、资本、服务等各类创新资源的全面有机聚合，大量已经形成全球范围内巨大影响力的世界级高端层次生物医药企业跨海而来、相继进驻，并随之带来更为丰富的创新资源，一个以创新为引领的生物医药产业全链条综合性平台迅速崛起在杭州大地上，成为浙江产业创新服务综合体的优秀代表，引来了世界关注的目光。如果聚焦在创新方面，可以看到，浙江60余家省级产业创新服务综合体内，已经聚集而来、根植于此的各类创新服务机构足足超过2800家。其中，670余家科技企业孵化器即通常所说的众创空间，确保初创企业起步发展有了更好成长环境；480余家知识产权服务机构让产权保护更为便利，使得创新成果最大程度上不受侵犯，企业发展核心利益得到保障；270余个中小企业公共服务平台让企业咨询与创新、运营、服务相关的各类问题得到解决并进一步打开方便之门；450余家知名高校与科研院所及2200余个高层次人才团队的海量汇聚，让各种创新活动有了源头活水，形成永续不竭的创新环境，助力企业持续发展。二是内部资源聚集，形成发展后劲。在各类创业要素的全面汇聚之下，先进科研成果、地方企业需求、金融资本融入、支持服务配套在产业创新服务综合体内部形成闭环运行方式，以"肥水不流外人田"、所有事情自己做的模式，成功打造出了真正意义上的产业创新综合体、联合体，使创新成为常态，具有无穷的动力。从成果上看，浙江 60 余家省级产业创新服务综合体将多达 1400 项省级及以上科技计划项目扛在肩上，有力促进全省经济发展；多达 6300 家企业开展产学研合作，提高创新产出绩效，让高校、科研院所研究成果在第一时间化作生产力；1.6 万个技术难题被逐一攻克，企业发展路上的拦路虎一一退去，走上加速跑的新征程。在资金方面，仅 60 余家省级产业创新服务综合体设立的风投资金就达 260 亿元以上，而知识产权质押贷款超过 55 亿元，资本追随创新而来的特性已清晰显现，有项目、无资金的尴尬情况在这些一流产业创新服务综合体正式成为"过去时"。三是溢出效应明显，助推全省经济。以产业创新服务综合体为依托的小微企业集聚，旨在提供产业创新方面的全面服务，起到立足产业、推动发展的作用，助力整体产业升级，推动区域乃至省域现代化产业链构建和升级。2018 年的数据显示，65 家省级产业创新服务综合体的主营业务收入已经站上 2.3 万亿元台阶，研发投入近 400 亿元，增长逾三成。这些数据说明的是，一旦产业创新服务综合体进入良性发展轨道与循环周期，吸引力与溢出效应十分明显，当更多企业集聚，将有力推动全省经济发展。四是发展模式有异，提供多元经验。作为专业服务于小微企业集聚的新生事物，产业创新服务综合体并没有现成的模式，也没有太多经验可供学习与借鉴。浙江各城市走的是一条依据实情、因地制宜、统筹推进的创建与发展之路，从成功结果来看具有一定的示范意义和借鉴价值。首先是政府推动模式。政府将各方面资源加以调度统筹、充分运营，释放多部门资源优势推进产业创新服务综合体建设，使其尽快投入运行，尽早发挥应有效能。其次是企业带动式。一般是由某一行业的龙头企业或主导企业发挥牵头策划作用，凭借自己在行业内已经形成的巨大影响力、吸引力与感召力吸引众多创新要素在此聚合，进而为提供全产业链公共创新服务打下基础、提供可能，为小微企业奉送多样的服务选择。再次是多元协同式。各参与主体之间并无明显主次关系，而是由企业、高校、科研院所及相关机构等依据自身能力和特点共同推动建设，在资源共享、协同创新、互惠共赢当中实现各自发展、各自获益。最后则是全链条推进式。就是把产业、创新、资金、服务四个事关企业发展的核心链条放在一起加以审视，并针对某一链条上的关键环节加以突破，营造一个生态良好的创新空间、创业宝地。需要指出的是，产业创新服务综合体的创建及发展过程时间有限，有关发展模式的探讨很难做到全部囊括、尽善尽美。仅据目前来看，其中尚存在关键环节突破式、未来产业孵化式等不同模式，但根本目的都是以促进小微企业的更快更好创新发展为根本出发点。

7.2.2 浙江省产业创新服务综合体的产业分布情况分析

以小微企业为主要服务群体的产业创新服务综合体，在浙江大地上的诞生与发展走在了全国前列，取得了一定成果。从现有情况看，浙江产业创新服务综合体的产业分布比较广泛，并表现出自身的一定特点。对此加以研究，不仅有助于浙江产业创新服务综合体走稳走好前路，对于国内其他区域的此类综合体也会有一定经验推介价值。

（1）传统产业与新兴产业兼有。浙江是全国经济大省，多个产业发展起步早、基础好、后劲足。就目前来看，在已经创建的六十余个省级产业创新服务综合体中，同样表现出这样的特点，也就是这当中既有占比超过五成的传统产业，也有占比接近五成的新兴产业，大体呈现出各占半壁江山的态势。这种态势既有助于激活纺织服装、冶金工业和机械制造等传统产业的老动能，也可以推动信息技术、新能源及新材料领域等新产业的新动能不断释放，最终推动全省小微企业和整体经济迈上新台阶，让浙江经济更有活力、魅力、吸引力。

（2）一、二、三产业全面覆盖。目前，浙江的一、二、三产业已经都有产业创新服务综合体分布其中,这有助于三个产业小微企业全面依靠创新发展提速,最终推动浙江全省经济全面提档升级。

(3)行业分布不够均衡。必须要看到并指出的是,尽管现阶段浙江产业创新服务综合体覆盖行业范围比较广泛,但相对而言,第二产业更为集中也是一个较明显的特点,而一三产业相对较少。诸多具备传统优势的第二产业即制造业中,又相对集中于轻工业的纺织和服装产业,这也是浙江最为传统、蜚声中外的传统优势产业。同时,这些产业还具备着劳动密集型的属性,需要较大的人力生产。相较于制造业,浙江高新技术产业类别的产业创新服务综合体则数量较少、底子较薄,存在发展相对滞后问题,需要继续加快速度持续赶超。

(4)区域特色相对较为明显。浙江的经济发展,一直坚持走符合实际、实事求是、因地制宜的道路,实践证明,这是一条光明而正确的道路。建设产业创新服务综合体,浙江走的同样是一条承接历史、面向未来的道路。事实上,也正是因为充分考虑到了地域产业优势、经济发展状况、自然资源禀赋等各方面要素,浙江产业创新服务综合体才拥有了对地区特色产业的巨大而持久的推动力,才能表现出有效推动区域经济可持续、高质量、全方位发展的强劲势能和长远后劲。这种模式对于企业创新发展、产业提质升级也持续发挥了积极作用。比如,浙江丽水市通过全方位构建创新生态产品全产业链的发展模式,不仅成功打通了全产业链的全部环节,有力有效地促进了产业蓬勃发展,同时让当地走上了一条依靠绿色环保产业走可持续发展道路的成功路径,不仅为现代人创造出金山银山,也为子孙后代留存绿水青山,创造了一个创新发展的模本与典范。

从整体上看,从现状上看,历经短时间建设、发展过程之后,浙江产业创新服务综合体表现出一些共性特点。一是起步快速。应该说,小微企业发展过程中越来越明显暴露出来的创新短板制约前行脚步的问题,不仅让企业自身产生迫切寻求突围之策的愿望与动力，一直致力于以发展保障和改善民生、推动共同富裕的浙江各地级市政府，也在为此孜孜以求。当浙江省提出面向小微企业创办产业创新服务综合体后，杭州、宁波、温州等省内11个地级市宛如抓到了"药方"、看到了希望，表现出强烈的创办热情，生成了巨大的创办动力，纷纷从当地产业特色的角度出发，统筹力量，学习先进，推动建设，在全省展开了一场如火如荼的产业创新服务综合体创建热潮、高潮、大潮。在这些城市看来，产业创新服务综合体将在助力小微企业发展、提升地方经济质量方面发挥重大作用。这是因为，一方面依托综合体，小微企业可以获得急需的创新资源驱动成长进步，带动产业链迈向中高端；另一方面，在大众创业、万众创新的时代大潮中，创新创业风起云涌，具有集聚、承载、连通作用的综合体为创新创业提供强大助力和综合推动。综合体的这种枢纽作用，在现代经济发展中的重要地位是不言而喻、无须赘言的。二是立足优势。经过建国后，特别是改革开放以来的持续发展，浙江各地都形成了一些独具特色的优势产业，并且大都经受过市场大潮的洗礼与检验，成为在国内外立得住、叫得响、信得过的品牌产业。鉴古方能知今，继往才能开来。浙江各市在产业创新服务综合体创建过程中，同样立足产业优势、发展传统而有序展开。例如，在有着多年木业家具产业发展历史的嘉善，各类木业家具企业总量已达到800家，尤以小微企业为主，存在着产业底子薄、技术等级低、创新能力弱的"通病"。依托于具有历史与现实明显产业先行优势的这一基本特点，嘉善第一时间创办木业家具产业创新服务综合体，为这些企业注入创新驱动发展的动力。依托这一成长促进平台，当地木业家具产业集聚从初具雏形走向基本成熟，一个相对而言已经形成区位分布合理、创新要素完备、科技服务全面、配套资源到位的产业创新综合性服务平台精彩绽放、初露峥嵘。从长远来看，条块布局集中、产业链条完整、配套服务齐全的产业创新服务综合体，在既有龙头企业示范带动，又有科技创新支撑保障的良好发展生态条件之下，只会在产业转型升级、加速崛起的新征程上一路突飞猛进。依托地方产业优势，提供一流创新服务，从规模和品质两个方面一并领跑浙江全省该产业的综合体的灿烂未来，是可以预见的，必然到来的。三是后劲十足。探索之后的脚步一定更加迅速，势能累积的结果必是发展提速。从这个角度来看，目前仍处于起步探索阶段的浙江省产业创新服务综合体仍处于其永续生命周期的初始时光，前路正长，尚待开拓。全省层面的《浙江省产业创新服务综合体建设行动计划》及《浙江省产业创新服务综合体建设导则》两个文件在为产业创新服务综合体的创建与发展提供方向指引与根本方略的基础上，地方层面的行动落地还需要一定的条件与时间，比如充分对接当地特色优势产业、谋划未来远期发展远景等。除此之外，如何在运行实践中不断完善人才、技术、考核、融资、配套服务等各方面的服务体系，也是已经构建并投入运营的产业创新服务综合体所必须面对，并在实践中拿出解决方案的问题。只有切实解决了这些问题，产业创新服务综合体前进路程中的阻碍才会被逐一破除，创新综合服务优势才会被逐渐确立，从而为企业经营向上向好、区域经济提质升级发挥出更大效能与作用，成为全新的经济增长级。

7.2.3 浙江省产业创新服务综合体建设中面临的困境分析

失败是成功之母，任何新生事物从出现到发展直至攀上巅峰、达到鼎盛，都必然经历一个曲折盘旋的上升过程，这是客观规律，向来概莫能外。就像很可能不存在十全十美的产业一样，也应该找不到一个从一开始就十全十美的产业集聚服务载体。浙江产业创新服务综合体同样如此，尽管在开始建设的较短时间之内就已风生水起、有声有色，不仅为小微企业破解创新难题、加快前进脚步注入了持续推动力，甚至产生了一定的示范效应，取得了一定的宝贵经验，但也存在着一些亟待突破的发展壮大瓶颈，需要给出解题之法，开辟前行之路。

（1）建设思路还需进一步明晰。"产学研用金、才政介美云"，这共10个方面组合在一起，就全面构建起了一个符合现代认知标准的全链条、全体系、全方位创新创业生态系统，即通称的"十联动"创新创业生态系统。只要拥有了这样的良好生态系统，任何一个创新点子、一家初创企业犹如一粒小小种子，都能充分获取一切必要养分，茁壮生长，走向成熟。打造产业创新服务综合体的最为根本目的和最为首要目标，就是成功营造并完美运行一个可形象称之为"十联动"的创新创业生态系统，通过搭建创新平台的有效方式，促成一切进驻其中创新主体的协同互动产生动能、激发动力，以这种高效、便捷、低成本的方式解决小微企业最为关切的创新促发展问题，实现企业和平台的共同成长。不过，就仅从目前这一阶段，即浙江各地产业创新服务综合体开始建设这段时间以来的具体情况看，部分综合体片面追求相关产业企业及高校、科研院所、金融机构等各类创新主体在物理空间层面上的集聚，也确实看起来体量足够大，热闹又红火，可殊不知，这却在某种程度上偏离了打造综合体的根本出发点。此类综合体虽然看似也具备了不同的创新创业资源，但是由于没有遵循系统化、网络化、生态化的科学思维搭建切实有效的融通对接相关渠道，导致创意设计、技术转移、融资平台、培训机构、配套服务企业等各类创新主体要素之间没有发生应有的化学反应，或化学反应不足，导致创新服务效能大打折扣，未能发挥自身本应具备的创新推动能力，也不可避免地在一定程度上偏离了打造更具活力、更高效率创新创业生态系统的目标，错失了尽早尽快发挥更大作用、释放更大利好、促进更大发展的历史机遇。

（2）支撑能力还需进一步增强。产业创新服务综合体主要服务于小微企业，而小微企业对创新的核心关注点，显然相对更为集中在产品这一事关产值、效益、竞争力之类直观方面的方向上。相对应地，从浙江各地级市、县（市、区）

作为申报主体创建的产业创新服务综合体中,提供针对产品等相对层次低、格局小、后劲弱方向的创新研究机构较多。一方面,这固然与各地立足产业优势建设产业创新服务综合体,而多数综合体所处县域本就存在创新资源质与量两方面的短板有关;另一方面,也与县域条件相对有限,吸引创新研发领域的高端人才、高端机构进驻相对较为困难有关。二者相叠加的结果,就是高质量、高档次、高水平的创新团队难以在这类综合体形成集聚,更加难以形成创新叠加释放效应,导致综合体对行业发展缺乏前瞻性、迭代性、突破性研究,企业则难以凭借关键核心技术创新来抢占先机、占据市场,影响了成长加速度。至于其他方面,由于同样的原因,技术、融资、配套服务等方面也都会不同程度受到影响,技术攻关无力实施,咨询培训总量不足、质量不高,展会营销等活动在低端徘徊,尚无法形成规模效应、带动作用。不可避免地,综合体的创新资源与要素支撑能力存在不足,创业创新生态环境存在短板,在一定程度上影响了创新综合服务能力的充分施展,反之又影响了相关产业小微企业等快速进驻、加速集聚的意愿。若想实现综合体快速发挥应有作用,这一短板必须补齐,全面释放创新活力。

(3)资源整合还需进一步深入。资源整合是一个常见词汇,核心目的当然是通过必要的、科学的、合理的整合,进一步适应形势、建立优势、推动工作。在产业创新服务综合体的建设过程中,为建立这一以创新为主旨的综合服务平台,充分激发各方能力与潜力,资源整合是必需的。应该说,在浙江省产业创新服务综合体的既往建设期间,已经开展了一系列资源整合,并取得了众多的显著成果。不过,一些地级市、县(市、区)为建设产业创新服务综合体而开展的资源整合,未能真正做到彻头彻尾、尽善尽美,未能彻底跳出以往政府各部门本身所具有的工作职能的条条框框,而仅是将以往各地的科技创新服务平台加以改头换面或是简单的升级改造,并没有给全新的综合体量身定制、量体裁衣,采取全新的资源整合方式，建构全新的资源整合平台，这就导致发改、经信、商务等各方面相关部门的公共服务平台纳入整合计划，实施整合服务，甚至会由于各负其责、各司其职的行政架构，制造出各部门资源对接的不小困难。加速产业创新服务综合体建设与成长，迫切需要打破这种部门间的无形壁垒，在有效的依托载体内更快速地建立起良好运转体系，这样才能有效推动综合体全面发展。在这方面，在营商环境建设中，一窗通办等创新举措已经树立标杆，可供产业创新服务综合体借鉴。

（4）运营模式还需进一步探索。企业是市场经济的主体，是市场大潮中真正的弄潮儿。在经济大省浙江省，以市场方式灵活配置资源、搞活市场经济的巨大优势，已经在改革开放以来的漫长岁月里清晰显现。从产业创新服务综合体来看，在浙江全省范围内，现阶段整体运行平稳、经济效益突出、发展后劲十足的综合体同样大多实行企业化的管理、市场化运营的建设发展模式，已经在经济效益和社会效益两个方面取得了一定程度上的"双丰收"，从而得到国内众多大小城市广泛关注，成为同业发展标杆。再反过来观察，目前建设与发展速度较为缓慢，迟迟未能表现出足够创新能力、集聚效应、发展速度的综合体，则不仅本身的落地生根就具有更为浓重的政府推动色彩，而且普遍以政府背景主体负责运营模式为主。"他山之石，可以攻玉。"事实上，综合特色小镇、中小企业服务平台等有关小微企业发展助力平台的建设与发展情况分析，实行市场化运营方式的优势也很明显，发展更快更好具有普遍性。从长远来看，对于目前还仅能说是走在最初始发展征途上的产业创新服务综合体而言，在今后的建设过程中，通过不断探索、稳步开拓、扎实经营，逐步建立一整套符合市场创新规律、激发各方创新活力、持续释放创新价值的运行机制，实现长期优质发展具有极其重要的意义与价值。

（5）支持方式还需进一步完善。事业发展总是需要一定的支持，一定的支持往往有助于各方面事业的加快发展。自创建产业创新服务综合体在浙江全面推进以来，短短几年间，政府部门已经从政策、资金、资源等多个方面给予其大量的全方位支持，为其发展注入了澎湃动能，输送了强劲动力。仅从资金支持方面看，就出台了《浙江省产业创新服务综合体建设财政专项激励资金竞争性分配方案》，以真金白银的实际投入，彰显出了浙江驱动小微企业创新发展的坚定志愿与十足雄心，也收获了实实在在的发展成果。需要引起注意的是，目前这种资金支持的模式为激励资金下达至创建产业创新服务综合体的地级市、县（市、区），而非直接对于综合体给予资金扶持，难免给人一种隔靴搔痒的感觉，也让综合体难免感到不太解渴。如果想要在更大程度、更高水平、更快速度上建设产业创新服务综合体，有必要改变这种资金支持模式，将其改变为直接对于综合体的资金支持，也就是说直接拨付给综合体的运营方。这将从根本上解决现阶段资金支持是对于各级政府科技创新工作的评价，而并非针对综合体本身建设的突出矛盾和问题，进一步调动起各地政府加速度建设产业创新服务综合体的积极性，确保产业发展获得足够的创新动力支持，确保地方经济更快上一层楼。此外，尽管是建立在对标准与规模的对比衡量上，但每年对单一综合体的资金支持金额从2000万元到7000万元不等，也显得差距相对过大，存在一定程度上的不平衡，以及发展越好所获资金支持反倒还要越多的问题，对于发展较慢较差的综合体摆脱后进地位、加速赶超升位弊大于利。站在这个角度来说，统筹兼顾建设与发展、效率与公平、先进与后进，在财政资金对不同规模体量、不同发展情况综合体的扶持额度方面作出适当的灵活调整，不断进一步有效提高财政资金使用效能，更好地全方位切实发挥促进发展激励作用，同样是一个需要经过进一步深入研究分析，再给出一个既公平合理，又能在最大程度上为各方所接受回应的重大问题。这样，综合体将更能迎来百花齐放的美好明天。

7.3 浙江省产业创新服务综合体背景下的小微企业集聚发展典型案例分析

7.3.1 杭州市纺织服装产业创新服务综合体案例分析

位于东部沿海长三角区域的浙江省是经济大省、民营经济大省，地处杭州湾内侧的省会杭州市则是经济大市，占据经济发展的天时地利人和，一直是全省的经济发展主引擎之一，长期稳居省内各市经济总量第一方阵。

"上有天堂，下有苏杭"。近几年来，在创建产业创新服务综合体的新实践中，杭州担当作为、奋力开拓，承接产业传统，走在全省前列，将一幅产业创新服务综合体飞速崛起、蔚为大观的壮丽画卷铺展在浙江大地上，打造了一方创新驱动发展、升腾全新气象的小微企业成长天堂，引来全省乃至全国各地的关注。站在宏观角度审视、分析、研究杭州产业创新服务综合体样本，显然是无法脱离余杭服装产业创新服务综合体这个可称为全省，甚至全国突出亮点的代表。尽管目前因行政区划调整，确切来说，余杭已经成为临平区，但毫不影响这个综合体的建设与发展态势，也毫不影响它在浙江乃至全国同类型综合体中的历史与现实地位。从传统优势产业的角度加以审视，余杭的家纺产业具有雄厚的产业基础、长期的历史传承，处于有利发展地位。经过多年来的发展，总量达到7000家以上的家纺企业大都具有一些独门经营秘诀，也取得了在市场经济大潮中立足的资本，基本构成了从研发到生产再到销售的完整产业链，伴随"好布出余杭"的口耳相传、越传越广，这里出产的各品类家纺布料畅销全国，占全国总销量逾三成

第七章 浙江省产业创新服务综合体背景下的小微企业集聚及创新生态实证分析

的中高档装饰布均由余杭制造。在产业集聚发展理念的引领下，前些年，为谋求地方优势产业持续做大做强做优，余杭家纺协会就全力牵头组织，将国内数十家产业龙头企业、上下游企业等整体有机联合起来，构建共同发展联盟，大手笔建成了一处中国品牌布艺城，释放优势资源强强联合之后产生的产品设计、生产、展示、销售、会展等全产业链上的全方位优势，有效促进了余杭家纺产业的提质升级、加速发展，切实放大了"余杭家纺"的品牌效应、明星能量。

最近几年来，作为杭州服装产业主要集聚区之一的余杭，有不少传统中小型服装企业面临着一定程度上的发展瓶颈，包括订单不足、销售遇阻、产能匹配和供应链把控难度较大等共性困难，在很大程度上影响了企业生产的积极性、主动性，也在一定程度上制约了区域经济的进一步快速发展。借鉴中国品牌布艺城的先行成功经验，一座崛起于临平新城的浙江省服装产业创新服务综合体，为当地中小型服装企业走上健康发展之路创造了新的希望。这一综合体建立在全面整合、一站优化、整体联动的现代思维之上，将入驻企业集聚一处形成同业整体，依托专有互联网平台打通上下游、融合内外部，真正实现企业抱团取暖、携手进阶，有力助推服装企业纾困解难，服装产业提档升级，为区域经济蓬勃发展注入全新动能与强劲动力。令人欣喜的数据显示，截至2021年，这一综合体的面积已经达到92万平方米，向着百万平方米的大关迈进，1500余家企业进驻加盟，线上线下近8000家企业实现年交易额16亿元，创造了相当辉煌的业绩与奇迹。

家纺产业与服装产业都可以看作是美的产业，承载着人民群众生活更美好的美好愿望。从余杭区改名而来的临平区，改名不忘产业传统，改名不改发展思路，继续坚守美丽事业，坚定高举"时尚余杭"建设大旗，以产业集聚、创新发展为切入点，在产业提升和相关载体建设的探索方面持续领跑全省。新的实践同样在这里起步。在余杭这一片浙江产业创新服务综合体的发源地、诞生地、起步地，早在2017年金秋时节，一座外观新、理念新、运营模式新的家纺产业创新服务综合体就已迈出了建设发展的第一步，在业态、品质、管理运营等多个方面开展全面提升行动，引领余杭家纺服装产业向顶级看齐、向高端进发，成功打造了国内领先、国际一流的高端时尚产业基地，为"时尚余杭"这一张亮丽的名片涂抹了一层更加闪亮、耀眼的七色光彩。更加让人眼前一亮的是，服装产业创新服务综合体不仅专注于内部创建，还同步连通多个产业园区、艺术小镇等，整体上实现了对全区总量多达上万家小微企业的专业化分工，建立了从协同研发到分工生产、从统一接单到共享物流的全方位创新创业完备公共服务体系，有效带动了余杭本地的传统产业专业化、市场化、高端化升级跃进，切实驱动了浙江服装加速走向国际顶尖潮流消费的舞台中央。

创意会激发新的创意，发展会带动新的发展。由浙江省服装产业创新服务综合体作为联合发起方之一的时尚产业联盟（长三角）于2020年末正式揭牌成立，标志着"时尚余杭"的发展迈入了更高层次、更广维度、更大市场的全新阶段，意味着余杭服装产业将迎来平台驱动、复合发展、整体升级的历史时期。该产业联盟调动各方面资源，汇聚时尚区域综合优势，致力于打造时尚产业数字化统一运营平台，铸就产业发展全新孵化器、助推器[1]。目前，在国内时尚界人士看来，这一联盟已经成为数字化、产业化、高端化的推动服装产业发展探索实践平台。犹如产业创新服务综合体因时因势而诞生并发展一样，时尚产业联盟的设立同样基于当地的特色及优势，例如在纺织服装产业基础上，杭州同样具备着互联网、数字化、大数据方面的发展先行优势，从而便于通过工业互联网实现资源整合、跨界联合、整体融合的方式，全面提升产业的创新力、美誉度、附加值。在这一

---

[1] 项枫.全面推进浙江产业创新服务综合体建设［J］.浙江经济，2019（24）：44-45.

联盟内，设计、生产、销售融为一体，将极大有助于长三角区域的时尚产业数字化生态链构建，助力相关产业企业提升效能、效益。同时，这个联盟也可以依托短视频、互联网直播等营销方式加大宣传推广力度，形成品牌营销效应，进一步打造上下游衔接、内外部融通的联盟，建立完全、完善、完美的经济循环体系。

7.3.2 宁波市新材料产业创新服务综合体案例分析

除杭州以外，作为浙江另一主要城市，宁波的产业创新服务综合体基于特色建设与发展，同样占据先机、具备优势，是浙江产业创新服务综合体的一个样板❶。

位于宁波国家高新区的宁波新材料产业创新服务综合体的建设，不仅是顺应浙江以创新促进小微企业长足发展的战略举措，也是基于自身产业优势所作出的历史抉择。在新材料产业多年来不断迈上新台阶的情况下，宁波高新区已于近年成为国家级知识产权示范园区及全省唯一的科技服务业区域试点地区，高水平、多领域、全流程的科技服务基础与平台在这里得以全面搭建完毕，全市半数以上的公共技术服务平台、多数检测认证机构在此落户，约300家投融资机构在这里落户，从孵化到专业园区落户的全链条创业孵化体系搭建完毕，助力企业发展。创新是众所周知的第一生产力，科研是毋庸置疑的创新原动力。早先兴办的当地新材料科技城，就以自身拥有的中科院宁波材料所等国家级科研院所等所拥有的强大研究优势，打造出了一艘业界领先的行业科研旗舰，持续释放科研促进生产效应，有效推动当地科研创新能力持续提升。这些科研院所的专利、人才、资源等多方面的科研创新优势，凝聚了创新力，生成了发展力。以这座具备多重优势的新材料科技城作为坚实基础，站在历史的全新起点上，全新打造的宁波新材料

---

❶ 武琦，马文玉，祁小华. 宁波产业创新服务综合体发展现状及意义探析[J]. 湖北农机化，2020（01）：35-36.

产业创新服务综合体立足传统优势、瞄准发展方向，顺理成章诞生，中科院材料所等多个以往既有的专业创新服务平台都是其充分连通的创新服务平台与创新支撑基石，也由此得以成功形成了多个发展协同平台的全新格局。同时，还通过不断创新打造研究、检验、标准信息、成果推广、创业孵化等全产业链服务模式，搭建一条足以推动初创企业不断发展的全链条产业创新优质服务生态体系，为每家企业的加速发展积极助力。这一综合体结合产业特点、服务群体，将推动社会资本、民营资本建设孵化基地作为有效抓手，促使大企业热衷于搭建新模式专业化众创空间，为同业初创企业起步提供更为广阔的空间和更为坚实的助力。通过打破政策壁垒，探索先进模式，这一综合体为优秀高层次人才的创业、特殊高等级研发机构的引进等提供政策支持，形成吸引力，聚合发展力。

作为改革开放的先行城市，发展快速的领跑城市，宁波产业创新服务综合体的发展并非一枝独秀。将目光离开新材料产业创新服务综合体，作为浙江省产业创新服务综合体建设与发展历史进程中涌现出的另外一颗闪亮明珠，发展快速、引人注目的汽车零部件产业创新服务综合体跃入视野。多元主体协同发展是这一综合体的突出特征，其依托多元创新资源成功搭建了一个多边合作平台，促进各方互通合作、互助发展、互利共赢，为区域产业发展输入了巨大动力。短期内，这一综合体就取得了较好的发展成果，带动利润增长十分明显。事实上，这一综合体的牵头建设单位是宁波汽车零部件检测有限公司，多元建设主体经其组织共同参与到综合体的建设当中，为综合体成为区域汽车行业技术创新的龙头奠定坚实基础和初始地位，切实促进产业持续健康向前发展。作为基础支撑的宁波汽车零部件检测有限公司2007年成立，业务项目构成总体并不复杂，包含与汽车的零部件相关的创新、检测等。需要额外重点提及的一点是，这家企业具备相应认可资质的检测实验室，足以充分说明了这家企业原本就在行业技术方面具备的顶级实力、过硬资质和巨大优势。而由其主导建设的宁波汽车零部件产业创新服务综合体，则将检测、研发、培训、金融等多种创新服务功能与要素集于一身，同时促进上下游其他的汽车产业技术的持续创新发展，促进产业崛起。具体而言，这个综合体的创办单位既有汽车零部件行业的国际大会，也有该行业的相关协会，还有与之相关的市场，甚至是具体细化到某一家的行业领军企业，这些主体共同参与综合体的建设与发展，并且通过一整套协同合作机制保证合作顺利推进、提高资源配置效率、确保取得良好成果。这一综合体为提高创新能力，强化创新效能，以引进国内外的先进技术和新兴前沿技术为主要手段，集聚创新资源，加强创新合作，加大研发投入，确保成果显著。近几年间，这一综合体的研发支出从2017年的4.5亿元一路攀升至2019年的5.2亿元，这就足以表明其研发经费的增长态势及经久不息的创新热情。持续不断的投入，换来持续不断的产出。由于创新驱动作用越来越明显，更多的市场主体积极投身到综合体的建设与发展当中，撬动综合体实现滚雪球一般快速成长与价值增值。这一综合体通过开展技术创新，不断淘汰落后产能，推动创新发展，平台的服务能力及综合效能持续提升。作为产业创新服务综合体，务必应当把创新放在最突出、最优先、最基础的重要位置上。这一综合体与国内外多家科研院所开展合作，同时广发集聚研发人才、机构进驻，并加强内部的人才培养，尽全力谋求最新科技成果研发与转化，创造更大价值。截至目前，多达百余个产业技术难题已在这里被成功攻克，更有60项达成项目交易，走向市场，创造效益。综合来看，这一综合体以创新为基础，在为企业创造合作分享空间的同时，也推动了区域产业技术、产业经济的加速发展。平台的开放度决定了其自身的发展速度。这一综合体将国内外服务提供商、研发机构等结合在一起，培育起凝聚各方合力、协同开展创新、助力企业发展的良好创新生态系统，有效释放了集聚效应，提高创新成果。通过对于宁波汽车零部件产业创新服务综合体的研究还可以清晰发现，集聚形成的生产率、多样性、稳定性都在一定程度上推动这种模式综合效应的释放。通过持续增加对创新资源、要素多方面的投入，这一综合体的发展动能在短短一年内就被充分地激发、释放出来，技术创新生产率得到极大提升，满足了产业对创新能力的迫切需求。通过淘汰落后产能，引进更前沿的研究成果与技术，全力开发出新产品，奋力开拓新市场等手段，这一综合体构建起了以创新为基础的孵化平台，增强了创新服务能力，彻底摆脱数量、规模取胜的传统路径。由于一种较为稳定的合作、运行结构与机制已在这一综合体内部形成，集聚了具有先进地位的优势创新资源，因此，其对外部不确定性具有较强的抗御能力，打造出了一片对于区域企业具有较强支撑能力的创业发展平台，使其自身具备了较强的发展稳定性、可靠性、可持续性，形成可预见未来的美好预期。

在领先全国起步的浙江产业创新服务综合体当中，若想对于多元主体协同式这一创建与发展模式加以研究分析，从成果、态势、长远预期等几个方面看，宁波汽车零部件产业创新服务综合体具有一定程度上的代表意义。在这一由企业、高校、科研院所、研发机构、金融平台、配套服务单位等组合而成的多元主体综合体内，产业创新公共服务多边平台成功搭建，有力推动了区域技术创新能力的持续提升，推动了区域企业以创新为依托的长足发展。基于这种技术能力提升本身建立在一个良好的创新生态系统当中，在良好生态系统通常还将越来越好的认知基础上，有理由相信这一综合体的创新能力将进入良性循环提升的状态之中，并且发展速度也将随之越来越快。

7.3.3 温州市传统产业创新服务综合体案例分析

温州，每提起这座城市，人们首先想到的大概就会是民营经济、小微企业、个体商贩。自从改革开放以来，温州走在全国经济发展前列，也给人们留下极为相近的共同印象。进入经济新常态，温州为数众多的小微企业急切渴望走出低端徘徊、低价竞争的泥沼，却又面临创新乏力、底气不足的困局。在这样的情况下，温州抢抓产业创新服务综合体起步建设的绝佳契机，主动作为、担当有为，竭尽全力为小微企业搭建创新发展的全新平台，缔造创新发展的历史机遇，成功打造出产业创新服务综合体建设与发展的"温州样本"❶❷。走进温州一个个风生水起、活色生香的综合体，也就等同于打开了浙江产业创新服务综合体发展的一扇大门，为厘清浙江全省综合体整体发展历史脉络找到了一把钥匙。

政策引领是前提基础，如何把握是关键重点。2015 年以来，统筹国际国内发展大局全局，国家层面相继制定出台围绕"丝绸之路经济带""21 世纪海上丝绸之路"及长江经济带发展的相关规划，为中国经济发展定向引航；浙江省全面贯彻执行国家经济发展战略，并紧密结合自身实际，专门制定出台本省融入长江经济带发展具体实施规划等配套文件，对于温州这座既位于海上丝路起点区域，又是长江经济带重要城市之一的城市来说，创造了前所未有、难能可贵的系统性全面融入"一带一路"、长江经济带、湾区经济的空前重大历史机遇。无疑，在向来敢为人先的温州和温州人看来，这是不容错过，也不容有失的机遇。在另一方面，2018 年，国家自主创新示范区花落温州，让该市第一次拥有了"创新特区"的金字招牌和烫金名片，为温州创造了实施创新发展的新机遇，激发起了温州大力实施创新发展的新担当，同时促进了域内外、多品类创新创业资源的新集聚。这一切，让温州创新进入新阶段、迈上新层级、奏响新乐章，必将书写华美诗篇。

---

❶ 章杨，周静，祁小华.论温州产业创新服务综合体发展现状及意义［J］.湖北农机化，2020（04）：36-37.

❷ 周蓼蓼.产业创新服务综合体建设实践与对策研究——以温州市为例［J］.浙江工贸职业技术学院学报，2020，20（04）：57-61.

具有导向性作用的浙江省第十四次党代会提出建设任务并出台《浙江省产业创新服务综合体建设行动计划》和《浙江省产业创新服务综合体建设导则》后，产业创新服务综合体创建工作在浙江各地风起云涌，而温州自然抢在先、干在前，在新一轮竞争中继续走在前列。按照全省提出的依托创新实施的产业转型战略目标，温州围绕产业创新服务综合体在创新运行管理机制、健全协同创新体系、引进培育专业人才等方面重点工作，全力推动建设速度，且不断提高建设质量，力争展现产业创新服务综合体建设的温州风采、温州方略。在由温州市科技局牵头起草的立足于本地实际、产业基础、发展愿景的旨在促进科技企业创新发展的一系列文件相继出台，以及组织召开全市科技企业相关会议、产业创新服务综合体建设工作现场会、推进会、座谈会等持续扎实加油加力方式，扎实推动了温州产业创新服务综合体的建设速度不断加快、质量不断提高、成效不断显现。同时，应当看到，除了历史机遇、政策导向作用之外，与生俱来加之后期形成的科技优势，同样是温州产业创新服务综合体快速发展的主要原因之一❶。近些年来，温州相继荣获了首批国家知识产权示范城市、首批全国科技金融结合试点城市、全国知识产权投融资服务试点市等诸多称号，不仅印证了这座城市科技创新非凡能力的历史，也预示了其还将继续通过创新开创的未来。创新是温州的底色，也是亮色。开展创新，金融支撑也很必要，在这方面，温州也是早就迈出了探索步伐。作为第一批国家金融改革试验区城市，温州早已通过多年探索与实践总结出了科技与金融联合促发展的可行方法，并全国首创实施民间资本投融资渠道等9项切实举措，为金融资本推动科技创新开拓出一条全新道路。近几年来，温州紧密围绕民营经济创业创新的金融创新领域，开展全方位融资探索，推动全

---

❶ 施晓伟. 温州市产业创新服务综合体建设的对策研究［J］. 今日科技，2018（06）：49-52.

市科技金融环境迈上高水平。

一个短短的历史时期里，温州产业创新服务综合体已经取得了一定的建设与发展成果，引人注目，令人喝彩。根据全省关于产业创新服务综合体建设的部署，以及本地优势产业、地理区位、规划前景等实际，该市提出计划紧盯全市每一个特色产业、每一个工业大县全部建设并完善产业创新服务综合体的目标，全方位助力企业进步、产业升级。同时，锁定了争取到2022年总计有多达10个综合体跻身省级层面阵营，也就是省级产业创新服务综合体创建和培育行列的奋斗目标和奋进方向，稳居全省产业创新服务综合体建设的城市第一方阵，并且不断力争提质升级、领跑在前，为自身发展书写新的更辉煌篇章。为达到这一目标，温州全市上下一心、压实责任、循序渐进、扎实推进，并制定有关方案，全方位推动建设。现阶段来看，在温州这块经济发展沃土上，鞋业、汽车关键零部件、系统流程装备等多达13个分属不同类别、依托产业基础的产业创新服务综合体全面实施建设，进展一日千里，一派如火如荼的繁荣兴旺景象，描绘出一幅温州经济发展的绚丽画卷。但是也要看到，当前温州成功入围省级创建项目的产业创新服务综合体总体数量仍然偏少，仅有唯一一个，亟待加以提高。综合现阶段的情况看，温州如果计划在产业创新服务综合体建设与发展这一领域居前领跑、力争上游，还务必应当进一步全方位敏锐洞察、深度审视国内外产业发展大势与大局，科学破译、精准把握域内外产业创新发展密码，发挥自身优势，创造有利条件，提升综合效能，科学高效推动产业创新服务综合体的快速建设与崛起。

从整体上看，温州产业创新服务综合体的创建与发展具备一定显著优势，这也是其起步较快，并且可以对其未来充满信心的原因。

（1）良好的发展基础，浓厚的创新氛围。浙江是中国经济大省，而温州则是经济大省中的经济大市，且是中国民营经济的发祥地、先行区、增长极。温州的权威统计数据显示，在该市全部市场主体当中，民营市场主体达到了惊人的96%，仅2015年就为全市贡献了生产总值的八成、近90%的税收。温州民营企业不仅行业上较为广泛、数量上十分庞大，而且发展基础好、质量好、势头好，在中国民营企业500强榜单上持续、稳定占有自身位置。其中，在2017年的这份榜单上，共有多达12家企业荣耀上榜。最近几年来，在经济发展进入新常态、创新驱动发展战略全面实施的背景下，温州民营企业同样专注于科技创新、产品升级、效益提升，呈现出一派八仙过海、各显神通的喜人风貌。总体上来看，首先是以创新为先导，以产品为优势，相继形成了以电子电器、服装鞋帽、汽摩配件等具有全国知名度的特色产业，包括中国电器之都、中国鞋都等累计多达三十余个国家级工业产业基地均先后花落温州、助力发展，品牌价值不断放大，发展动能不断累积。相关权威统计数据显示，温州共有10个产值已经达到100亿元以上的传统特色产业，具体优势主要体现在产业基础好、整体体量大、主导优势强、发展后劲足等突出特点。尤为可贵的是，这些产业不仅有序实现产业集聚，而且紧密结合物联网、大数据等前沿尖端技术实施创新升级，确保自身全面跟上时代步伐，长期立于不败之地。其次，在传统优势产业快速创新发展的同时，温州的战略性新兴产业和高新技术产业也奋力追赶、崭露头角，尤其在依托创新进步与发展的高端装备制造、生物产业、新能源汽车、新一代信息技术等新兴产业方面，温州走在全省的第一方阵，表现出十足的竞争优势。这些产业不仅极具发展潜力、优势，还将有望带动创新能力的进一步提升和创新成果的持续性迸发，成为全市经济发展的强劲推动力。最后，经过多年的经济发展，科学、完善、便利的产业配套体系已在温州全面建立，构成相应产业持续高速、高质量发展的坚实基础，有效降低企业各方面成本，扎实促进企业竞争力提升，让其发展后劲十足。

（2）国内外经济大环境为综合体建设注入推动力。在经济全球化的今天，已迎来信息时代，先进知识、技术层出不穷，创新成为产业发展的核心推动力量。这是因为创新已经不再局限于科技创新，而是贯穿于管理模式、产品款式等方面的全方位创新。创业的低门槛化，则导致大众创业局面的形成，激发出各类主体的创新意愿与活力，也对产业创新服务综合体有了更多需求、更多渴望。就温州来说，全球化背景下知识、技术、管理、资本、配套服务等创新要素的全面流动，也迫使其必须整合平台、集聚产业，形成吸引力，以多元化、系统化方式进一步集聚各类创新资源要素，进而形成强大的创新推动力。在互联网、大数据、物联网等以科技为基础的多种新型主要因素催生、驱动的新一轮科技革命与产业变革，各行业的数字化、网络化、智能化已成为必然发展方向，这为温州产业创新服务综合体的加速建设与快速发展带来挑战，也带来机遇，提供了较好的弯道超车、加速崛起的历史性重大机遇，必须好好加以把握，不可让其悄悄溜走。

（3）战略机遇有力促成创新发展前景可期。现代社会中，人才是推动发展的第一资源，创新是促进发展的第一动力。近几年来，国内外产业发展的总体态势促使温州全力搭建创新平台，奋力推动高新技术产业的高质量发展，在集聚创新资源、创新人才、创新金融及创新配套服务等方面取得了显著成果，不断形成超越自我的新突破、新优势。当前这一阶段，一大批数量众多、质量上乘的国家级高新技术产业开发区、国家大学科技园、国家级众创空间、国家火炬计划产业基地、省高新技术产业化基地已在温州汇聚，数量多达惊人的数十家，其中既有各级各类科研机构，也有实用适用创业孵化机构。另外值得瞩目的是，全市仅省级高新技术企业研发中心就达到261家。它们均衡、分散布局在温州全市各个县区，高端装备制造、健康、金融等产业全部包含其中。温州的发展总是既立足当前，又布局长远，走一步看三步的。在锚定创新发展这一不变方向的基础之上，温州还努力将科技办公、商务服务、交通设施、住房配套等全面功能融入城市建设远期规划，同时致力于打造公园、游园、沿河沿街绿化景观廊道一类游赏健身休闲空间，为产业创新服务综合体的建设与发展，为集聚更多的谋求以创新促发展企业进驻创造了卓越的生态环境和生活空间。创新需要大环境，越是资源扩大就越会形成创新成果、优势放大。为了达成这种效果，温州殚精竭虑、不遗余力，先后引入共建中科院温州生物材料与工程研究所等一批依托于高水平高等院校、科研院所建设的创新载体，弥补了温州本地此类资源不足的短板，将技术、成果、人才优势在当地汇集，实现高水准创新资源为温州所用。除了线下，温州还依托互联网平台等资源，在线上打造全国范围的科技资源集聚、科技成果交易平台，形成产学研用创新成果转化全新模式。在财政资金支持方面，温州整体上持续拿出真金白银，强化财政支持力度与针对性，有效推动人才、技术、资金等各类创新资源集聚。改革开放以来，温州商人足迹遍及世界各地，在新常态下，由他们串联起的全球创新资源也为温州创新发展提供了积极助力。

温州产业创新服务综合体作为新生事物，不可避免会在发展过程中暴露一些问题，就目前看，仍然存在一些相对较为突出的制约因素。

（1）多种制度尚不完善。没有规矩，不成方圆。在现代社会制度体系之下，顶层设计至关重要，往往决定着某项事物、工作的推进速度和质量。在这方面，对于产业创新服务综合体来说存在一定欠缺，成为制约其发展的因素。由于浙江产业创新服务综合体处于起步初期阶段，地方性配套法规、扶持政策等尚未实现完全配套。各市的创建工作虽然多已起步，但是仍处于摸着石头过河的阶段，且速度相对较慢，成型经验较少，尚不具备直接复制推广条件。温州同样面临这样的问题，全市层面的顶层设计现阶段尚未完成，亟待加强建设、扶持、考核等方面的顶层设计，让产业创新服务综合体的建设与发展有章可循、有的放矢，更快速前进。在开展顶层设计时，要充分兼顾前瞻性、一致性、适用性，既结合新业态、新模式，又充分考虑上下政策的协调、衔接、整合，注重聚集资源、汇集合力，推动产业创新服务综合体可持续、高质量发展，避免重复建设和资源浪费。

（2）创新资源尚显不足。集聚创新资源、释放创新势能、驱动创新发展，从本质上来说，这些是产业创新服务综合体的功能实质与存在价值。但是，从历史发展角度看，就像资金更多流向发达地区一样，在周边上海、杭州等规模更大、配套更好的大城市的"截流"之下，温州本身就面对着创新要素引进上的较大困难。就目前来说，温州需要认清自身创新能力较弱，特别是部分县区工业基础尚存在历史欠账与现实短板的实际情况，统筹兼顾区域产业特色与长远发展定位，努力设定承接传统与转型升级的最佳方案，并据此建设产业创新服务综合体，方可能收到更好的成果。还要敏锐认识到的一点是，当前产业创新服务综合体的优势日趋明显，在全国各地已经同步加快建设之际，温州在吸引高端人才、机构一类优质创新资源方面，吸引力很可能仍无法与大城市比肩。因此，在高端创新资源引进之争越发激烈的时期，温州在对于优质创新资源的资金、政策扶持和配套上还需要下一番功夫，才能形成磁石一般的更强吸引力，引来更多的"金凤凰"。

（3）产业特色尚需突出。外人乍一看，温州产业多而杂，好似百花齐放。但就自身产业特色而言，则恰恰缺拳头、缺品牌、缺明星。在温州，改革开放以来，以加工度与附加值的"双低"为特点的传统劳动密集型行业，支撑了"温州模式"的快速形成与发展，形成了诸多小而散的产业。进入创新驱动发展时代，特别是产业创新服务综合体构建时期，这种产业现状则因特色不强而形成了拖后腿局面。同样由于这种情况，在由各县区分别建设综合体的情况下，创新资源与服务要素的流动与共享不可避免受到限制，容易导致重复建设和资源浪费。

（4）详细规范尚待出台。在加快产业创新服务综合体建设的现实需求之下，温州迫切需要在省级层面文件指导的基础上，进一步深入探索、逐步完善综合体的建设与运行管理规范，细化各项制度，并特别注重可操作性和政策的统一性，这样才能进一步加快综合体建设与发展。同时，要构建灵活多元的综合体建设的投入体系，在扩大综合体知名度、美誉度、集聚效能方面下功夫，激发各主体的创新意愿，释放创新动能。此外，在完善法规、形成理论方面也有很多工作应该去做，这不仅是对进驻综合体企业、机构的保护，也是综合体持续发展的基础。

7.4 浙江省产业服务综合体背景下的小微企业创新举措分析

作为一种汇聚创新资源、驱动创新发展的传统产业小微企业集聚新型模式，产业创新服务综合体在浙江的率先创建与发展，为省内小微企业提升实力、加速崛起创造了巨大历史机遇。分析浙江小微企业集聚及产业创新服务综合体的创新举措，将有助于科学总结经验，推动后续工作。而且可以清晰地看到，浙江已经走在前列的产业创新服务综合体在一路走来的过程中，已经显示出某些共性或是特性举措的突出价值，值得格外引起关注。

（1）精心谋划，精细建设。当前，在产业创新服务综合体的建设方面，重点、关键、核心集于一点，那就是精准。唯有针对产业专门特色打造集成创新资源的综合体，二者之间才会形成相互融合、相互依存、相互促进的有机融合的关系，形成强大合力。在产城融合发展的时代，鉴于综合体对地方产业的巨大带动作用，立足远期谋划综合体的建设方向也具有很大必要性。在新的产业发展时代背景下，综合体建设应当主要关注三个方向，即传统产业改造升级、新兴产业壮大培育、现代服务业和现代农业领域加快发展。紧盯这些领域创建的综合体，务必坚持高标准、高起点、高定位，将原有各类创新平台与综合体建设统筹谋划、有机衔接，形成整合再释放的最大综合利好效应。发挥已有平台的优势，将综合体引入特色小镇等，积极构建不同类型创新主体、各行各业创新资源的互融共享先进机制，打造养分丰富的优质创新创业生态环境。在这方面，浙江已有的多个综合体实际上正是沿着这条路线，不断拓展了发展道路，持续提升了综合能力。

（2）促进联动，提供支撑。作为区域科技资源统筹调配中心，综合体让区域内形成经济、便捷、高效的创新推动企业发展先进体系成为可能，为产业高质量发展提供有力科技支撑。浙江已有各综合体普遍充分发挥、持续放大创意、创新、创造相叠加的"三创"功能与作用，立足当地政策导向、产业基础、生态环境等方面的优势，打造领军型、综合型、高端型的创新创业综合服务平台。综合体的创新应该体现在多方面，不只在产品研发创新上，也应该在融资渠道等多方面的创新上，最终形成技术升级、成果转化、科技咨询、营销策划、资金筹集、配套服务等各方面的综合创新优势，成为企业发展的综合服务平台，提升全产业链的创新创业能力。例如，依托当地传统产业优势建设的永康五金产业创新服务综合体，就正是凭借营造创新资源与要素全面融通的优质创新生态环境，构建了产学研用相统一、成体系的完整创新链，为企业开辟发展新天地提供了强大创新动力。

（3）注重差异，特色发展。作为新生事物，综合体的创建发展并无可资借鉴的先进经验和成功模式，这就需要结合当地的产业特色、科技能力、发展远景等加以综合统筹，并据此展开科学建设。比如，如果当地具备互联网、大数据等方面的优势，就可充分利用这些现代要素融入综合体，推动产业升级，助力区域发展。在综合体的管理与运行机制上也可创新，比如依托股份制、理事会制及会员制等方式作为管理架构的基础，推动资源配置，促成多赢格局。打造综合体，要充分考虑到地方产业特色，并坚定以此为核心，建设独具特色、更具吸引力的综合体，使之成为魅力十足的产业引擎。台州黄岩模塑产业创新服务综合体等无不是依托自身传统主导产业打造创新载体、集成创新资源、释放创新能量，最终实现加速发展。乐清电气产业创新服务综合体在聚焦自身产业优势的同时，专注突出特色，实现借船出海。高校、科研院所集中引入，推动创新频出、发展提速。

（4）加强引导，保证投入。综合体建设应当注重发挥政府的主导作用，协调各方资源，促进能力提升，营造良好发展态势和局面。同时，为加速综合体建设，应当适当加强财政投入。省市县均要构建多元化、多渠道的科技创新投入机制，并引导社会资本等各类资本积极参与综合体建设，共同推动综合体发展，并形成良好的发展动能与后劲。在人才队伍建设方面，要积极通过培养与引进加速建设一支高水平创新人才队伍，为综合体发展提供稳定的创新保障与支撑。除此以外，要将人才资源长期规划、人才流动长效机制、生活配套设施提升等加以综合考虑，实现高端创新人才不断集聚、优秀创新成果不断涌现的综合体运行喜人态势。在这方面，采取政企合作模式创建的萧山新能源汽车及零部件产业创新服务综合体，凭借自身创办快速、运营良好、成果突出的快速发展成效，交出了优秀的答卷。

发展无止境，前路更精彩。在小微企业亟须创新驱动、创新支撑、创新发展的时代背景下，产业创新服务综合体在领风气之先、引发展潮流的浙江应运而生、抢先落地，成为小微企业发展的强大推动力。从长远来看，随着综合体创建方式、管理模式、运行机制的进一步持续完善，其为浙江小微企业补齐科技创新短板、提升综合竞争力、形成发展新优势的驱动作用将更加显著。产业创新服务综合体的诞生，意味着浙江找到了小微企业提质升级、跨越发展的康庄大道——历史将证明，这是一条越走越宽、越走越好、越走越快的经济腾飞之路。

第八章　印刷包装产业小微企业集聚及创新生态耦合发展实证分析

印刷包装产业是现代工业生产体系中特别重要的一环，在提升产品档次、宣传产品品牌、提升产品附加值等方面有极其重要的作用。随着科技和经济的进步，越来越多的厂家和消费者开始关注印刷包装材料、工艺、设计及创意。随着国家"十四五"国民经济发展规划和5G信息技术的发展，数字化和智能化将成为包装印刷行业发展主流，这将颠覆和重塑原有传统的产业常态。在这种情况下，企业，尤其是小微企业，应加大资金投入力度，加快科技创新速度，建立、加入更有竞争力的产业集群，与同类企业和相关产业企业组建产业链、生态链，激发印刷包装产业内生动力，从而实现印刷包装产业高质量发展。

8.1 我国印刷包装产业中小微企业集群现状分析

目前，我国随着"十四五"国民经济和社会发展规划，我国整体的政治经济实力不断上升，特别是装备制造业、服务产业和特种产业提升比例最大。而印刷产业作为特种产业的组成部分，积极推动了该产业的发展。随着人民物质文化生活水平的提升，对审美要求，对包装印刷的质量、样式、色彩和色差，有了更明确化、定制化、个性化的需求趋势。随着印刷包装产品数量的增加，我国包装印刷企业越来越多,逐渐出现了印刷包装产业集群,主要以长三角、珠三角、环渤海等经济发达的沿海地区为主。这些地区的企业借助产业集群优势,又迅速发展起来。下面从印刷包装产业集群特点、优势、存在问题三方面讨论我国印刷包装产业集群现状。

8.1.1 印刷包装产业集群特点

从分析我国长三角、珠三角等地区包装印刷企业产业集群上看,目前我国产业集群有以下特点。

(1)从业人员减少。

虽然我国包装印刷产业迅速发展,但包装印刷产业从业人员却开始逐年减少。2019年中国印刷企业数为9000余个,较上年增加近百个,同比增长1%左右,而印刷从业人数却从2018年的42万余人到2019年的40余万人,较上年减少2万余人,同比下降5%左右。而从业人员以广东、山东、浙江居多,分别是6万余人、4万余人、3万余人。

(2)企业规模以小微企业为主。

从我国包装印刷产业集群分布来看,沿海经济越发达区域,企业越聚集;离产业集聚区越近,企业空间分布越紧密;离交通运输干路越近,企业分布密度也相对较高。虽然印刷包装企业迅速增加,但目前仍以小微企业为主,产值普遍在500万元以下,占总数的60%以上,由于印刷包装产业进入门槛较低,低水平项目重复建设,传统营销方式和生产模式的企业,始终难以快速发展❶。

(3)企业间生产合作增多。

在这个竞争十分残酷激烈的市场经济时代和互联网时代,合作共赢更是时代

---

❶ 林畅茂.聚焦印刷包装产业园区:驱动印刷包装产业发展的孵化器[J].今日印刷,2015(09):45-48.

的选择。据我国有关部门统计，统计受访谈的企业中，90%左右的企业之间开展过生产合作。合作方式最多的前三位，分别是加工原材料的合作、资金方面的合作、信息技术的合作。可见在激烈的市场竞争中，企业技术水平普遍较低，但又不愿意传达、共享新技术、新资源等信息，从长远角度来看将影响行业的长久发展。

8.1.2 印刷包装产业集群的集聚效应分析

集聚效应可以将产业上下游各产业链中各生产工序聚集，降低生产经营的原料成本、运输成本，保证原材料供给稳定；企业合作、强强联合、优势互补，发挥各自优势，提升联合体竞争力，参与全球化竞争，进一步提升集聚群区域影响力；通过地方政府、行业协会、科研院所和大中院校、生产企业之间的合作，通过行业协会作为桥梁、枢纽，将几方面资源整合，统一进行产业宏观规划与布局、人才引进和培训、资源全局统筹分配等。一般来说，当产业集群建立形成后，可以通过多种途径，如鼓励创新、降低生产和运输成本、提高生产质量和效率等，提升整个区域的竞争能力，并最终形成一种集群竞争力。最关键的是，这种竞争力是集群企业特有的优势，是其他集群外的企业根本无法拥有的。

（1）有利于发挥竞争优势。

印刷产业集群可以有效降低生产成本。产业集群内部有公共设施，包括原材料库房、交通运输、环境处理装置等配套公共物品、基础设施及服务机构；也有信息管理平台，掌握市场供需关系，实现信息、资源的共享；同时因上下游产业链都在集群内，减少因分散布局所需要的采购成本，进一步降低企业配套产品的采购、运输和库存费用，减少能源和原料消耗。

（2）有利于促进产品差异化。

印刷工艺包括视觉、触觉等信息印刷复制的全部过程，包括印前、印刷、印后加工和发送等一系列工序。相关从业人员要掌握摄影、文字处理、美术设计、图像技术、电脑软件、硬体科技等各种技术。由于在产业集群内部，各类企业人员相距较近，从业人员可以互相交流和比较，就自然形成了产品差异化程度的评价基准，对集群内的企业也有三六九排名之分。排名靠后的企业，将对企业运营带来竞争压力。同样集聚群内的企业，有自己的经常合作企业，相关企业基本处于上下游产业，将分工与协作分配得更加细化，更加明确。分工细化，工作流程缩短，方便操作人员掌握操作，使集群内企业能与时俱进、革故鼎新，更容易适应市场千差万别的变化。常见的印刷工艺有4种，一是丝印工艺；二是烫金和烫银；三是过胶，给印好的纸张压一层透明的塑料胶膜，有水晶膜、光膜和哑膜；四是针孔，也叫针线、牙线，就是给纸张压出一道半连接的线条。产业集群内的印刷企业，技术人员的能力、客户的需求特点，以及企业本身的生产规模、资金实力、设备种类等各不相同。实力强的大企业，属于垄断或者龙头企业，资金雄厚、设备先进、产业工人专业齐全，企业自我配套能力强，可能拥有印前、印中、印后多工序加工的能力，可以承接印刷行业多品种的订单。但大部分企业属于小微企业，他们资金有限，不可能像大企业那样同时投资印前、印中、印后全产业链、全工序的多种设备。即使业务范围涉足印前、印中、印后全产业链，但受资金、技术、产房、设备、人力等因素制约，设备档次和人员能力较龙头企业有差距，最终加工的产品质量较龙头企业还是有一定的差距。所以这类企业一般会有协作配套的需求，要实行专业分工，行业聚集，集中资金投资某一专业加工设备，如胶片发排机、打样机、印刷机、糊盒机或模切机、拆页机、切纸机、烫金机、压纹机、对开机、不干胶印刷专业机等，因设备档次提高了，产品的品质也提升，形成良性循环。在园区内实力不强的小微企业，由全过程生产调整为专业分工生产，将多工序分开完成，复杂的工序简单化，形成差异化、多样化、智能化、专业化发展的产业格局。通过发挥企业各自的设计特色、设备的先进性、自身生产的特长和优势，相辅相成、互相协助，不但能生产出高质量的产品，又可以提升劳动效率，降低生产成本。

（3）有利于新公司创立。

产业集群的又一个显著的特点就是地域、地理位置的集中，即某一区域可能聚集全省、全市 50% 以上的行业企业，产业链上下游的企业集中在某一个特定范围内。由于相关企业紧邻，相距地理位置很近，因此信息和资源都是公开透明的。大部分企业都是小微企业，技术、设备相差不多，很多就是营销网络和工作效率的比拼，同时也因为入门门槛低，所以产业集群内部本着适者生存的丛林法则，每过几年就会消失一些企业，同样也会诞生一些新的企业。产业集群会在该区域形成产业链、生态圈，从而提升影响力、知名度，就会以物美价廉、品质优良、种类繁多、品种齐全、服务一流等好的口碑，不断吸引新的客户来参观、下订单，更会不断吸引新的资本进入，挖掘新的产品或服务的需求，促进产业升级和行业发展，从而使区域内产业规模不断壮大。

（4）有利于扩展业务领域。

企业集群与需求市场的相互依托就如鱼和水的关系。产业集群的发展，将吸引国内外客户的关注，形成更大的业务需求空间。而产业集群内的企业，为了消化差异化、个性化的各种订单，需要有效地配置各企业的优势和特点，是互相依托，相辅相成的关系。在软件、通信、互联网等数字经济的背景下，可以通过集群内的寡头企业、龙头企业建立的营销网站来吸引国内外客户的关注，之后充分利用信息平台、电子商务、视频直播等手段，带动集群内的各种企业，拓展国内国际市场。甚至单个企业，在某一生产环节有专业的技术和经验，也可以利用区域性品牌影响力和企业集群配套产业，直接参与国际项目的竞争。根据相关网站发布的统计数据，珠三角地区从事印刷行业的各类企业中，超过30%的都有承接境外印刷品订单的经历。集群内各生产环节的各个生产企业，还可以依靠现代化电子商务、视频直播等营销手段，加强营销网络扩展，改善传统的营销方式，取得协同效应，更能通过区域品牌影响力，取得国际订单，获得纵向一体化的利润，营造更大的市场份额，赚取更多的销售利润。

（5）有利于产业扩张。

随着企业集群规模的扩张，地区影响力的提升，将产生连锁效应，引入更多的社会资本、生产设备和原材料，以及专业人员等生产要素进入集聚区，同样配套的修理、维护、环境处理、餐饮、休闲等生产配套设施和服务型企业会如雨后春笋，相伴而生。主要生产企业和辅助配套企业随着区域影响力而快速扩张，扩张的速度和扩张的程度，远远超过单个企业的发展速度，集群效应让企业规模可以在短时间内涉及整个产品链，形成巨大的集群规模和集群效应，进而进一步拉动地区经济快速增长，实现良性循环。在新的市场需求和市场机会的拉动下，一些原先的配套企业和服务型企业也会逐步介入到主要生产领域，从而进一步拓展产业链，使产业集群规模成倍增长。同时产业聚集，可能还涉及同一产业链上的上下游的产业，相关配套企业和服务性企业不但包括材料供应商、机器设备生产用具供应商，甚至还包括餐厅、休闲、运输、食品等衣食住行等行业。相关产业上下游企业，以园区平台作为桥梁和纽带，将把地域上相对集中、产业链处于上下游的企业，紧密地连接在一起，形成了相互依存、相互协助的产业合作方式。这种链接产生的协作效应，更加顺畅、快捷地与上下游生产企业的产业之间进行信息沟通，并能缩短供货时间、减少库存量、降低商务成本和营销费用，最终形成共赢的局面。

(6) 有利于发挥创新优势。

在数字经济、网络经济和信息发展的新时代，产业布局不像之前工业时代简简单单的地域聚集，相互不联系；而目前的产业布局，可能相关企业不是紧邻，但是相关的需求信息、相关的技术信息基本是相互传递的，有利于善于学习的企业家去学习，去发现新的发展主流、市场需求主流，便于调整生产方向和产品定位，将有规律性、有产业链、有相关配套关系的企业聚集在一个区域，形成各具特色的产业集群。集群内各个企业因为地域和空间的邻近，以及类似的企业发展文化背景和发展理念，更容易配合。产业集聚不仅可以加强生产技术、设计理念、产品质量等领域专业知识传播与扩散、生产力的提升，而且更重要的是可以加强如品牌效应、地区影响力等隐性知识的传播与扩散。产业集群内同类企业较多，大家互相沟通，基本对各家的设备、人员和产品质量等知根知底，某企业获得市场信息和技术，甚至自行研制的有自主知识产权的产品技术创新成果，也会在很短时间内，在集群内部传播。同样，同类型的企业较多，导致竞争压力也很大，企业要在竞争中获得订单，就必须进行技术创新和产业升级，同样也激励企业管理层重视创新，从上而下地迫使员工相互竞争，不能墨守成规、坐吃山空，要不断地去学习，不断去提升自我。由于企业间邻近，因而有更多面对面交流、现场考察、参观学习的机会。通过这种企业员工的学习、生产管理者的学习、企业经营者的学习，将带动集聚群内各企业的学习氛围，通过学习来促进企业的技术创新。激烈的竞争，导致企业发展的巨大压力，迫使企业要想生存，就需要不断地进行创新，不光是技术创新、产品结构和外观、服务态度和方式等都需要创新。只有创新的企业，才可以成为领跑者，成为规矩的制定者，才能首先从市场中获利，给其在短期内带来极大的收益，有经济能力更好地完成产品更新迭代。创新不仅可以降低产品生产成本、降低原料消耗和能源消耗，提高产品技术含量、产品质量和生产效率，更能扩大产品销路。企业的创新，不局限在产品生态设计、生产节拍、产品开发、包装等技术和管理方面，还要适应迅速变化的市场需要，实现服务的创新、知识产权保护的创新。创新是实现企业及企业集群保持竞争力、可持续发展的唯一源泉。

（7）有利于引进技术人才。

常言道，人才是第一资源，创新是第一动力。产业聚集后该地域形成资源优势、产业优势、地域优势，造成地域人才的需求更加强烈。产业集群的快速发展壮大，产业创新升级、产业数字营销等，都需要大量的专业人员。同样，发展所带来的规模经济和集聚效应，促使该地区无论是福利待遇，还是提升机会、发展前景，对人才的吸引和接纳能力都优于分散的企业。所以人才的引进推动了产业的升级，产业的升级创造了利润，再引进更高层次的人才，实现人才和企业发展的良性循环。

8.1.3 印刷包装产业集群存在问题分析

我国是包装印刷产业第二大国，由于印刷包装产业入行门槛低，近年来，我国包装印刷企业集聚增加，目前在珠三角、长三角地区已经出现了包装印刷产业集群。但是，纵观我国的印刷产业集群，尚属于最原始、最传统的成本型产业集群阶段，其竞争优势主要依赖于降低劳动成本和生产成本，然后用较低价格吸引客户的方式在市场上竞争。但随着工业社会的到来，科技逐步提高，用这种方式生产出来的商品因其科技含量低、产品材料落后等原因，将失去市场竞争力，或者逐步被淘汰。如果一直墨守成规、循规蹈矩，不接受新的营销方式，新的经营理念，不重视创新，没有核心竞争力，就不能满足创新发展需求。特别是设计阶段，更严重缺乏自己的品牌和设计理念，很多都是借鉴欧美、日韩的成果。与国内外大规模的产业群相比，还存在很大的差距，主要表现在以下几个方面。

（1）企业对短期利益的追逐。

急功近利，只看到短期利益，本着"什么行业、什么产品赚钱就做什么的"思维方式，在短期利益驱使下跟风而上，出现一个市场前景好的项目或机会，企业不去了解机会产生的客观原因，而是看到同行赚钱了，就马上投入资金、人力等资源一哄而上，后来因国内外环境等原因，造成供需关系发生变化，比如可能规划期是需求旺季，设备采购成本很高，等设备采购和试生产完成之后，行情发生变化了，供需关系发生颠倒了，就出现了生产能力过剩。产能过剩的情况下，各企业为了收回成本，不计成本地互相恶性竞争。如前些年，商用轮转胶印机因能印刷铜版纸广告宣传品、高档期刊等，而且这类印刷品销售价格高、利润大，许多印刷企业看到市场前景的同时进口了上百台设备，有的企业为了尽早收货，出高价购买设备，每台设备的费用高达2500—3000万人民币。最终国外的设备供应商赚钱了，国内因生产能力过剩，造成设备的闲置，为了尽可能降低损失，只能内卷营销。出现以上情况的原因是集群内的成员企业没有审视机会和项目，同时更缺乏对自身企业经营状况、生产能力、行业层次的合理正确定位，缺乏对市场需求、供需关系的掌控和了解。

（2）企业管理水平低下。

管理是企业发展的灵魂，只有管理才能支撑企业持续发展。德鲁克先生曾经说过，中国90%的组织都是小微型企业，这些企业里面的管理者可能只受过普通的教育，他们不算特别优秀，但是他们很能干，这些人有几百万，他们成长起来就可以领导那些小微型组织，他们将建设一个发达的中国。

中国的企业管理还处于启蒙阶段，企业管理者很勤奋，但是受教育程度低。特别是印刷包装企业中，私有经济制个人企业及家庭式的家族企业的小生产管理方式占有很大的比重，产值普遍在500万元以下，占总数的60%以上。大多数企业内部管理比较混乱，部分企业管理及其经营方式大多停留在家族式的手工作坊式的管理方式，企业管理水平和绩效不高，没有掌握和运用合理、最佳的经营机制，管理方式老旧，没有采用制度管理，缺乏企业文化，缺乏"高精尖"技术支撑。有的企业管理制度不健全，组织架构不能有效地管理和运行，制定了的管理制度和质量控制制度没有得到有效地运行和实施，导致企业产品质量不高，大部分企业都没有通过质量ISO9000的认证，更别提环境管理ISO14000、职业健康安全ISO18000的认证。而且部分企业高级管理者甚至老板，都缺乏战略眼光，只看到短期的收益；有的企业不懂服务的作用，主动服务意识极差，导致老客户少，客户投诉率高等；印刷包装企业中只有少部分的龙头企业，拥有信息化和数字化管理工作流程，甚至一些小作坊企业只有几位上年纪的从业者，连网络交流的能力都不具备，更别说ERP系统及在管理流程中采用PDCA流程控制手段了。波特在其发表的钻石理论中，曾经给出企业战略、企业结构和企业竞争的关系，但我们很多企业的管理者，都非常欠缺企业战略管理的方法学和管理经验与能力，不但企业制定不出来符合企业自身特点的发展规划、经营理念、发展目标和发展方针，还缺乏战略定位和战略规划，而没有制定发展规划的企业，往往在市场竞争中急功近利，盲目地进行投资，浪费大量的资金和资源。

（3）行业内部人才缺失。

人才是第一资源，产业聚集就面临企业竞争、设备更新、产品升级，需要大量的各种人才，区域政府会颁布相关的吸引人才的政策，比如落户、住房补贴、儿女入学等；同样，相关人才的聚集，也是发展产业聚集的依托和最基础、最有效的保障。任何一个产业都离不开人才，特别是产业集群的发展，更需要各种各样的人才，人才可能是从事管理的、从事技术的、从事设备维护的、从事平面设计的,等等,人才的聚集有助于产业的快速发展。目前由于我国印刷行业中主要在印前、印中等利润低、入门要求低的工序,造成企业人才缺失的问题比较严重。特别是一线员工文化程度低,由于印刷行业生产环境差,导致年轻的有技术能力的人不愿选择该行业,目前要么是老工人,要么是大都没有受过专业培训的年轻工人,为此很多企业为了保证生产进度,只能采用师傅带徒弟(老带新)的培养方式。缺乏人才引进,没有外部血液的流入,缺乏新理念的输入,只能墨守成规、闭门造车。在员工日常的管理上,由于大多是家族性企业,所以大都采用老式的、不符合现代管理方式的家长式管理。管理层甚至从业者,可能都是自己家族或同乡的人,有些时候碍于情面、碍于辈分而不能有效地管理。也有企业招来了技术人员,尽管目前胜任本岗位,但是不想出钱让技术人员参加更高层次的培训,担心学成归来时被其他企业挖走,而造成竹篮打水一场空。综上原因,造成职工,特别是技术员工的技术能力得不到有效提升,甚至一些企业根本没有技术人员。

(4)集群内部企业之间结构不合理。

有的产业集群属于地区发展规划,通过行政规范、行业准入等手段强力把企业捏合在一个产业园区。这些企业可能不是通过某种合作关系或者生产上下游合作而相识的,因而集群内各成员企业之间互相缺乏信任和默契,同时集群产品结构可能不合理、不完善,没有达到全产业链,产品档次和附加值较低。

(5)政府在出台管理政策方面存在短板。

政府在发展过程中承担什么角色,是管家婆还是甩手掌柜?有的学者认为政府应少管或不管,反正是企业自己的钱,企业要引进什么就批什么,不能破坏营商环境;也有学者认为政府就应负责顶层设计,发挥宏观管理和管家婆等方面的功能,从产业政策和产业结构角度进行宏观干预,避免出现重复引进和盲目投资现象，避免浪费资源、财力和土地。因此，印刷产业集群政策管理需要探索和进一步发展，通过加强在产业政策导向上的指导，通过加强产业聚集区域内外各企业的交流与合作，将好的经验和方法尽快消化、普及，并且能举一反三，从而提升内部创新能力。龙头企业创新了，将起到榜样带头作用，以点带面，从而提高区域企业管理者综合素质，促进印刷产业集聚群的发展。

8.2 我国印刷包装产业中小微企业技术创新现状分析

  小微企业占据我国各类型企业的80%，是现代经济社会的主体，对我国经济、民生等方面发展作用不容置喙。小微企业科技发展与创新直接关系着我国社会现代化进程。加快中小微企业科技化进程，提高科技成果转化对我国发展至关重要。当前，我国可以说具备了自主创新的基础，主要表现在，我国GDP迅速发展，2007年财政收入就突破了13万亿元，固定资产投入也超过10亿元。经济的迅速发展，让我们有经济能力进行技术创新投入。近年来，我国基础研究投入快速增长，年均增幅达到16.9%。目前我国已经形成了比较完善的科研体系，纳米、生物、新能源、光伏、电子等高科技领域也取得突飞猛进的发展，这为我国科技发展提供了技术支持。近些年，我国各行各业科技人才大量增加，科技队伍日益庞大，素质也有显著提高。据相关部门统计，目前我国R&D人员中本科及以上学历人员63.6%，比2015年增加了13.1%，其中博士学位达到8.5%。从科技队伍人才年龄上看，我国科技人才队伍平均年龄越来越年轻化。统计显示，2019年国家自然科学奖获奖成果平均年龄不足45岁，而全国科技工作者队伍平均年龄为35.9岁，国家重点研发计划参研人员中45岁以下科研人员占比超过80%，并且高学历化特征尤为明显。越来越多的青年人才在科技创新第一线"冒尖"，逐步成为科研主力军，通过2021年国家重点研发计划支持青年科学家项目300余个。科技队伍的年轻化，有利于增加科研队伍活力，保持科技发展持续性。

虽然我国目前创新发展有经济基础和人才保证，但包装印刷产业中小微企业自主研发仍然举步维艰。主要体现在以下几个方面。

（1）研发资金投入不足。

企业要进行科技创新，研发经费必不可少。但实际情况是，大部分印刷包装企业创新资金不足或者是后期资金短缺，严重影响科技创新能力。造成这种情况的原因，一是企业考虑人才成本，不愿投入；二是企业自身规模小，原始资金少，产品含量低，市场竞争能力差，产生利润低，无力增加研究经费；三是融资能力差。大多数小微企业因缺乏质押物、规模小、财务制度不健全及信用等级偏低等因素制约，很难从金融机构贷款，直接影响对科技研发的投入。

（2）缺乏能引领创新的科技人才。

企业想要研发出高科技产品，除了加大科研经费投入，更要有能提升引领创新的科技人才。市场一再证明，企业间的竞争，归根结底就是人才的竞争。企业，尤其是包装印刷产业中小微企业要想发展壮大，在市场经济的大潮中站稳脚跟，就必须吸纳人才。在过去几十年，一些传统企业经营者因为思想落后，没有意识到人才的重要性。但近些年，各类企业都认识到人才的重要性，但中小微企业却难以留住人才，究其原因，一是企业规模小，不能吸引高层次人才；二是企业条件有限，不能给招聘引进人才提供良好的条件和薪酬待遇；三是有的企业比较落后，对技术创新需求低；四是科研经费少，实验室器材落后，不能满足高科技人才创新需求；五是大部分中小微企业都坐落在比较偏僻的城市，远离经济发达地区，对人才很难形成吸引力。

(3)科技人才分布结构失衡。

我国有关部门统计,我国科技人才分布不均衡情况明显,尤其是近几年,科技人才加速向北上广等发达地区流动,东北和西部欠发达地区人才流失加剧。其中东部10省市集中了全国65.6%的R&D人员;东北地区R&D人员占比不到4%。尤其是从2015年开始,中部各省R&D人员63.2万人年增加到2019年的85.5万人年,年均增长率为7.8%。这些人员成为中部崛起的主要力量。而这四年,东北三省的黑龙江和吉林省R&D人员均为负增长,只有辽宁有所回升,却仅仅只有4.0%。人才的缺失,成为当地中小微企业创新发展的一大难题。包装印刷产业科技人才同样分布不合理,主要集中在经济发达的省份,经济欠发达地区科技人才更为稀缺,造成科技人才分布结构失衡。

8.3 我国印刷包装产业集聚及创新生态耦合发展路径分析

经过多年的发展,我国印刷产业集聚已经初具雏形,部分产业集聚已经规模很大,国内外市场占有率和市场影响度增长明显。尤其是我国加入WTO以来,印刷产业集群得到蓬勃发展,主要原因是我们廉价的劳动力、环保治理和维护费用极低、环境保护意识淡薄、原材料价格较低、运输费用低等要素,以及国家政策的支持❶。但是随着社会发展,特别是其他行业发展,社会平均工资的提升,低廉的劳动力价格已成为过去,要想有新一轮的发展,就必须转换低价竞争、打价格战的不良竞争方式,实现人才引进、设备更新、产业升级,强化区域地方主管部门、相关行业协会、相关科研院所、相关企业四方面的协作,在产业集群发展

---

❶ 周忠,彭自成.低碳经济时代印刷包装产业绿色发展战略研究[J].北京印刷学院学报,2012,20(04):1-5.

中发挥各自的职能，各方精诚合作，携手并进，共创辉煌，才能促进印刷包装产业集群的发展和壮大❶❷。

（1）转变政府职能。

产业集群作为一个涉及产业上下游、产业链各系统的聚集，其形成机制伴随生产流程和生产协作的过程。但是，只是靠政府政令强制配对，类似之前的计划经济，那样不利于产业集群发展。要想健康、有效、长久地发展，只有完全依靠市场本身的，通过市场之间双方的合作，自发形成而没有政府强制撮合的集聚，这样的集聚才能持续地发展下去。转变政府职能，让政府成为企业发展的顾问，提供管家式服务，答疑解惑，排忧解难，进行政策宣传和指引，而协会正是政府和企业的桥梁，通过协会的协调，推进印刷产业集群的稳定、长久发展。

在市场经济自由发展中，政府是宏观规划师，可以根据产业发展导向和产业结构、产业布局进行宏观的调节，对不合理的经营现象进行市场监管，对需要的公正服务或社会需求提供有力的支持。在发展过程中，政府只能遵循市场经济、自由经济的原则，进行宏观规划、引导和监管，不能强制地干涉交易，不能强制颁布且要企业接受不适合企业发展的行政命令，不能强制聚集，不能强制将各企业淘汰、合并。政府应抓住改革开放40多年带来的红利，在社会安定稳定发展的机遇时，结合国家的总体规划，制定符合地区实际情况的区域规划及各专项规划，政府主管部门的产业规划、产业结构可依靠各项规划逐步开展，从而营造一个有规划、有目标、有利于利企业良好发展的氛围。政府主管部门在编制地区发展各种具体专项规划和实施方案时，应根据当地的总体规划、区域规划，充分考虑聚集区所在区域现有的社会情况、环境承载力、基础情况和发展优势，结合基

---

❶ 王森.专精特新——印刷包装企业升级发展新方向［J］.印刷经理人，2022（01）：25-26.

❷ 肖志坚.低碳经济下印刷包装业的发展前景［J］.中国出版，2011（10）：43-45.

础情况和地区的优势，从而确定产业集群的发展方针和中远期规划，并且根据中远期规划制定鼓励产业集群发展的政策措施和指导意见。相关规划和指导实施意见出台后，相关监管部门要严格执行，针对限制类、淘汰类的产业要坚决取缔，不允许新建；针对满足布局要求的企业，要给出整改批示，降低对区域所在地自然和人文生态环境的影响，确保产业集群战略的实施。

（2）出台促进印刷包装产业集群发展政策。

我国印刷产业集群还是以档次低、产品附加值低、规模人员50人以下企业居多，年利润率低，集群效应的作用有限，还处于初级阶段。目前政府层面针对集群政策仅仅停留在传统产业政策方面，比如财政税收优惠、厂房占地优惠、贷款贴息、提供水电气等基础设施等。如中国印刷城——龙港包装印刷工业园的优惠政策就有很多具有特色的地方。如果相关投资方在龙港投资，除享受当地政府根据国家财政明文规定的鼓励企业投资发展的政策以外，还有很多有特色和针对性的优惠政策，比如针对有子女上学需求的，提供户籍、子女就学等方面的便利条件，如果投资额和上缴利税超过一定级别的企业，每年给重点学校指标到校的指标；针对用工数量受季节变化影响较大的企业，政府可以安排共享工人，降低企业用工成本，同时也包括在土地使用、水电气等生产供应方面的扶持政策。而华中印务包装工业园，针对相关投资方现金流短缺现象，政府提供贷款担保，出台税收减免、贷款贴息等惠企政策。集群政策要根据集群内企业的实际需要进行调整，制定切实有效的集群政策，能真正地帮助企业解决困难。包括：进一步吸引区外的技术、资本集中；加强装备技术、客户需求趋势、进出口政策调整，特别是汇率变化，国外市场当地环境安全等信息的收集、存储、流通和交易；加强基础设施和技术中心建设；支持教育、新产品研发新设备研发、人才能力培训和员工基本技能的培训；大力发展网络数字化经济协同作用，发展共赢式的、伙伴式的竞争方式和市场环境等。

（3）对促进印刷包装产业发展要素进行创新。

创新是第一生产力，创新成功要素主要包括：技术战略、创新氛围、创新流程、创新人才和资源保障。要想在竞争中保持永久的优势，就必须保证持续地进行要素创新。要素的涉及领域很广，既包括自然条件，例如气候条件、地理位置；也包括人文环境，例如人的教育程度、勤劳度、工作方式习惯等；更包括交通、资源、基础设施，等等。作为政府部门，以服务于企业为己任，通过建设好的营商环境，缩短审批流程；通过线上网络视频、线下论坛讲座，宣传当地的惠企政策及办事指南和常见问题解答，能真正地了解企业家群体的最主要需求，努力解决实际困难，帮助企业顺利建厂、尽快投产、逐渐壮大。产业集群由企业组成，各个企业发展壮大了，那么产业集群就发展壮大了。同样，政府还需要创造良好的社会环境，做好市场监管、社会治安、节能降碳、资源综合利用等方面的具体管理工作。

（4）推动印刷包装产业集群工业化。

由地方工信、发改委和科技等行业主管部门成立印刷包装行业领导小组，聚焦产业发展和市场需求，开展示范工程和案例分享，加快推进集群内印刷产业的设备更新、产品升级和产业结构优化。在产业布局层面上，应集中资金、技术等各种资源优先发展龙头企业，从而带动区域其他企业的发展，每一个区域要有自己的特色和主要产品。目前主要的综合性印刷产业带有"珠三角""长三角"和"环渤海"三个。"长三角"包括上海市、江苏省、浙江省、安徽省，共41个城市，位于中国长江的下游地区，濒临黄海与东海，地处江海交汇之地，是中国经济发展最活跃、开放程度最高、创新能力最强的区域之一，重点发展印刷设备研发、升级及印刷方法研究等在内的综合型印刷生产基地；"珠三角"位于中国广东省中南部，已在2010年超越日本东京，成为世界人口和面积最大的城市群，利用其地理位置和人口密度的优势，要积极发展出口贸易，连接香港、澳门和台湾地区的业务，成为印刷包装贸易出口的基地；"环渤海"是以京津冀为核心、以辽东半岛和山东半岛为两翼的环渤海经济区域，要利用辽宁省的老工业基地，以东北振兴作为纲领，发展成为以出版印刷为重点的生产基地，从而带动东北其他城市印刷业的发展。产业集群不是为了建立而建立，要的不是企业的数量，而是将相关协作、配套的企业采用某一关系、某一联系有组织、有规划地融合，将小微企业汇集，有积土成山、积木成林的功效，推动小微企业的专业化集聚，提升企业的整体竞争力。

（5）发挥印刷包装行业内部组织领导作用。

千军易得，一将难求。产业集群要将内部的企业最好地融合，发挥最大的集群效应，必须要有一个组织，领导、带动各个行业的发展。在产业集群中，行业协会、行业学会中的领导者就是千军易得，一将难求中的将才，在产业集群中有举足轻重的作用，是连接企业和政府的桥梁和纽带，众多规模较小的企业是通过协会联成一个整体，通过协会了解政府的相关政策导向。行业协会的成员基本包括主管部门政府退休人员、行业专家及相关领域的领军人物，其虽然只是一个民间组织，不是法定机构，但是由于其组成人员的专业性、实干劲和奉献精神，通过专业培训、政策宣传、沙龙论坛、现场辅导和问询、市场调研、业务对接交流等手段，为企业服务，将企业和政府行为有机结合，将政府主管部门和各会员单位之间有效地联系在一起。行业协会市场开拓、行业维权等领域，替企业发声，为企业代言，将企业的诉求告知相关主管部门。同时提倡守法经营、行业自律、公平公正竞争行为，进一步制定相关管理制度，比如协会章程、协会管理要点等内容，来规范业内企业的竞争方式，避免恶性竞争，营造公平公正的市场环境。

相关委办局每年固定时间组织设备推荐、技术交流等形式的展览会，协会可将跟本项目有关的信息收集，组织相关领域的设备供应商、服务商召开研讨会。通过服务于会员企业，收集会员企业的需求，进行合理对接、牵线搭桥，全力打造印刷品牌。协会如何发挥领导作用，首先自身技术能力和人员素质必须过硬，要打造服务型协会，就要有相关领域的人才。其次注重产业政策、规章制度和标准规范的学习和业务培训，采用网络填表、现场采访、现场问卷调查等方式进行调查研究，了解协会会员企业的实质需求，有针对性地答疑解惑。最后是重视协会自身建设，建立专家团队，逐步吸收、引入行业专家，壮大协会组织。

（6）贯彻可持续发展战略原则，实现企业可持续发展生产。

1981年，美国布朗（LesterR.Brown）出版《建设一个可持续发展的社会》，提出以控制人口增长、保护资源基础和开发再生能源来实现可持续发展。1987年，世界环境与发展委员会出版《我们共同的未来》报告，将可持续发展定义为："既能满足当代人的需要，又不对后代人满足其需要的能力构成危害的发展。"系统阐述了可持续发展的思想。我国政府编制了《中国21世纪人口、资源、环境与发展白皮书》，首次把可持续发展战略纳入我国经济和社会发展的长远规划。从企业自身角度看，企业要想长久发展，必须从上到下，无论是最高管理者还是一线员工，都需要有创新意识，企业管理要有创新奖励机制，鼓励大家集思广益，鼓励金点子活动。

（7）加大科研投入，实现技术创新，增强市场竞争力。

技术是根，服务是干，勤俭是魂，诚信是本。当今世界在以科技创新为主流，不论是国家层次的大国博弈、国与国之间的战略竞争，还是企业之间的市场份额、客户群的竞争，归根结底都是实力的竞争，包括技术能力和科技创新能力。为了保持竞争优势，无论是世界500强企业，还是中国500强等著名的公司，比如华为公司，每年都有一定比例的利润用于技术创新，而且这个比例逐年上升，深刻了解科技创新、技术创新的重要性，以期通过这种方式获取新技术，提高技术创新能力。特别是在欧美、日韩垄断的领域，需要通过自身研发、攻关，打破瓶颈，最终实现100%国产化。每个行业发展思路和打破瓶颈的方式不同，作为自主能力差、依靠代工生产附加值低产品的印刷业，如何提升自己的技术优势呢？首先是改头换面，培育新兴产业，实现弯道超车，彻底改变缺乏区域品牌和自主设计、过多抄袭、借鉴欧美和日韩的不利局面。作为龙头印刷企业，企业多走出去，通过行业协会了解国内外印刷设备工艺博览会举行的时间地点，安排相关领域专业人员去参观，从而了解最新的技术装备、最新的产品趋势，同时跟国内外排名靠前的企业交流、学习，了解国际目前的主流技术和产品，了解符合主要客户群体的审美观。在确定适合自己的技术理念后，不仅要消化吸收，还要举一反三，带动集群内其他企业一起发展，从而产生集群效应，力争印刷实力尽快达到国际先进水平，最后能成为国际领跑者。5G技术已实现正式商用，而6G技术应在加速研发，这一定会给印刷制造全产业链更深层次的重大影响。在网络信息时代、数字经济时代，印刷包装产业集群要顺应时代、把握发展潮流，就要不断推广应用信息资源数字网络化技术，以信息化、智能化、数字化改造传统印刷业，促进印刷业现代化；积极引进技术起点高，符合当今技术发展主流的技术与装备，比如多色高速、柔印、联动等印刷技术是目前国内外印刷企业的主流技术。发展高效多色、差异化的数字印刷，促进主要生产设备和加工技术更新换代，最终产品符合新主流审美趋势，体现出高标准、高附加值的特点，最终提升自己的竞争力。其次是加快行业标准、企业标准的制定，设置产业发展的标杆，通过比对发现自己企业的短板，采用木桶理论补齐短板，更要突出自己的优势和特点；通过交流学习，吸取行业主流技术和理念，加快自主技术研发的进度。再次是通过行业协会，相关企业一起投入资金和资源，合作开发来获得技术优势，通过各企业的自身优势，实现强强联手、互补短板，加快企业技术开发的速度，降低风险，最终实现弯道超车。

最后是倡导印刷企业与各大中院校和科研院所建立校企合作，依托学校的实验中心、研发中心、检测中心，了解学校理论研究方向和国内外发展主流，采用专利转让、校企合作、委托办学联合开发等方式，对重大影响的关键技术、关键问题进行集中攻关、突破，消除瓶颈。开展行业自律制度，设立质量服务和信息信用中心，定期对外公布不良信息，通过行业努力消除无良企业，从而建设文明、祥和，有信誉度、客户认可度高的产业集群。

（8）顺应时代发展，创新企业管理水平和管理方式。

经过改革开放40多年的发展，我国逐步完善的社会主义市场经济体制和经济取得了高质量的持续发展。特别是一些之前引进外国资本和管理经验的机械制造、电子信息等产业的企业管理制度和企业运行管理机制、管理者管理水平发生了很大变化、有显著的提升，一批成功企业比如以华为为代表的企业，其管理水平和管理方式，已接近甚至超过国际同行。但是在印刷行业，因行业的特殊性和局限性，还有一定比例的印刷企业管理及其经营方式大多停留在家族式的、手工作坊式的管理，企业管理理念、管理方式落后，管理者的教育程度、管理水平都相对较低，管理效益不明显，更主要的是缺乏"高精尖"技术和先进管理理念和方法的支撑。建议企业应放眼世界，不能只局限于产业聚集区域，要依托网络信息时代的网络技术和数字化计划，特别是一些理念和技术等无形资产，采用全球视角来统筹考虑，改变单纯的生产加工模式，合理配置可掌握的资本、信息、设备、人才等生产要素资源，延伸产业链、优化产业结构、实现产业升级，提高产品的附加值、技术含量和竞争力，以集群的整体力量，实现强强联手，集中各方优势来开发关键领域或瓶颈技术,借助网络信息技术尽快融入全球价值链。毕竟中国人口占全球人口的20%,经济总量只占全球经济比重达18%,实现全球战略化经营,才能有更大的利润空间和发展空间。同时加强品牌的战略意识,并在发展中不断营造自我品牌、打造中国名牌产品,完成自主创新、自主知识产权,尽早地参与欧美、日韩等国外项目的市场的竞争,建立面向全球的国际市场营销体系。

(9)推进体制创新,提高资源配置效能。

集群内的印刷包装企业,要全面推进体制创新,提高资源配置效率效能,推动创新要素自由流动和聚集,将区域内有限的资源推向优质企业和产品集中,让这些龙头企业先做强,在国内外市场立足,之后带动周边企业逐步做强做大,一起走向国际市场。但目前很多企业管理者目光短浅,只看到眼前的经济利益,浅尝辄止。因此,要有志于从区域立足发展到全国经营,然后拓展至全球战略,要有自己的发展规划,脚踏实地,一步步实现。

①闻道有先后,术业有专攻。要想步入更高一级的市场,就必须学习相关领域的知识理论。要想进入全球化市场,就必须学习全球化管理新理念,用知识武装自己。当今世界的经济是开放式经济,各种要素资源在全球领域自由流动,这既是机遇也是挑战,更是一把双刃剑。企业既有机会参与全球化的竞争,同样也面临竞争对手,不仅是集聚群内同行的竞争,还可能是地区的竞争、国内的竞争,甚至是全球化的竞争。两军交战,讲究天时地利人和。首先,人和是企业团体人心归一,上下团结,最关键的因素。其次是士气,一鼓作气,再而衰,三而竭。企业要提高自己的士气和信心。如何实现人和呢?在当今社会,主要依靠企业文化。企业文化是一种力量、一种信念、一种凝聚力,企业文化更是一种传承,植根于企业本身文化、制度和管理方式。企业文化绝非朝夕之功,是伴随着

企业发展，于企业荣辱与共的过程中逐步积累而生成，是一种沉淀、一种传承。企业文化类似学校的学风，学风的建立与校长、老师和学生都密不可分，同样企业文化与企业经营者学识、谈吐、文化素养等息息相关。因此，要建设健康的、乐观的企业文化，企业经营管理者的能力是首当其冲的，这要求经营者善于学习，要不断自我完善，经营中处处体现以人为本、企业是家庭、让员工感受到企业如家的经营理念，员工才能树立起正确的价值观，以厂为家，把企业的事情当作自己的事情，竭尽全力、保质保量完成各项工作，为企业发展壮大贡献自己的最大能量。

②企业的发展强调木桶理论，导致企业虽然没有明显的短板，但是也没有明显的优势，缺乏核心竞争力。在目前国际分工越发细化的大环境下，企业要把握住核心竞争力，围绕核心竞争力相关的因素来合理分配资源，好钢用在刀刃上，将有限的资源选择性地分配，把最好的资源用于企业核心领域、核心竞争力的提升。企业要做的不是全而不精，而是要掌握核心技术，掌握核心竞争力。目前相关企业管理者不了解国内外市场的需求趋势，盲目地、机械性地分配资源，导致人才、资源、基础设施等浪费。

③科学化和现代化的管理，强化人力资源管理，建立学习型、创新型组织，加强知识、技术、行业发展方向的培训和交流管理。一要营造好的学习型企业文化，明确要学习的内容、参与学习人的岗位，企业要把学习确定为企业管理、员工晋升的重点，实现知识共享得到企业全体员工的认同，促进员工彼此合作，一起创造建设企业。二是要正确处理企业经营者和从业者的关系，将企业的发展理念和员工的个人目标统一，企业与员工有相同的使命感和目标感。企业要善待员工，给员工发展的平台和合理地位。三是建立奖罚机制，可以是奖励股份，让员工和企业同舟共济、一荣俱荣、一损俱损。

④印刷企业迅速做大做强的最佳选择是实施集群内横向并购或联合。通过对同业兼并、联合，可以扩大企业核心产品的生产规模，升级产业结构、延长产业链，从而形成规模优势，降低成本，增强竞争优势。

⑤最大限度地利用外部资源，实施虚拟经营。印刷企业为了尽快培植和发展自身的核心竞争力，要集中有限的资金和资源用于核心竞争力的建设，可将非核心业务外包，依托现代信息技术，寻找非核心业务企业联合，形成虚拟企业，实现组织创新，以提高企业的市场竞争优势。也可以通过网络和信息化系统，采用虚拟经济模式，比如采用虚拟、不线下见面的方式，只通过网络视频、电话会议、邮件快递的方式经营，将印前、印刷、印后加工等子订单，分给分散在不同区域的供应商、服务商。合作的眼界不光放在集聚区，合作企业也可以是省内、全国甚至是国外企业，哪里有机会就往哪里去发展，哪个企业在某领域有优势，就承接相关订单。

⑥塑造企业文化，提高企业凝聚力。企业文化是一种力量、一种信念，更是一种沉淀、一种传承。同样，企业文化也要与时俱进，更新迭代。企业文化要从企业的人文关怀、员工培训交流扩展到上下游产业链接供应商和各地客户，逐步由对企业的内部管理这种微观管理方式，提升为对整个供应链的管理；贯穿绿色供应链，产品全寿命周期等绿色、低碳的管理理念。同时企业应加强信息领域、人才领域、知识产权领域、品牌商标保护领域的管理；印刷企业通过企业信用认证、质量体系认证，借用全球化的管理手段，比如 ERP 管理系统和 OA 管理系统，借助管理系统的网络技术，结合企业生产的客观实际，采用无纸化办公、远程会议等新的管理模式、管理方法，可大幅度降低管理成本，提升管理效率。广东深圳雅昌企业（集团）有限公司探索出采用传统印刷+IT技术+文化艺术商业整合的方式，运用蓝海战略，提出了"像艺术家那样，从事创造性的艺术品印

刷"的经营理念，也是文化创新的一种成果。

⑦充分利用各种资源，实现企业阶梯式发展。我国集群印刷企业的现状还是低水平企业数量占比大，重复建设问题依然严重，浪费了大量社会资源和企业财力，因此应大力推行行业优先发展战略。中国改革开放和现代化建设的总设计师邓小平同志曾经说过："一部分地区有条件先发展起来，一部分地区发展慢点，先发展起来的地区带动后发展的地区，最终达到共同富裕。"同样，建议有一定经济实力、市场占有率和企业规模的印刷企业，应强化技术研发，创建自主知识产权，集中区域所在地的财力、物力重点支持，综合发展。针对小微企业，应尽可能发挥其分工细致、生产周期短、服务性强的特长，给综合性企业做好配套。阶梯式发展，专业化经营，将明确企业发展目标，有助于充分发挥企业自身资源优势，合理利用、支配地方政府财政资金。

8.4 浙江印刷包装产业小微企业集聚及创新生态耦合发展实证分析

浙江作为中国沿海地带经济发达省份之一，近年来，成为中国经济增长速度最快和最具活力的省份，其各项主要经济指标在国内一直保持领先地位。浙江省的印刷产业近几年在浙江省发展规划的指导下，借着浙江经济快速发展的春风，不光经济实力迅猛发展；同时延续文化大省的建设成果，形成了工艺门类齐全、产业链齐全、产业规模优势凸显的印刷业新格局，成为当地重要产业之一。特别是浙江省的温州、义乌、宁波等地，印刷业的产值已成为当地的支柱产业，地方GDP经济占比逐年上升。

形成规模的浙江印刷产业目前已经形成了出版物印刷和包装装潢印刷产业区

块,食品包装印刷,商标印刷产业区块和服装、袜业等小商品包装为特色的印刷产业区块。这四大产业区块代表城市分别是杭州、温州苍南、金华、义乌和宁波,依附于当地的经济结构特征,印刷产业区块建设初具规模,形成各自的特色,形成产业集群。

杭州作为浙江省的省会城市,是全省的政治、经济、文化中心,印刷行业的总产值约占全省行业产值的40%;企业数量占全省25%,从业人数约占全省11%。从产值、企业数量和从业人员数量,可见其已经聚集全省主要出版社的优势,有一定的集聚效应,并以浙江印刷集团有限公司为龙头,借助其设备精良、规模较大的优势,形成了书刊出版物生产基地。同时,杭州又凭借近百亿元工业总产值的优势和集聚效应,将"世界包装组织亚洲包装中心"荣誉称号收于囊中。

宁波市作为长三角地区南翼经济中心发展城市,也是浙江省的副省级城市,其印刷业取得了跨越式的发展,印刷企业总数和印刷行业产值双创新高,目前已形成"四核心五特色"的产业布局。"四核心"指宁波市区、鄞州区、慈溪市、余姚市;五大特色产业区块,即纸箱包装和塑料包装印刷区块,扑克牌印刷区块,文具印刷区块,金属印刷区块,邮件、票据印刷区块。

温州市是国务院批复的东南沿海重要的商贸城市和区域中心城市,素有"东南山水甲天下"之美誉,温州人被国人称之为东方犹太人。印刷包装业是温州四大支柱产业之一,以包装装潢印刷为主,特别是台挂历、不干胶商标的市场占有率,已经达到全国市场份额的60%以上。1998年开始建设发展印刷工业园区,刚开始企业规模以中、小型居多,凭借"中国印刷城"提升区域品牌,通过产业园区建设,从根本上改变了企业规模小、业务量不稳定、业务源单一等问题,提升了印刷业整体档次,慢慢壮大企业规模,健全产品品类,形成产业集聚效应,形成了几个明星企业。

近些年，浙江金华的义乌地区，借助于小商品的营销号召力和温州人擅长的经营理念，在继续稳定发展小商品市场的同时，积极培育和发展印刷和包装行业。据统计，近几年其印刷包装企业数量和企业销售产值都持续增长。同时在印刷方面掌握了平版印刷、凹版印刷、柔版印刷等现代化印刷手段，以及在包装材料领域，瓦楞纸箱、彩盒包装、塑料包装等各方面发展都相当均衡，并初步形成了以包装装潢、年画挂历文化用品、工艺品画为主要印刷产品的规模印刷产业。印刷产业已成为义乌地方经济收入的支柱产业之一，继小商品城之后，又获得"中国商品包装印刷产业基地"的称号。

这些年，浙江印刷包装行业借助于良好的经济支撑、悠远的文化基础、发达的运输体系、充足的人才储备，迅速发展壮大，取得了良好的经济效益。但我们也要看到其发展中存在的不足，比如目前包装印刷行业科技含量不高、同类型企业较多、竞争激烈、创新趋势不明显，以及小微企业数量多、生产规模小、抗风险能力不足、产品原材料价格上升、生产成本加剧、企业人才短缺、开发新产品能力不足、小微企业融资难、管理水平差等问题。

8.4.1 温州龙港印刷包装产业小微企业集聚及创新耦合发展实证分析

龙港市地处浙江省温州市南部，2020年龙港全市生产总值300余亿元，比上一年生产总值增长4.4%，财政总收入25亿元。一般公共预算收入17多亿元，城乡居民人均可支配收入分别为5万元和3万元左右。全年完成工业投资36.4亿元，增长15%以上；实施重大项目101个，完成投资90多亿元；新竣工小微企业园6个，入驻企业485家[1]。国民经济三次产业结构为2.8：45.7：51.4。2020

---

[1] 冠华. 龙港6个小微园可入住印刷企业1200多家[J]. 广东印刷，2020（02）：3.

年，第三产业生产总值增加值162.78亿元，增长4.5%。在限额以上批发零售业商品零售额中，粮油食品类、日用品类、电子出版物及音像制品类、家用电器和音像器材类、中西药品类分别下降3.3%、3.5%、10.8%、1.4%和1.9%，棉麻类增长33.3%，石油及制品类增长0.4%；书报杂志类、机电产品及设备类分别增长2.1%和300%。

印刷包装是龙港的优势产业，龙港印刷产业创新服务综合体为产业创新提供全链条服务，推动产业价值链向高端延伸，促进科技成果对外交流与引进转化，引导企业提升品牌核心竞争力及谋划校企联合的多方位人才培训体系。作为全国三大印刷基地之一，龙港有"中国印刷城""中国礼品城""中国印刷材料交易中心"之称。经过30多年的发展，在浙江省相关主管政府扶持和协会专业指引下，到目前为止，共有10家企业分别获得浙江省产业服务综合体、企业研究院、研发中心的称号。目前，龙港市印刷产业包括印前、印中、印后的企业超过2万家，年产值120亿元以上，解决了12.8万人的就业问题。在这2万多家企业中，印刷企业600余家，设计企业300余家，其他的相关企业近2万家。

1.温州龙港印刷包装产业小微企业集聚成效

（1）社会化大生产体系形成。

目前龙港拥有印前、印中、印后全产业链的生产加工能力，满足不同档次印刷产品要求。其中印刷原材料生产企业就有近50家，生产的原材料种类包括印刷纸张、真空镀铝膜、防伪油墨、热收缩膜等，相关的原材料生产种类，涉及上下游产业链主要环节。龙港印刷业由于高效协作，高度统一，印前、印中、印后及庞大销售网络相配套的立体型的印刷社会系统，为其从事全球化的竞争，提供坚实的基础。

（2）直销网络的形成。

印刷行业主要消耗的原材料是纸张和油墨，龙港地区有 20 多个国家设立的办事处和直销店。因为没有中间商的差价，而且集中采购数量多，导致运输成本低，而且原材料厂家为了争取更大的订单量，往往以出厂价甚至低于出厂价的价格进行营销。而印刷企业订货方式简捷而且没有资金压力，原材料结款方式采用月付、季付或者半年付，往往收到订单的回款后，才支付原材料的款项，印刷企业不需要那么多的流动资金，保证企业经营的稳定性和安全性。由于分工协作，而且分工很细化，原材料进货后，有专业负责切纸的企业，按照后期印刷厂的要求裁剪。此种协作，既减少了原材料仓库建设面积，节省了土地资源，又保障了库房的存储率，同时也减少裁剪机等固定设备投入，减轻了企业投资建厂的设备购买费用，同时也减少项目建设、审批流程和时间进度，促进企业早建厂、早投产、早收益。

（3）整体竞争力形成。

龙港印刷业在发展中为了保持新的优势，提高整体竞争力，龙港镇政府就必须加大对印刷业的扶持力度，继续加快产业集聚、设备更新和产品升级。1998 年将包装印刷工业园区的建设，作为"九五"浙江省发展规划中的重点项目，该园区总规划占地面积将近 2000 亩，2001 年全年新增产值将近 10 亿元。在"九五"规划末期的 2000 年，又规划了小包装印刷工业园区的基建项目，项目占地面积 200 余亩，已经有近 200 家小微包装企业落实投资意向，相关投资项目符合产业规划和园区的准入要求。工业园区的建设，给了企业经营者的信心，推动了印刷业生产企业向规模化、标准化、产业化建设的进程，超过一半数量的企业逐步扩建厂房，引进了国际上先进的设备和生产流程，部分企业已经实现全自动的生产流水线。工业园区多家企业、多个产品在印刷产品评比中获得质量奖，对提升地方品牌和产业集聚效应起到积极推动作用。

（4）产业规模形成。

在当地政府的政策扶持下，在行业协会的指导下，龙港印刷业获得强劲的发展动力，取得显著的成绩。共计46家企业年产值超过1千万元，其中有4家企业年产值超过1亿元，5家企业年产值超过0.5亿元，其中浙江富康印刷有限公司获得"中国包装印刷龙头企业"的荣誉称号。

（5）品牌效应形成。

产业规模的集聚，起到了集聚效应，浙江富康等企业获得荣誉称号，也为龙港品牌效应建设起到带头作用。要塑造行业知名品牌，就必须树立高质量发展理念。很多企业通过ISO9000质量体系认证，同样企业对职业健康安全和环境保护的意识逐步提升，部分企业也通过了ISO 14000环境管理体系认证、ISO 18000职业安全等管理体系认证。同时为了打造"印在龙港"的品牌，也组团参加国内外一些大型印刷展览会。

2. 温州龙港印刷包装产业中小微企业集聚及创新发展的机遇分析

（1）经济全球化机遇。

随着信息技术、通信技术、数字技术、智能技术和虚拟技术迅猛发展，传统的交易方式将被取代，代之以视频直播、网络经济、网络会议等，降低各种经济活动成本。随着信息的全球化发展，生产要素也没有地域的限制，可在全球范围内自由流动、优化组合，进一步加快了全球化经济结构调整和升级的步伐，可能出现产业集群和产业方向的转移。

（2）经济结构调整升级。

目前国民经济和社会发展进入"十四五"时期，伴随着信息全球化发展，经济发展进入了快速发展的阶段，加快推进产业结构调整、产业结构转移、经济结构调整和经济增长方式转变已经迫在眉睫，原有的结构模式已经不满足新时代的需求，需要进一步促进增强自主创新能力，增加区域的竞争力，积极开拓国内外两个市场，国内市场保持市场占有率，国外市场逐渐提升市场占有率。为此必须增强市场核心竞争力，梳理现阶段国内外市场的主流需求，以动制动，紧追市场的变化，加快产业结构优化升级，提升印刷品的档次和质量。

（3）开辟印刷新领域。

随着国民人均收入的提高，对文化消费需求层次也不断提升，个性化、多样化的需求爆发式增长。印刷业将由传统被动接收服务的业务转向提供专业化、多元化和个性化的主动服务方式。通过自己的自主知识产权的设计案例，让客户去选择，根据模块去组合，从而降低设计费用，同时还兼顾个性化的特点，力争打造设计、加工服务、文化、信息、售后和物流为一体的综合服务方式。

3. 温州龙港印刷包装产业中小微企业集聚及创新发展面临的挑战分析

（1）产品档次跟需求要求不匹配。

虽然龙港经过多年的产业发展，在印刷业产品行业取得一些成绩，在华东地区有较高的影响力和声誉度，但产品档次与全球主流要求还是有很大的提升空间。主要原因是当地印刷企业起源于小作坊式，以家庭式生产居多，大部分人员来自农村和家族内部，缺失必要的教育和培训经历，而大部分企业管理者急功近利、目光短视，只看重现阶段的利益，导致只要看到邻近的企业在某一产品赚钱了，就盲目地一哄而上，低水平的项目大量重复建设。而且有些企业建厂初期为节省投资费用，采用的是非主流生产设备或者二手生产设备，企业本身没有自主知识产权，没有核心竞争力，加上管理水平和学习能力差，造成生产装备技术差、工艺水平低，生产的产品档次低、利润低，而利润低的企业就没有资金进行技术培训、设备升级替代，从而陷入恶性循环。近年来，虽然通过政府政策扶持、资金补助的方式进行了部分设备的技术改造，通过行业协会的宣传和培训，了解了新阶段主流生产工艺、主流生产流程、市场产品需求的发展趋势，并对员工进行了培训，虽然提高了技术装备水平，但是企业管理者和生产技术人员自主学习能力不强，过多重视短期经济，设备性能也没有全部发挥充分，产品的品质和产品质量离国外主流市场还有较大差距。企业经营行为短期性的现象比较普遍，缺乏发展规划和持续性，最严重的是质量、售后、商标和品牌意识十分淡薄。随着全球化市场发展，跟国际市场接轨，这些问题成为企业竞争能力提升的绊脚石。

（2）产业结构不合理。

国家发改委在2005年、2011年、2019年分别发布了关于产业结构调整指导目录。在国家强制的规范指导下，产业结构宏观调整有一些改善，但因历史遗留问题仍有很多不合理现象。产业链上下游各阶段的企业匹配不合理，印前、制版行业由于入门门槛低，不需要大量的资金、人员投入，导致企业数量过多，市场竞争压力巨大，企业生存压力大，为了生存采用恶性竞争的方式，且造成不良循环。同时有些企业建厂早、设备老旧，部分产品不满足现阶段市场的需求，面临被淘汰的局面。而最早的产业结构调整指导目录是2005年颁布的，很多企业是20世纪90年代建厂，前期政府和行业协会没有系统的管控，企业发展没有统一规划，存在企业数量多、竞争力低、生产水平低、产品档次低、园区内企业布置分布乱等现象。

（3）自主创新能力较弱。

虽然龙港包装印刷企业数量多，但是因为当地企业大都起源于家庭工业，企业经营者水平参差不齐，生产水平低、产品档次低，尤其是没有自主知识产权，缺乏核心竞争力，企业规模大而不强。缺乏自主创新能力导致缺乏自主知识产权保护意识；印刷科研人才和专业技术人才严重缺乏，面对数字化、网络化等新兴市场、新兴业务、新兴营销手段的挑战，准备不足，参与国际竞争的能力较差。

（4）环境治理依然是包装印刷行业发展中亟待解决的难题。

印刷包装产业的主要原材料是纸张和油墨。纸张的原料是木材等纤维制品，部分油墨厂的原材料是从石油提炼出来的。一方面，造纸厂需要消耗大量的蒸汽等热源，油墨生产过程中易产生大量的废水、废气，由油墨引起的有机挥发物每年达到几十万吨。另一方面，企业管理者文化层次普遍低，没有节能环保意识，没有更好地研究节能和环保政策，在追逐经济利益的同时，可能浪费大量的能源和资源，而且生产过程中产生的"三废"（废气、废水和固废）问题、噪声问题都没有得到相当的关注度，不仅对生产员工的身体健康造成影响，也对地域内的生态环境造成严重的影响。随着国家环保法和节能法陆续出台和修订，各级政府和企业经营者对节能环保的意识逐渐提升，但是相关处理设备投资上千万元，日常运行费用也很高，相关企业经营者为了追求短期经济利润，而忽视环保设备的投资。因此，需要产业集群的政府主管部门和协会统筹处理解决相关问题。

4.温州龙港印刷包装产业小微企业集聚发展策略分析

城市基础设施是城市生存和发展的基础。我国《"十四五"全国城市基础设施建设规划》中指出，基础设施建设包括交通设施、给排水系统、能源系统、环境卫生、园林绿化、基础设施智能等。城镇基础设施的建设，其设施的规模、完善、水平等决定着城市承载能力，是经济能否快速发展的重要影响因素之一。

（1）承接产业转移，提升区域竞争力。

港区可以在现有的产业结构与产业布局的基础上，加速补齐基础设施建设的短板，建设配套能力强，有区域特点的企业：一是可以优化车间平面布局降低生产转运能耗，淘汰落后的设备，更换节能设备，实现设备更新、生产工艺升级；二是根据园区发展规划，统筹基础建设设施的配套能力，保证废水、废渣、废气的处理能力和燃气、水电气的供给能力；三是引用知名企业建厂，可促成相关配套供应商的入驻，形成企业集聚的效应。

（2）延长产业链，促进产业不断优化调整。

延长产业链，可以减少运输时间、降低原材料价格等企业成本，增加企业上下游之间合作，便于相互沟通、交流、研发新产品。延长产业链，一可以增加当地产业构成和发展的多元化，促进生态、经济、社会的共同发展。目前国际形势波谲云诡，从俄乌战争，演变到粮食危机和能源危机。只有产业结构的多元化，才能减轻风险，实现经济良性发展。二可以加强产品的附加值和深加工层次，提高经济效益。随着全球化的发展，以及我们劳动力素质的提高，部分跨国公司将生产制造的关键环节、附加值高的环节转移到我国，我国企业从初级产品，逐渐迈向下游高附加值和深加工的产品，提高经济效益，从而进一步实现生产线升级、吸纳高端人才，形成新的核心竞争力，实现良性循环。三可以加强产业经济的应激能力，提高保险系数。美国对华为公司的霸王条款，就是要限制住华为的发展，但是华为借此契机发展多元经济，产品种类不光是手机、电脑等电子产品，还涉及操作软件、ICT基础设施领域，虽然手机业务产值因芯片原因而降低，但是在其他领域却有新的收获。四可以促进城乡人口就业，建立和谐社会。

（3）加快企业升级，增强核心竞争力。

加快产业升级，可以推动整个行业的产业结构调整，促进高新科技发展，降低企业生产成本，加快企业自我完善。产业升级，可以从四个路径实现。一是过程升级，即对生产过程的监控、监管手段进行升级，增加一些设计和检测的手段，保证产品的质量满足客户的订单要求；二是产品升级，既借着跨国公司将生产制造的关键环节、附加值高的环节转移到我国企业的契机，持续加强对外联系，填补国内产业链的空白环节，将相关配套企业也逐渐带入到全球产业链；三是功能升级,即根据消费者差异化需求,生产出功能多样化产品,来满足不同群体的需求。

当今社会已经不是单打独斗的年代,企业间必须加强合作,实现共赢,才能面对激烈的市场竞争,特别是面对国际市场的复杂性、多样性;只有努力科技创新,企业才能在激烈的竞争中争得一席之地。所以说,企业要想可持续发展,必须保证区域层面、产品层面、组织层面三者互相协调,齐头并进。

8.4.2 义乌印刷包装产业小微企业集聚及创新耦合发展实证分析

坐落于我国浙江省义乌的义乌国际商贸城创建于1982年,里面数万个摊位经营的产品五花八门、纷繁复杂,有文具、读本、化妆品、头饰、五金、汽车配件等,每天客流量20余万次,从小商品城流向全国各地的商品更是数不胜数。因此,当地需要的包装印刷品也巨大,这造就了整个义乌印刷包装及出版产业的发达并成为义乌市工业经济的支柱产业,被中国包装联合会评为"中国商品包装印刷产业基地"。

1. 义乌市印刷包装产业小微企业集聚现状分析

随着义乌包装印刷行业产业链的日趋完善和电商及物流的迅猛发展,义乌印刷包装行业面临着更广阔的发展空间。但是,目前义乌产品包装行业大多以小微企业为主,生产规模较小、同质化严重,导致企业之间恶性竞争,整个行业利润十分微薄,无力进行科技创新、转型升级,只能勉强维持最基本的企业生存。

从2018年起,散落在城市各个角落的小微印刷包装和出版相关的小微企业和相关产业的集聚,慢慢形成了华莱、凯创印刷包装产业园等近10个不同规模大小产业园,并在此基础上"政(政府部门)、行(行业协会)、校(科研院校)、企(包装印刷企业)"四方深度合作,共同创建印刷包装行业创新服务综合体。但因为实施时间尚短,综合体还存在较大不足,主要表现在产业园区主要以物资供应、生产型企业为主，在技术研发、文化产品开发、印刷包装设计等创新、研发等方面存在很大的短板。

深入义乌印刷包装产业园区调查发现，目前义乌印刷包装及出版产业发展存在主要问题，一是大多数的企业都是传统印刷包装型企业，内容设计等有创造性的企业少，科技研发更是薄弱，企业和企业之间主要靠打价格战占领市场；二是企业同质化严重，产品结构比较单一，产业的上下游延伸不够，产业链不完善；三是包装印刷品检测手段落后且单一，目前大部分企业还是靠人眼识别或原始测试方法，数据不准确，标准不固定，导致同一产品质量参差不齐；四是我国包装印刷产品缺乏品牌培育机制，几乎没有叫得响的品牌，阻碍了企业在市场中的份额和影响力；五是整个企业各类技术人才、技能人才、设计人才都短缺。

目前，对印刷包装的小微企业进行相关的创新能力评价研究较少，为了进一步研究义乌市印刷包装产业集聚及创新能力耦合机制，在总结其他行业的小微企业及科技型小微企业的基础上，选取30家典型企业，进行调查问卷分析（调查问卷如附录B所示），将创新资源的投入、企业家的管理能力、创新产出、创新外部环境定为一级指标，再对一级指标进行细分构建二级指标，构建评价体系，具体如表8-1所示。

表 8-1 创新能力评价指标体系

创新能力评价指标体系（A）	创新资源投入 B1	研发经费投入率 C11
		非研发经费投入率 C12
		研发人员的比例 C13
		人均研发设备净值 C14
		专科以上或中级职称人员比例 C15
	创新管理能力 B2	企业创新文化 C21
		企业家的决策创新能力 C22
		企业信息化管理 C23
	创新产出 B3	新产品销售收益 C31
		专利和专有技术获得量 C32
		新产品研发成功率 C33
	创新外部环境 B4	地方政府支持力度 C41
		产学研合作程度 C42

利用层次分析法 AHP 对各指标进行比较赋分，衡量尺度划分为 5 个等级，左列因素相对横排因素的重要程度：绝对重要、重要得多、比较重要、略重要和同等重要分别对应数值 5，4，3，2，1。横排因素相对左列因素重要程度：绝对重要、重要得多、比较重要、略重要和同等重要，分别对应 1/5，1/4，1/3，1/2，1。

根据系统多层次递阶结构，计算出各层次一级指标和二级指标的权重，如表 8-2 所示。

表 8-2　创新能力评价指标体系权重的评价结果

创新能力评价指标体系（A）	创新资源投入（0.438）	研发经费投入率（0.161）
		非研发经费投入率（0.081）
		研发人员的比例（0.161）
		人均研发设备净值（0.081）
		专科以上或中级职称人员比例（0.046）
	创新管理能力（0.125）	企业创新文化（0.044）
		企业家的决策创新能力（0.068）
		企业信息化管理（0.012）
	创新产出（0.375）	新产品销售收益（0.161）
		专利和专有技术获得量（0.053）
		新产品研发成功率（0.161）
	创新外部环境（0.062）	地方政府支持力度（0.053）
		产学研合作程度（0.009）

从表 8-2 中可以分析得到，义乌的印刷包装行业的小微企业中，创新资源投入和创新产出对小微企业创新能力有重要的影响，其中创新资源投入约占 43.8%，创新产出约占 37.5%，创新管理能力约占 12.5%，创新外部环境约占 6.2%。在创新资源投入一级指标中，研发经费投入和研发人员比例最高，约占 16.1%；专科以上或中级职称人员比例最小，占 4.6%。从中可以分析发现，对于印刷包装行业中的小微企业中，研发经费投入和研发人员比例是影响最大的。

在创新管理能力方面，企业家的决策创新能力和企业创新文化是重要的影响因素，分别占据 6.8% 和 4.4%，因此在印刷包装行业小微企业中，要增强企业家的决策创新能力和企业的创新文化。在创新产出方面，新产品销售收益和新产品研发成功率对创新能力影响分别约占 16.1% 和 16.1%，表明这两项在创新能力中也是至关重要的。从创新外部环境中进行分析，地方政府支持力度占 5.3%，产学研合作程度占 0.9%。从创新外部环境中分析，地方政府支持力度可以进一步加强，产学研合作程度太低，要多促进小微企业与高校、研究院所合作，共同进行技术开发。

2. 义乌印刷包装产业集聚创新现状分析

义乌要想在印刷包装行业创新发展，就要在政策和市场指引下，提高企业管理者管理能力、增加科研投入、培养引进包装印刷人才、建立生产数字化提升服务体系等。

企业管理者是组织层面的关键，只有加强企业家创新意识，才能推动企业的创新活动。由于小微企业竞争能力弱，有时创新承担的风险是较大的。毕竟创新、研发前期需要大量的各种投入，企业经营者有很大的顾虑。对此，提高管理者的创新管理能力，有以下几个方法。（1）由协会组织开设相关创新培训班，介绍、分享同行创新的经验，特别是组织中小微企业经营者参与。（2）统计监测各省市小微企业的信息，实现信用信息共享，为信用好的小微企业提供信用担保，助力贷款申请。（3）开办创新高级管理者的研修班，有些小微企业有一定的规模和市场占有率，管理者有学习新技术的需求，对他们进行相关培训，并通过日常经营管理案例分析等实际的案例讲解，采用专题专讲的形式，开展知识产权及日常经营涉及的有关法律法规等培训，从而提升小微企业管理者的能力和水平。

为了进一步分析义乌市印刷包装产业集聚和创新生态耦合发展情况，选取 140 家义乌市印刷包装企业进行调查问卷分析（调查问卷如附录 C 所示），回收问卷 131 份。

通过调查问卷分析，可以得到义乌印刷包装产业创新生态主要问题如下。

（1）技术水平不够先进。

技术水平的衡量，经常通过企业所拥有的技术在当地同行业中的先进水平，以及技术专利的数量和质量来测量。对调查结果进行分析表明，企业认为自身企业技术水平，在当地同行业中技术处于先进的仅占比7.6%，比较先进的占比32.1%，一般的占比51.9%，认为自身比较落后的占比8.4%（如图8-1所示）。同时，在所调查企业中没有任何技术专利的占到了80.2%，仅有1—2项专利的企业占9.2%，表明当地的印刷包装企业的整体技术水平还是较低，相关的技术保护意识缺乏。

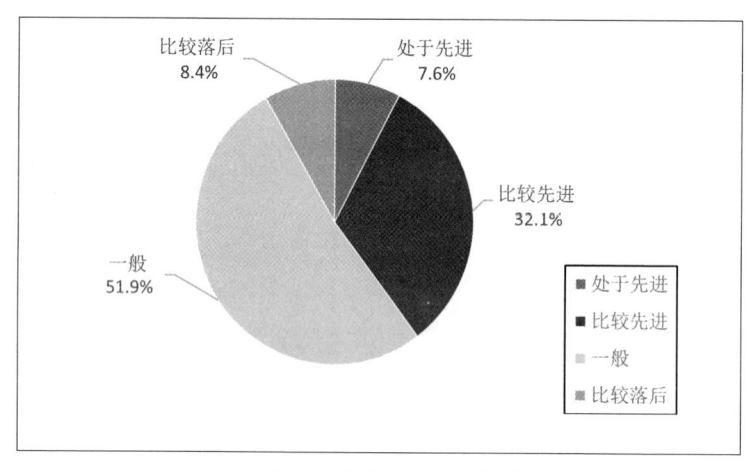

图8-1 本企业在当地同行中技术水平

（2）研发投入强度较低。

研发投入强度通常用企业研发投入与销售收入的占比来测量。在被调查的企业中，2020年企业研发投入占其销售收入的比例平均仅为1.4%，其中有56.3%的企业的研发投入占其企业自身销售收入的比例不足2%，调查企业中仅有6.1%的企业的研发投入占其企业自身销售收入的比例超过5%。在国际上一般认为，企业的研发投入占其销售收入的2%时，企业才能基本生存；当达到5%以上时，企业在市场竞争中才具有竞争力。由此可以看出，义乌印刷包装小微企业对技术创新重视不够，研发投入相对不足，技术竞争力还是不强。

（3）员工技术能力较低。

员工技术能力，经常通过企业中硕士及以上学历员工所占比例来测算。在所被调查企业中，硕士及以上学历职工占该企业职工人数的比例平均仅为0.4%，大学本科学历职工占职工人数的比例平均为5.1%，大专程度职工占职工人数的比例平均为9.7%，中小学文化程度职工占企业职工人数比例为84.8%（如图8-2所示），企业的员工能力严重制约着企业的技术创新能力。

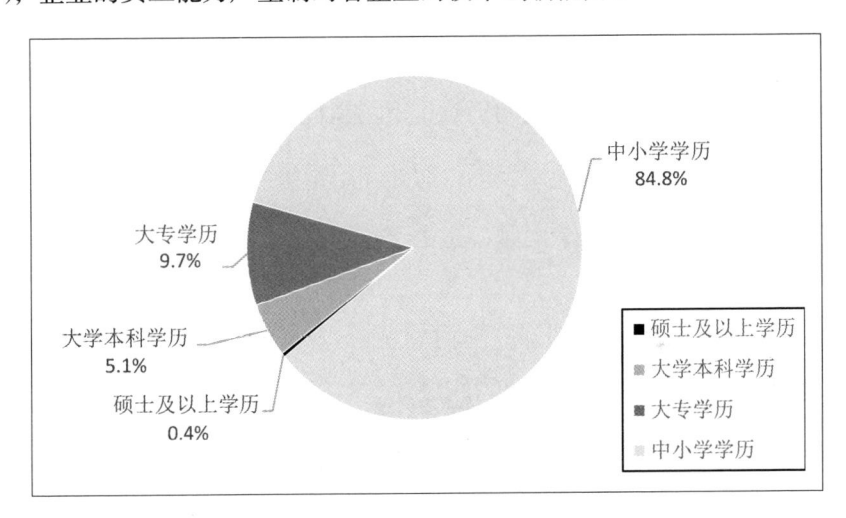

图 8-2 调查企业的员工的学历情况

（4）技术重视程度不高。

从近年来义乌印刷包装企业倒闭的主要原因进行分析，64.9%的企业负责人认为是"成本急速上升"，仅有27.5%的企业负责人认为是企业的"技术落后"。上述调查结果表明，一方面，小微企业自身技术水平较低，研发投入不足，员工技能落后；但另一方面，多数企业负责人并不认为企业的"技术落后"是影响企业生存的突出原因。这也反映出小微企业的负责人或企业主对技术创新活动的重视不够。

（5）企业技术选择。

企业的技术选择是通过企业认为中国现阶段最能赚钱的技术程度（先进、比较先进、一般但实用、比较落后），企业开发产品时需要考虑问题因素的重要程度（最大值为5，最小值为1），以及企业未来感兴趣投资的行业来测量。调查结果表明：对于印刷包装企业开发产品需考虑的最为重要的问题，有70.2%的企业认为是"市场销路好发展潜力大"，有19.8%的企业认为是"技术人员容易招聘"，有6.1%的企业认为是"开发产品技术容易"（如图8-3所示）。上述调查结果也表明，虽然企业家认为技术先进性对企业盈利具有极其重要的影响，印刷包装企业在开发产品时，最为关注的仍然是市场销售，在投资选择时，最感兴趣的仍然是倾向于产量的劳动密集型技术，而非知识密集型技术。这也是由中国其他行业小微企业目前存在的一个问题，是由于长期技术水平较低，知识积累不足所引起的。

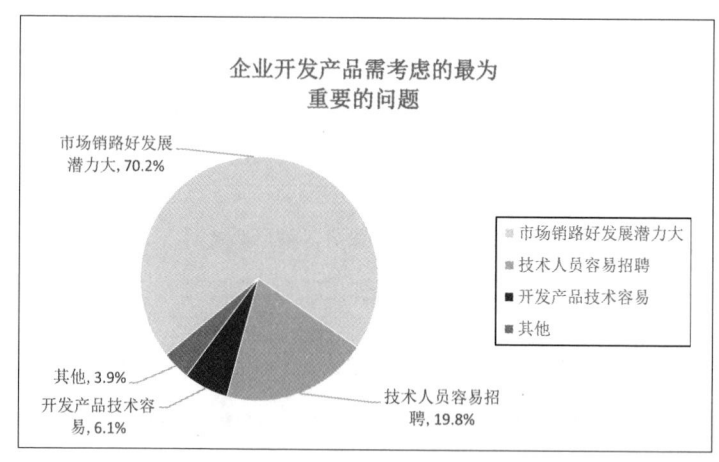

图8-3 企业开发产品需要考虑的最为重要问题

（6）企业技术开发方式。

在印刷包装企业技术开发的主要方式（可复选）中调查发现（如图8-4所示），企业自身开发的占44.3%，外部技术开发的占61.8%。在外部技术开发中，由供应商、客户提供技术的占 23.2%，与其他企业合作开发的占 25.2%，由行业协会帮助开发的占 11.5%，通过委托科研机构开发的占 6.9%，通过政府帮助开发的占 6.1%，通过委托咨询机构开发的占 3.1%。上述研究结果表明，小微企业的技术开发以外部技术开发为主，合作方比较多元，但主要是供应商、客户和其他企业较为常见，与科研机构、高校、政府和咨询机构的合作技术开发相对较少。

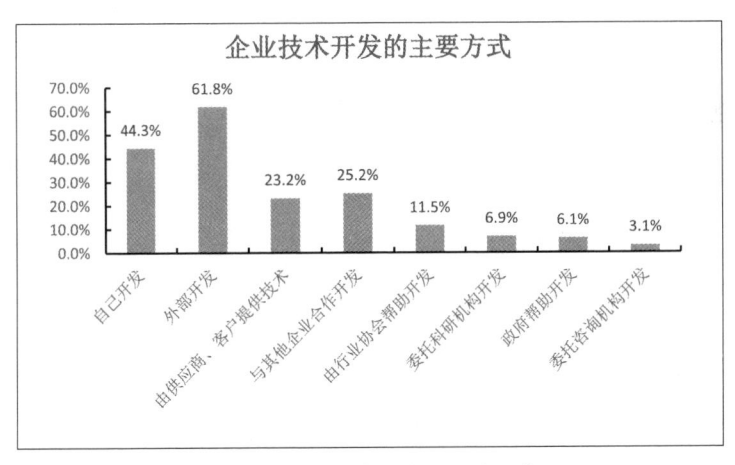

图 8-4　企业技术开发的主要方式

针对上述研发能力较弱的现状，在义乌印刷包装产业集聚和耦合发展机制中要强化创新服务综合体建设。行业创新服务综合体是浙江省发展"块状经济"的重要举措，它通过综合政府、行业、高校、研究所、企业等各种创新资源，如各种研发设备、检测设备、研究人员、设计人员等，对产业进行集聚，完善整个产业链条，促进产品的增值和行业的转型发展。在印刷包装产业创新服务综合体，通过整合政府部门、义乌市融媒体中心、义乌市印刷行业协会、义乌工商学院协同创新平台、义乌华莱印刷包装产业园和行业知名龙头企业等创新资源，多方共建，产学研合作，建立创新服务体系，促进整个行业的转型升级。

3. 义乌印刷包产业集聚创新生态耦合发展策略分析

（1）提高创新管理能，营造企业创新文化。要大力加强企业家创新意识，可通过企业参与市场竞争和产业集群来加不断加强培养。由于小微企业竞争能力弱，有时创新承担的风险是较大的。对此，提出如下对策意见。①开办和组织创业培训班，了解当前市场面临的环境和形势，只有这样才能激发创业人员的创新意识。小微企业的信息，要便于对各省市小微企业进行统计监测，实现信用信息共享，方便对小微企业进行信用等级评价，缩短小微企业申请贷款时间。因此，政府可定期组织对小微企业里有创业想法的人员和管理人员进行创业培训，通过培训相关市场环境、结构及竞争风险等的知识，并结合模拟进入多种规模的虚拟市场环境，来加强创业和管理人员对市场的认识，健全自身拥有的知识体系，进而培养其创新意识。②开办和组织高级创新管理研修班。在小微企业进入市场之后，因其规模、资源等的限制，要确保其能够在市场环境中得到生存发展，最关键的是加大企业的创新力度，适应市场的变化与发展，这就需要管理人员不断提高创新管理能力。因此，政府可在开展创业基础培训的基础上，定期开办印刷包装高级创新管理研修班，对已进入市场的小微企业管理人员提供最新市场动态，并通过专题的形式，开展知识产权、日常经营管理、技术创新及有关工商法律法规等各类专题培训活动，提升小微企业管理人员的能力和水平。

（2）引进印刷包装领域高水平科研人员并完善人才激励政策。印刷包装小微企业因为其规模小、实力弱、抗风险能力差等原因，难招收优秀人才，尤其是对于某些发展慢的地区来说，小微企业提供的工资待遇较低，人才激励机制缺乏，因此也难留住优秀人才。对此，提出如下对策意见。①协调小微企业与高校之间的联系。小微企业之所以难招收优秀人才，根本原因就是高校学生对小微企业了解浅显，仅仅持有其规模小、发展差的固有印象。因此，要解决的关键问题是协调小微企业与高校之间的联系,让高校学生了解到小微企业对我国社会和经济发展的重要作用。为此,政府应该督促高校建立针对小微企业的平台,有需求的小微企业可利用其展示自己的企业文化、科研成果,以及对未来的展望,改善高校学生对小微企业的固有印象,调动高校生的挑战精神,并能够积极参与进去,并制定针对小微企业招收高素质人才的优惠政策。②除了开辟小微企业招收人才的来源,还要确保能够招到优秀人才,并且有激励高素质科研人员应聘的政策。一方面,政府可制定相对于小微企业来说可定义为优秀人才的标准,若企业雇佣人员满足该条件,则政府会为企业提供相应的人才招聘补贴资金;若在此基础上该优秀员工在该企业工作满一定年限,政府可提供追加补贴。另一方面,政府也要为满足优秀人才条件的员工制定相应的优惠政策,比如在住房及失业保险方面的优惠,帮助他们解决在生活中遇到的实际困难,只有让他们有自我安全感,才能更好地投入到科研中去。

(3)鼓励义乌印刷包装行业小微企业建立创新联盟。小微企业的合作创新,是指小微企业与其余大中型企业、高等院校等科研机构及政府共同对各自的人才、技术等资源进行整合,一起进行技术创新,以及各机构针对小微企业申请业务的实施措施等所需的信息,为小微企业处理各种问题做好前期准备,从而提高解决问题的成功率,为小微企业良性发展提供支持。

(4)建立义乌印刷包装行业小微企业公共创新平台。为小微企业成立一个专门机构作为公共创新平台,提供小微企业能共享的技术知识、能共用的测试仪器和检测设备等有形设施。该创新平台与创业科技孵化基地有类似之处,但不同的是,孵化基地仅为有创业想法的创业人员提供便捷,而创新平台是为地区所有科技型小微企业提供服务,促进所有小微企业在不断更新的资源共享中共同前进,发展地区小微企业技术创新能力。针对小微企业的技术创新发展主要依赖于专利及专有技术，而小微企业维权意识薄弱的现状，要建立针对个体私营或者中小企业的法律维权机制，帮助小微企业建立维权意识，并切实行动参与到维权中去。鉴于此，应该建立相应的小微企业维权投诉机构，一方面，定期向小微企业宣传维权的重要性，提高小微企业的维权意识；另一方面，把业务精、能力强、懂法律的人员，有印刷包装行业相关案例经验的人员，安排到维权投诉中，更好地帮助小微企业进行维权，不断提高维权水准。加强面向小微企业的服务体系建设。对小微企业而言，中介服务体系能够为其提供技术创新所需的培训机会、辅助引进先进技术。作为政府管理和服务职能的延伸，政府应该加强面向小微企业的服务体系的建设，推进技术创新中介服务机构的改革和发展，为小微企业技术创新提供良好的中介支持服务体系。对此，提出对策建议：建立小微企业免费咨询平台。小微企业在进入市场时，会遇到各种各样的困难，比如技术支持政策问题、科技成果申报问题、融资条件问题等，政府应该建立多层次、专业化、网络化、全覆盖的小微企业免费咨询平台，小微企业可通过该平台了解政府相关政策。

（5）逐步完善政府金融支持政策。对印刷包装小微企业而言，政界和金融界一直探求解决的最大问题是融资困难的问题，这个问题的根本解决办法还是要从政府方面出发，与金融机构一起为小微企业提供完善的金融支持系统，解决印刷包装行业小微企业的融资问题。加大财政补贴力度。我国已经设立了科技型中小企业技术创新基金，这大大推动了一些科技型小微企业的发展，值得继续深化，扩大规模，让一些金融机构及风险投资机构参与进来，便于小微企业接受更多的资助。政府部门也可以通过提供一些专项发展资金，比如在有些地区已经明确小微企业发展的专项资金、改善融资环境及完善中介服务体系等。这是促进发展小微企业技术创新的一大重要举措。健全小微企业信用等级评价体系。小微企业融资难的一个主要方面就是在申请贷款的过程中，往往会因为信用评级而导致贷款被搁置，甚至被拒之门外。因为小微企业规模小，财务制度不完善，导致其资金流转去向不明，因此影响其信用等级。政府相关部门可以尽快健全小微企业的信用评级体系，建立各省市小微企业名录，服务小微企业发展。

（6）建立印刷包装行业小微企业技术创新能力评价和专项资金扶持政策。将创新成果市场化已达到共同获利的过程。这不仅会降低小微企业的成本，也可帮助小微企业规避独立面对风险的可能性，提高小微企业的核心竞争力。根据调查，目前小微企业多采取自主创新方式，而与其他企业合作创新的很少。必须大力推进产学研合作方式。①加强产学研交流平台的建设。针对小微企业多是自主创新这一现象，政府应该做好协调工作，让小微企业认识到合作创新的优势，同时加强产学研交流平台的建设，鼓励更多的小微企业、高校和中介机构进入到交流平台中来，积极了解产学研动态及形势。政府举办的各类产学研洽谈会和科技成果展会的信息也应及时公布在产学研交流平台上，并且及时更新消息，让更多的小微企业能够方便快捷地寻求更多的产学研合作机会。②设立针对产学研的专项资金。对于小微企业来说，产学研合作难开展及创新成果难市场化的根本原因就是资金相对短缺。一方面，高校不具备自我转化的资金能力和实力，另一方面，科技型小微企业往往无力承担科技成果产业化的资金风险，这就需要政府资金的支持。政府可设立针对产学研的专项资金，比如创新券制度，合理用于在产学研合作初期的资金投入方面，以及合作末期的科技成果转化方面，规避一部分产学研合作的创新风险，增加产学研合作的成功率，为地区发展产学研合作提供保障。③制定利益和风险承担责任制度并建立信息监控系统技术创新的过程是一个风险投资的过程，具有一定的不确定性。对于产学研合作来说，这一风险过程就被放大了。若营利，利益的分配比例是怎样的；若遇到风险，哪一方应该承担多少比重的风险，应该负哪些应负的责任。这些都是产学研合作中可能遇到的情况，因此需要建立一套客观有效的利益和风险承担责任制度。制度制定完成后，还需要对其执行的过程进行监督，因此政府还需要建立信息监控系统进行监督管理，维护各方的合法权益，完善产学研利益和风险承担责任制度，使产学研联盟得以巩固和发展。

4. 义乌创新服务综合体产业集聚和创新生态耦合发展实施路径分析

（1）技术研发及科研成果转化服务体系。行业协会、高校、产业园三方进行产学研合作，成立创新服务综合体研究院。由高校研究人员、企业技术人员、技能大师等共同组成研发团队，完善项目研发规章制度，以项目化形式，对行业企业技术难题、新型绿色印刷包装技术、防伪技术等进行开发。另外，结合数字化工作流程，开展智慧工厂建设方面研究。比如，针对印刷包装行业中的热转印领域，开展互联网智慧印刷的数字化流程改进。另外，利用每年的印刷包装机械展会，通过展会发布科研成果，与设备生产商、材料供应商一起进行技术开发。同时在印刷包装展会上，完成技术成果转化。在科技成果转化过程中，要综合"政、行、校、企"各方的创新资源，以项目的形式进行研究开发，注重转化实效性，切实解决小微企业中的生产技术难题。为了加强小微科技企业的创新，要积极举办各种创新实践培训、技术培训，同时结合科技政策，让企业切实体会到科技研发政策给企业带来的增量效益。利用创新服务综合体，多开展技术沙龙和技术培训。比如，在创新服务综合体中开展"文化+""印刷包装数字化流程改造""绿色印刷包装"等技术主题培训。

（2）通过"文化创意+"给包装印刷产业赋能。虽然小商品包装以及文具、礼品等产业对设计需求巨大，但在整个义乌，高端创意设计十分稀缺。通过产业创新服务体构建"创意设计飞地"，通过印刷包装产业创新服务体积极引入上海、杭州等知名设计企业，以及中国美术学院、浙江理工大学等优秀高校创意设计资源，为不同种类的小商品包装、文具、礼品、旅游商品、文创产品等提供设计服务。创意设计过程中，可以重点将"传统文化""一带一路"的"丝路文化"，融入商品设计和不同国家、地区的包装设计中，在满足商品包装同时，促进文化传播和交流。

（3）利用信息数字化技术，提升生产效率，降低成本。随着数字信息化技术普及，要通过数字化工厂、数字化流程的建设，逐渐缩短印刷活件的生产准备时间。利用各种设计版面的模板和印刷机预置技术，提高生产效率，减少废品率。利用数字化技术逐渐替代传统"靠人工、靠人眼"色差控制手段；同时，通过订单活件的云服务，实时实现订单的生产跟踪服务，给客户提供更宽广的信息服务，实现印刷包装生产企业和客户厂商之间的快速、有效衔接，将印刷包装企业从"加工型"向"服务型"转变，实现印刷包装服务的增值。

（4）加强科技创新人才引进和培育，促进行业转型升级。在包装印刷产业的转型升级过程中，各类科技创新人才至关重要。在产业转型过程中，要加强高端技术人才引进和培养，利用人才带动印刷包装行业的转型升级。由于包装印刷是传统行业，也要注重技能型人才培养。可以通过校企合作，柔性引进人才，同时通过不断地培训，促进企业自身人才培养。要积极创造技术创新的基础条件和制定奖励政策，营造创新氛围，积极发挥创新人才在企业研发中的作用，形成创新团队，促进价值链的提升。

（5）加强产业园公共服务平台建设，促进产业链和创新链的有效融合。包装印刷产业中的小微企业规模比较小，通过入驻产业园可以将小微企业的创新资源进行集约化，完善产业链和创新链。以行业创新服务综合体为纽带，加强产业园区公共服务平台建设。对企业研发中心、研发项目立项、研发经费使用、知识产权保护等提供综合咨询服务。服务小微企业利用自身研发建设，积极申报省级、国家级高新技术企业。同时，积极培育企业品牌建设，促进印刷包装行业"品字标"建设。利用公共服务平台，积极发布行业的最新技术信息，为小微企业提供技术信息查询、标准化信息查询，同时积极为小微企业提供展会信息和不同种类的线上展示平台。利用信息化及大数据等技术，对原材料信息和行业上下游供需情况进行预警，为小微企业集中采购、协同生产提供信息技术支持，促进智慧园区发展建设，从而进一步促进小微企业发展。

参考文献

1. 中文专著

［1］庞琛：《多重异质性、企业空间离散化与产业集聚》，浙江：浙江大学出版社，2022年。

［2］胡晨光：《产业集聚与集聚经济圈的演进》，北京：中国人民大学出版社，2014年。

［3］孙元元：《中国制造业的集聚动力与集聚效率研究：产业集聚与企业异质互动的视角》，北京：中国地质大学出版社，2016年。

［4］杨柳青青：《产业格局、人口集聚、空间溢出与中国城市生态效率》，北京：经济科学出版社，2019年。

［5］丁绪辉：《高技术产业集聚与区域技术创新效率研究》，江苏：中国矿业大学出版社，2016年。

［6］张纯记：《中国区域经济增长差异的产业集聚因素研究》，北京：中国社会科学出版社，2015年。

［7］张晋晋：《新型城镇化与产业集聚互动发展研究》，北京：经济管理出版社，2022年。

［8］陆根尧，许庆明，胡晨光，智瑞芝：《浙江经济地理》，北京：经济管理出版社，2020年。

［9］章奇，刘明兴：《权力结构、政治激励和经济增长：基于浙江民营经济发展经验的政治经济学分析》，上海：上海人民出版社，2016年。

［10］潘宇峰：《科技人才创新创业的动力机制研究——基于浙江激发战略新兴产业的实践与探索》，北京：光明日报出版社，2021年。

［11］孙久文：《中国区域经济发展战略与区域合作研究》，北京：经济管理出版社，2020年。

［12］王根荣：《浙江崛起的奥秘-块状经济理论体系研究》，浙江：浙江工商大学出版社，2015年。

2. 硕博士论文、中文期刊论文

［13］于众：美国中小企业集群发展问题研究［D］.吉林：吉林大学，2016。

［14］钟婕茜：L市科创城科技企业孵化器的服务体系完善研究基于创新生态系统的视角［D］.南京：南京理工大学，2016年。

［15］周鑫鹏：促进中小企业发展的公共服务体系研究——兼以湖北省麻城市为表述对象［D］.武汉：华中师范大学，2013年。

［16］赖永添：晋江市三创园科技服务体系建设的策略研究［D］.泉州：华侨大学，2017年。

［17］张娇：产业集群与城镇化互动发展机制研究［D］.浙江理工大学，2015年。

［18］王洁：产业集聚理论与应用的研究［D］.同济大学，2007年。

［19］方敏，杨胜刚，周建军，等：高质量发展背景下长江经济带产业集聚创新发展路径研究［J］.中国软科学，2019年。

［20］顾颖，蒲志琴，杜宇宁，等：浅谈我国小微企业发展历史及现状［J］.现代经济信息，2016年。

［21］陆岷峰：关于我国中小微企业健康生态培育与数字化应用研究［J］. 兰州学刊，2022年。

［22］吕林根：新冠肺炎疫情对我国中小企业的影响与对策建议［J］. 商场现代化，2022年。

［23］马春波：新冠疫情冲击对全球供应链管理的影响分析［J］. 现代商业，2022年。

［24］张楠楠，刘妮雅：美国农业产业集群发展浅析［J］. 世界农业，2014年.

［25］戴孝悌，陈红英：美国农业产业发展经验及其启示——基于产业链视角［J］. 生产力研究，2010年。.

［26］杜传忠，杨志坤：德国工业4.0战略对中国制造业转型升级的借鉴［J］. 经济与管理研究，2015年。

［27］高艳，马珊，张成军：产业集聚视角下制造业国际竞争力研究［J］. 统计与决策，2019年。

［28］刘锐：产业集聚与区域经济增长的模型分析［J］. 商业经济研究，2019年。

［29］易朝辉，周思思，任胜钢：资源整合能力与科技型小微企业创业绩效研究［J］. 科学学研究，2018年。

［30］李大庆，李庆满，单丽娟：产业集群中科技型小微企业协同创新模式选择研究［J］. 科技进步与对策，2013年。

［31］金晶：产业融合的产业结构优化效应研究——基于浙江传统优势产业的实证分析［J］. 经济视角，2016年。

［32］周娟：传统产业转型升级的制约因素与对策——基于浙江温州等地的调查研究［J］. 广西经济，2013年.

［33］嵇俊：浙江印刷业70年发展辉煌成就［J］.印刷杂志，2019年。

［34］王留军，段姗：浙江省产业创新服务综合体建设成效、困境与对策研究［J］.情报工程，2020年。

［35］化祥雨.树立产业创新服务综合体"标杆"［J］.浙江经济，2018年。

［36］周蓼蓼：产业创新服务综合体建设实践与对策研究——以温州市为例［J］.浙江工贸职业技术学院学报，2020年。

［37］施晓伟：温州市产业创新服务综合体建设的对策研究［J］.今日科技，2018年。

［38］林畅茂:聚焦印刷包装产业园区:驱动印刷包装产业发展的孵化器［J］.今日印刷，2015年。

［39］周忠，彭自成：低碳经济时代印刷包装产业绿色发展战略研究［J］.北京印刷学院学报，2012年。

［40］王淼：专精特新——印刷包装企业升级发展新方向［J］.印刷经理人，2022年。

［41］冠华：龙港6个小微园可入住印刷企业1200多家［J］.广东印刷，2020年。

附录 A

调查问卷：

义乌市印刷包装行业中创新扶持政策调查问卷

首先感谢您参与调查。科技创新对行业、企业发展以及转型升级至关重要。现邀您参与义乌市印刷包装行业中创新扶持政策调查，如果有其他想法，可以在补充意见中进行填写。问卷结果不作为考核政府绩效依据，仅作为学术研究之用，敬请畅所欲言，感谢您的大力支持！

1. 您所在企业类型是 [单选题] *

　　○国有企业　　　　○民营企业

　　○外资企业　　　　○中外合资企业

2. 您所在企业的规模 [单选题] *

　　○大型　　　　○偏大型　　　　○中型

　　○偏小型　　　○小型

3. 您所在企业的发展阶段：[单选题] *

　　○初创阶段　　　　○成长阶段

　　○成熟阶段　　　　○转型阶段

4. 您是否了解小微企业科技创新的相关优惠政策 [单选题] *

　　○非常了解　　　　○比较了解　　　　○一般

　　○比较不了解　　　○非常不了解

5. 您主要是通过什么渠道了解小微企业科技创新优惠政策？[多选] *

　　○广播电视　　　　　○互联网　　　　○报刊

　　○税务机关宣传辅导　○同行或朋友

　　○税务机关网站　　　○其他

6. 在您碰到小微企业科技创新政策疑难问题时，主要的解决渠道有哪些 [多选]*

○事务所、咨询公司等中介机构　　○网上提问

○通过 12366 询问　　○到税务大厅咨询

○自己查询资料　　○其他

7. 您觉得针对小微企业的科技创收进行税收优惠政策是否有必要？

○有必要　　○没必要

8. 近两年您是否享受了小微企业科技创新优惠政策？

○是　　○否

9a. 如未享受小微企业科技创新优惠政策，您觉得主要原因是什么？

○限定条件太过严格　　○程序太繁琐

○不知道有该项税收政策　　○财务核算不健全

○优惠力度太小，没有申请　　○税务人员对政策解释不清

○其他

9b. 如果享受小微企业科技创新优惠政策了，您企业享受的所得税优惠政策类型是什么？

○降低企业所得税税率　　○研发经费补助

○研发费用加计扣除 100%　　○高新企业所得税优惠

○固定资产加速折旧　　○其他

10. 您认为这些科技创新优惠政策给您的企业带来哪些帮助？

○降低税负　　○增加研发的成果

○融资情况得到改善　　○企业利润上升

○企业规模扩大　　○企业结构更加合理

○提高企业市场竞争力

11. 您认为现行小微企业科技创新优惠政策还存在哪些主要问题？

○政策针对性不强　　　○享受政策的门槛较高

○优惠政策缺乏长效　　○优惠政策过于单一

○纳税人了解税收优惠政策信息的渠道较少

○优惠力度太小　　　　○其他

12. 在小微企业各种所需服务中，您认为最为重要的是？

○信息化类　　　　　　○财税类

○管理咨询类　　　　　○法律类

○创业创新培训　　　　○征信类

○检验检测类

13. 结合贵公司情况，请对科技创新扶持政策实施进行评价

	非常适当	适当	一般	不适当	非常不适当
政策合理性					
政策经济性					
政策资金管理效率					
政策管理效率					
政策实施效益					
政策满意度					
政策公平性					

14. 您对科技创新扶持政策是否有补充或其他意见？如有，请写在下方横线处。

_____

_____

_____

本问卷已全部结束，感谢您的参与！

附录 B
调查问卷：

义乌市印刷包装行业中企业创新能力评价指标调查问卷

首先感谢您参与调查。科技创新对行业、企业发展以及转型升级至关重要。现邀您参与义乌市印刷包装行业中企业创新能力评价指标进行调查，如果有其他想法，可以在补充意见中进行填写。问卷结果不作为考核政府绩效依据，仅作为学术研究之用，敬请畅所欲言，感谢您的大力支持！

企业创新能力评价指标采用对评测结果的相对重要性进行比较。这种方法是对评价指标重要性进行两两比较，衡量尺度划分为 5 个等级，分别是绝对重要、重要得多、比较重要、略重要和同等重要，分别对应 5，4，3，2，1 的数值。根据您的看法，依照"左列因子相对于上列因子的相对重要性"在空白的空格中打分即可。提示：如您认为左边竖排所列因子比上边横行所列因子重要，则您填写的数值应为"1-5"的整数；如您认为上边横行所列因子比左边竖排所列因子重要，则您填写的数值应为"1、1/2、1/3…1/5"的分数。

表附录 B-1　创新资源投入权重问卷表格

	研发经费投入率	非研发经费投入率	研发人员的比例	人均研发设备净值	专科以上或中级职称人员比例
研发经费投入率					
非研发经费投入率					
研发人员的比例					

人均研发设备净值				
专科以上或中级职称人员比例				

表附录 B-2　创新管理能力权重问卷表格

	企业创新文化	企业家的决策创新能力
企业创新文化		
企业家的决策创新能力		
企业信息化管理		

表附录 B-3　创新产出权重问卷表格

	新产品销售收益	专利和专有技术获得量	新产品研发成功率
新产品销售收益			
专利和专有技术获得量			
新产品研发成功率			

表附录 B-4　创新外部环境问卷表格

	地方政府支持力度	产学研合作程度
地方政府支持力度		
产学研合作程度		

您对企业科技创新能力评价指标是否有补充或其他意见？如有，请写在下方横线处。

_____

_____

_____

本问卷已全部结束，感谢您的参与！

附录 C
调查问卷：

义乌市印刷包装行业中企业科技创新现状调查问卷

首先感谢您参与调查。科技创新对行业、企业发展以及转型升级至关重要。现邀您参与义乌市印刷包装行业中企业科技创新现状进行调查，如果有其他想法，可以在补充意见中进行填写。问卷结果不作为考核政府绩效依据，仅作为学术研究之用，敬请畅所欲言，感谢您的大力支持！

1. 您认为，本企业在当地同行业中技术水平？

　　○先进水平　　　　　　○较为先进

　　○一般　　　　　　　　○比较落后

2. 截至目前，贵企业所拥有专利数量？

　　○没有专利　　　　　　○1-2 项

　　○3-10 项　　　　　　　○10 项以上

3. 贵企业 2020 年度研发投入占企业销售收入比例

　　○2% 以下　　　　○2%—5%　　　　○5% 以上

4. 贵企业专职的研究人员比例

　　○0—5%　　　　　　　○5—10%

　　○10—20%　　　　　　○20% 以上

6. 贵企业是否有专用的实验场所？

　　○是　　　　　　　　　○否

7. 贵企业是否建有市级以上研发中心？

　　○是　　　　　　　　　○否

8. 贵企业是否是国家高新技术企业或省级科技型中小企业？

　　○是　　　　　　　　○否

9. 贵企业中职工人数：_____；硕士及以上学历人员数量：_____；本科及以上学历人员数量：_____；专科及以上学历人员数量：_____；中级及以上职称人数_____。

10. 近年来，您认为本行业中造成企业倒闭的主要原因？

　　○成本急剧上升　　　○技术落后　　　　　○其他

11. 您认为对于印刷包装企业开发产品需考虑的最为重要的问题？

　　○市场销路好发展潜力大　　○技术人员容易招聘

　　○开发产品技术容易　　　　○其他

12. 企业开发成功产品的信息来源和技术来源？

　　○同行企业　　　　　○政府

　　○高校和科研院所　　○其他

13. 目前，您所在企业技术开发的主要方式？

　　○自己开发　　　　　　○供应商、客户提供技术

　　○与其他企业合作开发　○由行业协会帮助开发

　　○委托科研机构开发　　○委托高校专家开发

　　○政府帮助开发　　　　○委托咨询机构

14. 您对所在企业科技现状是否有补充或其他意见？如有，请写在下方横线处。

_____

_____

_____

本问卷已全部结束，感谢您的参与！